尼·雅·丹尼列夫斯基之文化思想研究

孙 芳 | 著

图书在版编目(CIP)数据

尼·雅·丹尼列夫斯基之文化思想研究/孙芳著. —北京：中央编译出版社，2017.7

ISBN 978-7-5117-3332-0

Ⅰ.①尼… Ⅱ.①孙… Ⅲ.①尼·雅·丹尼列夫斯基-文化思想-思想评论 Ⅳ.①G0

中国版本图书馆 CIP 数据核字(2017)第 101450 号

尼·雅·丹尼列夫斯基之文化思想研究

出 版 人：	葛海彦
出版统筹：	贾宇琰
责任编辑：	李媛媛
责任印制：	尹 珺
出版发行：	中央编译出版社
地　　址：	北京西城区车公庄大街乙 5 号鸿儒大厦 B 座(100044)
电　　话：	(010) 52612345(总编室)　　(010) 52612335(编辑室)
	(010) 52612316(发行部)　　(010) 52612346(馆配部)
传　　真：	(010) 66515838
经　　销：	全国新华书店
印　　刷：	河北下花园光华印刷有限责任公司
开　　本：	710 毫米×1000 毫米　1/16
字　　数：	242 千字
印　　张：	18.75
版　　次：	2017 年 7 月第 1 版
印　　次：	2017 年 7 月第 1 次印刷
定　　价：	75.00 元

网　　址：	www.cctphome.com	邮　　箱：	cctp@cctphome.com
新浪微博：	@中央编译出版社	微　　信：	中央编译出版社(ID：cctphome)
淘宝店铺：	中央编译出版社直销店(http://shop108367160.taobao.com)　(010)55626985		

本社常年法律顾问：北京市吴栾赵阎律师事务所律师　闫军　梁勤
凡有印装质量问题，本社负责调换。电话：(010)55626985

序　言

俄罗斯与欧洲是一个历史命题，也是一个极富现实意义的地缘政治问题。19世纪70年代，俄罗斯思想家尼·雅·丹尼列夫斯基发表了题为《俄国与欧洲》的代表作，鲜明地提出这一命题，把自己的观点亮了出来，引发俄罗斯公众的热烈讨论。120多年过去了，俄罗斯人还在继续思考与讨论这个问题，继续研究丹尼列夫斯基的著作究竟给当代人留下了哪些有益的遗产和启示。关心地缘政治、希望解读俄罗斯的中国读者想必也对"俄罗斯与欧洲"这个命题感兴趣，愿意探索其中的奥妙，翻阅这本书必然会有所收获。

丹尼列夫斯基，何许人也？因种种原因，我国（包括我国学界）对其知之甚少，丹氏的名字被封尘于历史书卷，近乎埋没。殊不知，丹尼列夫斯基走在许多西方思想家之前面，提出了文化多元性理论，被誉为"斯宾格勒和汤因比的先驱"。青年学者孙芳在书中详细介绍了丹尼列夫斯基的生平以及他从自然科学转向社会文化思想、最后又回到自然科学的不同凡响的思想历程，对丹氏其人其事作了系统的展示。专著把重点放在丹氏主要学术著作《俄国与欧洲》一书上，深入揭示了丹氏思想的文化内涵及其地缘政治观点，也追述了丹氏思想在国内外长久不衰的影响，对其思想遗产做了较全面的梳理与归纳。

作者认为，丹氏思想的核心是"文化历史类型"理论。丹尼列夫斯基反对世界文化一元性观点，强调世界历史是不同时间、不同地点的多种文化历史类型共同发展的结果。"只有那些构成各种文化历史类型的民族和人民才是人类历史的推动者"。丹氏猛烈抨击"欧洲中心论"，在俄国与欧洲之间划出一条分界线，将俄罗斯历史文化归入独立的文化类型，与欧洲文化相并列。他不惜笔墨，突出俄罗斯与欧洲不同的民族特征，表达了俄罗斯人历来不愿在欧洲文化的浩瀚大海中丧失本民族的固有的品质与特色、坚持走自己道路的强烈愿望。

如今，推动世界多极化、保护文化多样性已成为许多国家的共同呼声，丹氏的文化思想再次吸引人们的目光，证明了其跨时代的超前意义。20世纪90年代曾幻想快速融入于欧洲的俄罗斯进入21世纪后，又一次转向本民族的历史传统，重新强调自己的民族属性，力图按照自己的思路行事，维护本国利益，成为多极化世界的一极。俄罗斯现实政治验证了丹尼列夫斯基有关"俄国与欧洲有不同的文化根基，所以俄国不属于欧洲"这一基本论断。

应该看到，丹氏文化理论具有不容忽视的有益内容和可借鉴之处。然而，其政治思想受到当时社会政治思潮的制约，呈现出引人注目的泛斯拉夫主义、大国主义和民族自傲性，迎合了沙俄政府的地缘政治野心和扩张政策。本书经过认真分析，对丹氏思想中的文化与政治内涵进行剥离，明确指出："不能由于赞赏他对比较文明理论所做出的贡献而认同他的地缘政治观点，也不能因为批判他那些业已过时的政治主张而对他的文化思想予以抹杀和否定。"可见，作者评价丹氏思想遗产时，坚持一分为二的辩证原则，除其糟粕，取其精华。这种基于历史唯物主义、遵循辩证法原则的研究方法是值得称赞和提倡的。

本书另一个特色是注重于比较研究方法。书中揭示了20世纪欧亚主义派及俄罗斯其他一些思想家对丹尼列夫斯基思想的吸收和继承，也对丹尼列夫斯基与斯宾格勒、丹尼列夫斯基与汤因比分别进行了比较研究，对其思想的异同一一加以分析归纳，得出令人信服的结论：这三位学者的文化理念各具特色，同时斯、汤一些重要思想与先于他们的丹尼列夫斯基理论"有惊人的吻合，说明三者之间存在着一定程度上的传承关系"。

孙芳作为一名年轻学者，十分关注丹尼列夫斯基对中国文明的论述和评价，相关内容也是本书特色之一。书中将整整一章用于分析丹氏笔下的中国形象以及丹尼列夫斯基与另一位著名学者索洛维约夫的中国形象之争。19世纪后半叶，"欧洲中心论"统治着西方思想，中国被普遍视作停滞不前、濒临衰亡的弱国，成为"落后"、"僵死"的代名词。面对这种主流舆论，丹尼列夫斯基坚持自己的学术观点，将中国文明列入保持固有特色的文化类型中，颂扬了中国文明的历史成就，并借此强调："文明和进步并不是西方或欧洲的专有特权，停滞和落后也不是东方或者亚洲特有的烙印"；"至于停滞，非常明显，这个创造了许多伟大发明的民族，不可能是静止不前的"，表达了对中国文明前途的信心。这些富有洞察力的论断出自一个19世纪俄罗斯学者之口，应该说是难能可贵的。

总而言之，这本专著深入揭示了丹尼列夫斯基思想的现实意义和文化理论价值，以此填补了国内学术研究的空白。阅读此书能让我们走近一位在俄罗斯思想史上留下深深足印的重量级人物，增进对丰富多彩的俄罗斯思想的认识，更好地把握其民族特色及内在的矛盾性，进一步深入到俄罗斯人的心灵中，把历史与现实联系起来，获得更多的启迪。

李英男

目 录

绪 论 ………………………………………………………………… 1
  一 学术价值和现实意义 ……………………………………… 1
  二 国内外研究状况 …………………………………………… 3
    (一)俄罗斯学术界 ………………………………………… 3
    (二)西方学术界 …………………………………………… 6
    (三)中国学术界 …………………………………………… 9
  三 研究目的和任务 …………………………………………… 10
  四 研究方法 …………………………………………………… 11

第一章 丹尼列夫斯基的生活历程和学术成就 ………………… 12
  一 丹尼列夫斯基的生平和思想历程 ………………………… 12
  二 丹尼列夫斯基留给我们的思想遗产 ……………………… 25
  本章小结 ………………………………………………………… 39

第二章 代表作《俄国与欧洲》诞生的历史背景 ……………… 41
  一 "东方问题"与克里木战争 ……………………………… 42
  二 泛斯拉夫主义在俄国 ……………………………………… 47
    (一)泛斯拉夫主义在俄国的出现和发展 ……………… 48
    (二)斯拉夫主义与泛斯拉夫主义的关系 ……………… 57

三 《俄国与欧洲》一书的问世 ································ 63
本章小结 ·· 68

第三章 丹尼列夫斯基文化思想的内涵 ···················· 69
一 "文化历史类型"理论的主要内容 ························· 69
 (一)"文化历史类型"的提出 ······························· 70
 (二)"文化历史类型"的内涵 ······························· 74
 (三)"文化历史类型"形成和发展的五个法则 ······· 78
 (四)对于进步问题的看法 ··································· 90
 (五)关于民族和人类的关系 ································ 97
二 "文化历史类型"理论的重要意义 ······················· 101
 (一)对"欧洲中心主义"的批判 ···························· 101
 (二)对"俄国与欧洲"问题的看法 ······················· 113
三 《俄国与欧洲》一书中的地缘政治观点 ··············· 120
 (一)丹尼列夫斯基的政治主张 ··························· 120
 (二)丹尼列夫斯基地缘政治观点的历史局限性 ··· 130
四 丹尼列夫斯基属于斯拉夫派吗？ ······················· 132
本章小结 ·· 140

第四章 丹尼列夫斯基文化思想在国内外的影响和延续 ······ 141
一 俄罗斯国内的认识和评价 ··································· 142
 (一)19世纪70年代：问世之初遇到的不同反应 ······ 142
 (二)19世纪80—90年代：斯特拉霍夫与索洛维约夫
   的论战 ·· 147
 (三)19世纪末：俄国思想界产生的共鸣 ··············· 161

（四）苏联时期：从彻底批判到开始研究 …………………… 166
　　（五）当代俄罗斯：重新关注，格外重视 …………………… 168
二　侨民知识分子：吸收借鉴，高度评价 ……………………… 176
　　（一）欧亚主义对丹尼列夫斯基的思想继承 ………………… 176
　　（二）津科夫斯基对丹尼列夫斯基的解读和评价 …………… 179
　　（三）索罗金对丹尼列夫斯基的高度赞赏和大力宣传 ……… 183
三　西方：比较文明论思想后继有人 …………………………… 191
　　（一）斯宾格勒与丹尼列夫斯基 ……………………………… 191
　　（二）汤因比与丹尼列夫斯基 ………………………………… 199
　　（三）丹尼列夫斯基、斯宾格勒、汤因比三者之比较 ……… 203
本章小结 …………………………………………………………… 215

第五章　丹尼列夫斯基与索洛维约夫的中国形象之争 ………… 216
一　丹尼列夫斯基笔下的中国形象 ……………………………… 217
　　（一）丹尼列夫斯基对中国文化的认识及其理论依据 ……… 217
　　（二）霍米亚科夫中国观对丹尼列夫斯基的影响 …………… 223
二　索洛维约夫眼中的中国形象 ………………………………… 229
　　（一）索洛维约夫对中国的看法 ……………………………… 230
　　（二）索洛维约夫中国观的理论依据 ………………………… 232
　　（三）从《中国与欧洲》再看索洛维约夫的中国观 ………… 241
本章小结 …………………………………………………………… 256

结　语 ……………………………………………………………… 259
附录：丹尼列夫斯基发表的作品清单 …………………………… 269
参考文献 …………………………………………………………… 276

绪　论

一　学术价值和现实意义

尼·雅·丹尼列夫斯基①（Н. Я. Данилевский, 1822—1885）是俄国19世纪下半叶的文化思想家，他提出的"文化历史类型"理论为文化形态学的形成和文明的比较研究提供了重要启示，奠定了理论基础，在俄国国内和西方学术界均引起了广泛反响，被诸多学者誉为"斯宾格勒和汤因比的真正先驱"。他对欧洲中心论的批判、对文化多元性的推崇在当今世界具有显著的现实意义，为21世纪文化学的发展做出了不可磨灭的贡献。

丹尼列夫斯基的文化思想对当代文化学的理论研究具有重要的学术价值。早在19世纪70年代，他就明确指出了一系列当代文化学十分关注的问题：欧洲中心论观点的片面性，民族文化的重要性，文化间对话、互动的需要，以及将一种文明的价值观、精神取向移植到其他文明模式的致命后果等等。这些问题都是当今世界普遍关注的热门话题，也

---

① 俄文全名为 Николай Яковлевич Данилевский，因该人名尚无固定译法，故作者依据《苏联百科词典》和《俄语人名译名手册》译为尼古拉·雅科夫列维奇·丹尼列夫斯基，简称"丹尼列夫斯基"。

是人文科学中广泛研究的重点课题。丹尼列夫斯基一百多年前对这些问题的思考和解答至今仍未失去价值,因此,研究他的思想对于当代文化学理论的构建、俄罗斯思想史的探索,以及文明的多样性、全球化问题、文化交流和对话、欧洲中心主义等问题都具有重要意义。

21世纪是各种民族文化和区域文明积极发展的时代,五彩缤纷的多极世界已经取代了以前的黑白两色世界,语言、宗教、思维方式、价值取向等文化差异在当今的国际关系中起着越来越重要的作用。但与此同时,世界经济的高速发展使资本化的程度日益加深,随之而来的经济全球化业已成为人类文明无法避免的发展趋势。然而,全球经济的一体化却给民族文化个性的存在带来了危机。伴随着这一进程的逐渐深化,美国等西方发达国家试图以自身的价值观标准来引导世界文明的进程,这使不少原来自成一体的文化正在逐渐磨去个性,失去自己的特色,文化全球化的趋势业已成为各民族和国家不得不面对的一个现实问题。文化的多样性是千百年来人类文化生存和发展的必要条件。不能想象,当世界只有一种文明的声音在诉说其存在的内容和意义时,将会是怎样的一种局面。因此,提倡各种民族文化共同存在、共同发展、共同繁荣的思想越来越深入人心。文化多样性的思想正是丹尼列夫斯基文化理论的出发点和落脚点。他所倡导的多文明模式为我们进一步认识21世纪人类社会的变化和发展提供了更多的依据。这也是研究丹尼列夫斯基的文化思想在当今时代背景下所具有的现实意义。

丹尼列夫斯基文化理论对中国最有价值的地方在于,他把中国文明作为一个重要的文化历史类型来看待,充分肯定了中国文化的特点和长处,列举了古代中国在各方面所取得的辉煌成就,并把中国文明的特色及其在世界文化史上的重要地位作为驳斥欧洲中心论的一个有力论据。他给出忠告:不要盲目地崇拜西方,要充分认识本民族的文化特色,大力发扬历史悠久的民族文化,追求自身的文化个性,走最符合自身特点的道路。在多极化世界发展的今天，作为华夏子孙的我们应该坚定地认识到中华文明的优势和特点，在吸收和借鉴西方文明长处的同时，将我们的民族文化和价值理念发扬光大。因此，探索和讨论丹尼列夫斯基的文化思想无疑对我国的文化自觉和文化自强具有指导意义。

二 国内外研究状况

（一）俄罗斯学术界

19世纪70年代初，承载着丹尼列夫斯基主要思想观点的代表作《俄国与欧洲》一书首次跟读者见面。① 在随后的几十年里，它几经波折、洗尽铅华，对俄国思想界产生了极大的影响，并最终得到了人们的认可，成为俄罗斯历史哲学的经典著作之一。

起初，《俄国与欧洲》并没有引起大家的普遍注意，只有少数亲西方派的代表对其提出了反对意见，因为该书的主题和内容从表面上看与斯拉夫派的传统观点完全吻合，即认为西方文明与俄罗斯文化是完全不同的；俄国应该停止效仿欧洲、坚持自己的传统民族文化。于是，丹尼列夫斯基也因此被许多人视为晚期斯拉夫派的一员。

到了19世纪80—90年代，关注《俄国与欧洲》的人数明显增多，针对这部作品也出现了一种新的态度，很多思想家和哲学家开始从不同的角度来探讨丹尼列夫斯基关于文明类型和历史进步思想的观点，并围绕它展开了一场针锋相对的论战。随之形成了以斯特拉霍夫（Н. Н. Страхов）和索洛维约夫（В. С. Соловьев）为中心的两种截然不同的立场，他们分别对丹尼列夫斯基进行了坚决支持和猛烈批判。由于这次争

---

① 从1869年起在杂志《曙光》（《Заря》）上连载，最终于1871年正式出版。

论对很多著名学者的思想形成产生了重要影响,且争论的主题与国家的命运、发展道路和发展方向密切相关,因此,这次争论成为"俄罗斯思想"发展过程中不可缺少的一个组成部分。

1917 年革命之后到 20 世纪 70 年代的苏联时期,《俄国与欧洲》经历了一段无人问津的冷冻期。在苏联意识形态的影响下,丹尼列夫斯基的地缘政治观点被无限放大,而文化历史类型理论却被忽视和淡忘。关于丹尼列夫斯基的理论研究被禁止,他的名字也只能在一些很窄的专业领域里见到。因此,在苏联时期的辞书和学术评论著作中,丹尼列夫斯基一直被称为是反动思想家、民族主义者、沙文主义者和泛斯拉夫主义者,很长一段时间在学术上被打入冷宫。当然,在这样一种片面态度的影响下,很难对思想家的创造性遗产进行深入研究,更不可能给予客观的评价。20 世纪 20—70 年代,对丹尼列夫斯基学说和理论的研究主要集中在苏联境外。侨居国外的俄罗斯学者津科夫斯基(В. В. Зеньковский)和索罗金(П. А. Сорокин)等人从比较中立的角度来诠释丹尼列夫斯基的文化思想,对他做出了相对客观的评价,并引领西方学术界投入到丹尼列夫斯基思想的研究之中。

从 20 世纪 70—80 年代起,丹尼列夫斯基的名字不只是出现在半官方的百科条文中,而是再次成为本国学者们悉心研究的对象。这一时期,苏联出现了第一篇以丹尼列夫斯基为研究对象的副博士论文,即当代学者苏尔丹诺夫(К. В. Султанов)的《尼·雅·丹尼列夫斯基的哲学社会学体系及其在现代资本主义哲学中的阐释》(《Философско - социологическая система Н. Я. Данилевского и ее толкование в современной буржуазной философии》. АКД. Л. 1975),后来以专著的形式发表。这本专著问世的一个重要原因就是,斯宾格勒和汤因比的著作在全世界引起了很大反响以后,二者被誉为"比较文明论"的代表人物,研究他们的著作和思想盛极一时,而这两人的学说和《俄国与欧洲》的内容又有着许多相似之处,于是,人们追根溯源,将视线重新投向了近一个世纪之前的俄国思想家丹尼列夫斯基。这一时期逐渐形成了今天在俄罗斯普遍接受的一种观点,即认为丹尼列夫斯基是斯宾格勒和汤因比的先驱。

20世纪末至21世纪初,随着苏联的解体和新体制的建立,俄罗斯国内兴起了重新阅读丹尼列夫斯基的潮流,《俄国与欧洲》作为俄罗斯历史哲学的经典著作被频繁再版,丹尼列夫斯基本人也成为俄国哲学史上公认的一位重要人物。虽然《俄国与欧洲》诞生于一个多世纪以前,但是书中阐述的思想在今天却获得了新的现实意义。丹尼列夫斯基在书中提出并回答了不少仍困扰着今日俄罗斯的重要问题,例如:西方为何与俄罗斯对立,俄罗斯属不属于欧洲,欧洲文明和斯拉夫文明有何区别,欧洲文明等于全人类的文明吗,俄罗斯在世界民族之林的地位应该如何?等等。即使是在今天,这些问题都是非常迫切的,都是人们从未停止思考的。一时间,在俄罗斯国内涌现出大量研究丹尼列夫斯基的文章、著作、博士论文等,致力于这一课题的当代学者更是层出不穷。如:阿夫杰耶娃(А. Авдеева)、加拉克季奥诺夫(А. Галактионов)、切斯诺科夫(Г. Чесноков)、戈洛先科(И. Голосенко)、普斯塔尔纳科夫(В. Пустарнаков)、皮沃瓦罗夫(Ю. Пивоваров)、扎哈罗夫(А. Захаров)、苏尔丹诺夫(К. Султанов)、格鲁宾(В. Грубин)、巴若夫(С. Бажов)、索科洛夫(Э. Соколов)、帕夫连科(А. Павленко)、加切夫(Г. Гачев)、莫尔多夫斯基(Н. Мордовский)、斯基巴(В. Скиба)、菲拉托夫(А. Филатов)、叶雷金(А. Ерыгин)、瓦伊加切夫(С. Вайгачев)、巴鲁耶夫(Б. Балуев)、叶夫列莫夫(А. Ефремов)、阿斯拉诺夫(И. Асланов)、马克西莫娃(Л. Максимова)、基谢廖夫(С. Киселев)、别洛夫(А. Белов),等等。其中,大多数人都把尽可能客观地评价和全面定义丹尼列夫斯基在历史哲学研究发展中的贡献作为主要任务和目标。在众多研究成果中,比较具有代表性的是巴若夫的《尼·雅·丹尼列夫斯基的历史哲学》(《Философия истории Н. Я. Данилевского》. М., 1997)和巴鲁耶夫的《关于俄罗斯命运的讨论：尼·雅·丹尼列夫斯基及其著作〈俄国与欧洲〉》(Споры о судьбах России: Н. Я. Данилевский и его книга 《Россия и Европа》. Тверь, 2001)。

目前，俄罗斯国内对丹尼列夫斯基的研究还在继续深入，几乎每年都有以其思想为研究对象的副博士论文、博士论文出现。而且，现阶段丹尼列夫斯基的理论获得了新的解读，俄罗斯学术界对这一理论的研究也已经趋向多样化，当代研究者们正致力于将他的文化思想与不同的专业领域结合起来进行探讨。比如：丹尼列夫斯基著作遗产中所包含的教育学思想、丹尼列夫斯基的文明论思想对经济学理论研究的价值，等等。2001年4月，一个名为"尼·雅·丹尼列夫斯基斯拉夫研究所"(Институт славянских исследований имени Н. Я. Данилевского)的学术机构在莫斯科正式注册成立了。该机构旨在出版针对丹尼列夫斯基研究的学术作品，并组织与丹尼列夫斯基有关的研讨和会议。这一事实再次说明，19世纪俄国思想家丹尼列夫斯基的学术遗产对21世纪人文科学（主要是文化学、历史学）的发展是有重大意义的。

（二）西方学术界

在19世纪末20世纪初，西方国家便开始了对丹尼列夫斯基及其著作《俄国与欧洲》一书的关注。该书不仅很早就被译为外语，而且还受到了众多学术研究者的重视。西欧各国首次接触丹尼列夫斯基是在他去世五年之后——也就是1890年，当时在罗马尼亚首都布加勒斯特出版了被译成法语的《俄国与欧洲》。到了20世纪初，随着《西方的没落》一书的诞生和斯宾格勒的一夜成名，西方国家对丹尼列夫斯基和《俄国与欧洲》的兴趣更加浓厚。该书又相继于1920年、1966年和1994年分别被译成德语、英语和塞尔维亚—克罗地亚语，关注和了解丹尼列夫斯基的人越来越多。

西方学术界对丹尼列夫斯基的认识也经历了三个阶段。最初,由于斯宾格勒在《西方的没落》一书中阐述的观点与丹尼列夫斯基的《俄国与欧洲》极为相似,大家纷纷开始关注丹尼列夫斯基的"文化历史类型"理论,同时有许多研究者致力于探索二者之间的深层联系,以及斯宾格勒在撰写《西方的没落》之前是否读过丹尼列夫斯基的著作等问题。这一时期的代表作品有:德国学者路德(А. Лютер)的《斯宾格勒的俄国先驱》(《Русский предшественник Освальда Шпенглера》. Лейпциг, 1921);法国学者施瓦茨(М. Швартц)的《斯宾格勒和丹尼列夫斯基——文化形态学的两种类型》(《Шпенглер и Данилевский - Два типа культурной морфологии》. Париж, 1926)。

第二次世界大战结束之后,在冷战的阴影下,在西方学术界出现了另一种研究倾向,即首先把丹尼列夫斯基看作是一个好战的、对欧洲存有敌意的泛斯拉夫主义者,一个俄国帝国主义和对外扩张的理论家,对其文化理论的关注退居次要地位。于是,一些学者又纷纷开始研究丹尼列夫斯基在书中表现出来的泛斯拉夫主义思想。这一时期的代表作品有:瑞士学者谢尔廷(А. фон Шелтинг)的《俄罗斯历史思想中的俄国与欧洲》(《Россия и Европа в русской исторической мысли》. Берн, 1948);美国学者科恩(Г. Кон)的《斯拉夫与西方:泛斯拉夫主义的历史》(《Славяне и Запад. История панславизма》. Вена-Мюнхен, 1956);美国学者法德奈尔(Ф. Фаднер)的《泛斯拉夫主义在俄国的七十年:从卡拉姆津到丹尼列夫斯基, 1800—1870》(《Семьдесят лет панславизма в России: от Карамзина к Данилевскому. 1800 - 1870》. Джорджтаун, 1962)。

到了20世纪60年代初,西方学术界终于摆脱了对丹尼列夫斯基的片面看法,开始综合地、全面地分析丹尼列夫斯基的思想。在这一时期，大部分境外学者都认识到，丹尼列夫斯基关于历史进程基于各种区域文明发展的看法是正确的，具有学术权威性，也承认他的思想确实对斯宾格勒、汤因比都产生了一定的影响。1964年，世界文明比较研究协会（Международное общество сравнительного изучения цивилизаций）确认丹尼列夫斯基在文明的比较研究方面功不可没，并将他称之为比较文明论的"先锋人物"。这一时期的代表作品有：德国学者米勒（Г. Мюллер）的《泛斯拉夫主义和文化形态学：尼·雅·丹尼列夫斯基的著作》（《Панславизм и культурная морфология. О труде Н. Я. Данилевского》. Мюнхен, 1963）；美国学者塔登（Д. Таден）的《19世纪俄国的保守民族主义》（《Консервативный национализм в России в XIX веке》. Сиэтл, 1964）；美国学者武谢尼奇（А. Вусенич）的《沙皇俄国的社会思想》（《Социальная мысль в царской России》. Чикаго, 1976）。这些著作虽不同程度地对丹尼列夫斯基的泛斯拉夫主义思想进行了批评，但同时都高度赞扬了他的历史哲学思想，也就是文化历史类型的理论。比如：米勒[①]称他为"一个全面的思想家"，塔登[②]认为他是"社会和文化发展问题研究的杰出开拓者"，武谢尼奇[③]对他的评价是"俄国19世纪最具有独创性、学识最渊博的历史哲学家"。因此可以说，这一时期的西方学术界对丹尼列夫斯基的看法和评价是较为客观和公正的，为此后的学术研究奠定了一个良好的基础。

值得一提的是，在西方学术界的众多丹尼列夫斯基研究者中，美国学者马克·马斯特（Р. Мак-Мастер）具有重要的地位。从20世纪50年代初的博士论文开始，他倾注了几十年的心血来研究丹尼列夫斯基的思想遗产。他于1967年出版的《尼·雅·丹尼列夫斯基——一

---

① 德国著名历史学家。
② 美国著名的俄罗斯学研究者。
③ 美国著名学者，得克萨斯大学教授。

个俄国极权思想家》(《Н. Я. Данилевский - русский тоталитарный мыслитель》)一书,是西方学术界材料最翔实、研究最深入的一本关于丹尼列夫斯基的专著。因此,马克·马斯特也理所当然地成为西方世界的丹尼列夫斯基研究者中最著名的一员。

(三) 中国学术界

相比之下,我国学术界没有对丹尼列夫斯基给予足够的重视,一般只知道他在《俄国与欧洲》这本书中提出了以俄国为中心建立"全斯拉夫联盟"的极端大国主义思想,而对其所提出的"文化历史类型"理论却几乎一无所知。通常情况下,对丹尼列夫斯基的评价大多是依据20世纪50—60年代出版的《苏联百科全书》,基本沿袭了苏联时期官方舆论对他的态度,将他视为19世纪俄国泛斯拉夫主义、大国主义和沙文主义的代表,只有研究相关课题的学者才会注意到他。

迄今为止,国内仅有两篇研究丹尼列夫斯基的博士论文,尚无以他为研究对象的专著,关于他的期刊文章也为数不多。我国学术界介绍其"文化历史类型"思想的文章,只有1999年第4期《史学理论研究》上刊登的《〈俄国和欧洲〉及"文化·历史类型"——比较文明论的先驱尼古拉·达尼莱夫斯基述评》,作者是复旦大学历史系的冯玮教授;以及2007年9月第5期《苏州大学学报》上刊登的俄罗斯学者 А. В. 斯米尔诺夫在中俄哲学研讨会上的发言稿译文——《全球化与民族文化:在当代丹尼列夫斯基教给了我们什么》;另外,北京师范大学的张建华教授在2007年第2期的《学习与探索》杂志上发表的文章《从文化史到文化学:文明史观的复兴抑或重建?》中,也简要介绍了丹尼列夫斯基的文明史观。除此以外,丹尼列夫斯基的名字便总是出现在关于民族主义、大俄罗斯主义或泛斯拉夫主义的研究作品中。近十年来,继笔者于2008年相继发表的5篇系列论文之后,又出现了张志远的《丹尼列夫斯基的文明史理论》《丹尼列夫斯基与斯宾格勒的文明形态论之比较》《穿越时空的对话：丹尼列夫斯基与索洛维约夫的争论》《俄罗斯地缘政治先驱丹尼列夫斯基思想及其历史贡献》，丁海丽的《丹尼列夫斯基的文明形态史观及其价值》，冯梅的《索洛维约夫与丹尼列夫斯基的争论与俄罗斯文明形态史研究的历史与现状》等文章。然而，多数研究是从史学的角度展开，而本书的研究视角是文化学。

因此，笔者选择丹尼列夫斯基的文化思想作为研究对象，希望通过介绍这位文化先驱的独到见解，分析和评价其中的得与失，来填补我国学术界的盲点，从而促进我国的文化学研究。这也正是本书的新意之所在。

三 研究目的和任务

我们希望通过研究 19 世纪下半叶俄国思想家、文化学家丹尼列夫斯基的主要著作和相关资料，明确其文化思想的主要内容，并结合当时的历史背景对丹尼列夫斯基的文化观进行一分为二的分析，深入考察"文化历史类型"理论的内涵，揭示其文化思想的主要价值和贡献，并最终挖掘出丹尼列夫斯基文化思想对于当代文化学理论发展和我国文化学研究的重要意义。

基于上述研究目的，在本书的写作中需要完成以下几项具体任务：

1. 理清丹尼列夫斯基思想发展的基本历程，明确其理论构建的历史背景。

2. 提炼丹尼列夫斯基文化理论的主要框架和核心内容，区分其文化思想的几个维度，评价其特色与局限性。

3. 探究丹尼列夫斯基文化理论对俄罗斯社会思想界和西方学术界所产生的影响，并进一步考察其对中国文化的观点和看法。

4.揭示丹尼列夫斯基文化思想在当今时代背景下的实际价值,并从中国文明的角度出发,挖掘其文化思想对中国文化学发展和中俄文化交流的特殊意义。

四　研究方法

以《俄国与欧洲》一书为主要文本,结合历史哲学等方面的知识,从文化学的角度对其进行分析和解读,本着历史辩证法的原则,客观、全面地对丹尼列夫斯基的文化学思想做出评价。具体来说,主要采取以下三种研究方法:

1.历史文献分析法,通过分析丹尼列夫斯基的主要作品和同时代人的评论,结合后人的研究成果,挖掘出丹尼列夫斯基文化思想的精华与糟粕。

2.比较分析法,将丹尼列夫斯基的观点与其他一些学者的基本观点进行比较,找出它们之间的联系和不同,从而挖掘出丹尼列夫斯基文化思想的特色。

3.履历分析法,通过研究丹尼列夫斯基的生平和思想发展过程,找到曾对他产生过重要影响的人物和思想,从而揭示他的理论来源。

需要说明的是,由于丹尼列夫斯基的思想理论涉及历史学、哲学、文化学、社会学等多个学科,因此可以从不同的角度展开研究。我们选取的是文化学的视角,主要关注他的文化理论和文明论观点。当然,在本书的构思中不可避免地会涉及其他相关理论,但这都是为研究丹尼列夫斯基的文化思想而服务的,并不作为重点来写。

第一章 丹尼列夫斯基的生活历程和学术成就

一 丹尼列夫斯基的生平和思想历程

鉴于我国学术界对丹尼列夫斯基的了解较少，所以在开始探讨他的文化思想之前，很有必要介绍一下他的生平和思想历程，这样一来，可以使大家对他有一个较为全面的认识，从而为后面的文化思想研究打下基础。

尼古拉·雅科夫列维奇·丹尼列夫斯基（1822—1885）于 1822 年 11 月 28 日出生在俄国的奥廖尔省利文斯基县奥别列茨村①（село Оберец Ливенского уезда Орловской губернии），是家中的长子。他的父亲雅科夫·伊万诺维奇·丹尼列夫斯基（Яков Иванович Данилевский）是一位功勋将军，曾参加过 1812 年的卫国战争，并在 1813 年的莱比锡战役中负伤，被多次授予英雄奖章；母亲达利亚·伊万诺夫娜·丹尼列夫斯卡娅（Дарья Ивановна Данилевская）出身于奥廖尔省的一个贵族家庭，因此，丹尼列夫斯基的家境还算富裕。然而，由于父亲的军官身份，丹尼列夫斯基一家经常要从一个地方搬到另一个地方，但无论是处在什么样的条件下，父母总是尽量让孩子们接受正规的

---

① 即现在的利佩茨克州伊兹玛依洛夫斯基地区。

教育。丹尼列夫斯基的小学是在几个不同的私人寄宿学校中度过的，其中包括莫斯科和杰尔普特（Дерпт）① 的几所著名的私立学校。他非常聪明、好学，在14岁的时候就已经学会德语、法语、英语三种外语了。

1836年秋天，丹尼列夫斯基进入曾经培育了普希金等许多著名人物的皇村贵族中学学习。在皇村中学读书的日子里，他结识了谢苗诺夫兄弟［著名社会活动家尼古拉·谢苗诺夫（Николай Семенов）和世界闻名的植物学家、民族学家和地质学家彼得·谢苗诺夫-天山斯基（Петр Семенов-Тян-Шанский）］，并一直与他们保持着良好的朋友关系。皇村时代的丹尼列夫斯基已经表现出与众不同的才能，他不仅有宽阔的知识面，而且有超常的记忆力和较强的逻辑思维能力。此外，他精通外语的优势也使他比其他同学在学习上更加游刃有余。谢苗诺夫-天山斯基在自己的回忆录中写道："在探望哥哥的过程中，我结识了当时皇村中学三年级所有的同学，与他们交往甚密。这些人当中最有天赋的就是我哥哥最好的朋友尼·雅·丹尼列夫斯基，我们后来经常跟他在一起"。②

1842年12月丹尼列夫斯基完成了皇村中学的全部学业，获得了语言学、历史哲学、法律三种大学程度的专业知识，进入当时的政府部门工作。离开皇村后，他和尼·谢苗诺夫一起住在瓦西里岛上，后者在当时的司法部任职（后来参加了1861年改革方案的制订）。由于感觉到自己的知识还有所欠缺，1843年秋天，丹尼列夫斯基以旁听生的身份进入彼得堡大学自然科学系继续深造。他对植物学颇感兴趣，故而将其作为自己的专业。两年后，谢苗诺夫-天山斯基也开始到自然科学系听课，两人经常在一起讨论问题。1847年丹尼列夫斯基在彼得堡大学的学习生涯结束，获得了植物学专业硕士学位，其论文题目是"奥廖尔州的植物

---

① 即现在的爱沙尼亚城市塔尔图。
② Семенов-Тян-Шанский П. П. Мемуары. Т. 1. П-гд, 1917. С. 128.

志报告"。可是，年轻的丹尼列夫斯基并不局限在自己的专业领域中，他的兴趣十分广泛，饱读历史学、社会学、政治经济学等众多领域的著作，不少国外学者的作品他也早有研究，尤其是对法国启蒙思想家傅立叶的空想社会主义学说情有独钟。

19世纪40年代，傅立叶的乌托邦思想在俄国得到广泛传播，在当时的彼得堡出现了一大批由激进知识青年组成的要求彻底改变社会现状的活动小组。其中最受欢迎的一个就是以布塔舍维奇-彼得拉舍夫斯基（М. В. Буташевич-Петрашевский）① 为首的彼得拉舍夫斯基小组，参加者几乎达到180人。这个小组的成员主要都是皇村中学的毕业生，也有一些尚在学校学习的年轻学生，大家彼此都非常熟悉。小组的创建人布塔舍维奇-彼得拉舍夫斯基是俄国外交部的一名官员，比丹尼列夫斯基早两年从皇村毕业。从1845年秋天开始，他定期在自己的家中举行成员聚会，大家就普遍关心的理论和现实问题进行热烈的讨论。在每个星期五必定出现的那批人中间有很多著名的作家和诗人，比如陀思妥耶夫斯基（Ф. М. Достоевский）、萨尔蒂科夫-谢德林（М. Е. Салтыков-

---

① Михаил Васильевич Буташевич-Петрашевский（1821—1866），社会活动家。1840—1845年任俄国外交部翻译，倍受自由主义青年的欢迎，著作很多，包括一些禁书。自1845年起在家中举行"星期五"聚会，共同讨论国内外文学的新作和欧洲的政治情况，主张重建俄国社会；受法国社会学家的影响，坚信公平的生活应该建立在集体制和自愿联合的基础上，主张废除农奴制。1849年4月23日与其他33名小组成员一起被捕，被囚禁在彼得保罗要塞阿列克谢耶夫三角堡中，并被指控"预谋进行社会改革"罪，判处枪决。1849年12月22日在遭受假死刑的愚弄后被流放到西伯利亚，后来在那里去世。

Щедрин)、迈科夫（В. Н. Майков）①、普列谢耶夫（А. Н. Плещеев）②、格里戈里耶夫（А. А. Григорьев）等人。起初，大家都非常欣赏西欧的空想社会主义理论和著作，关于欧文的棉纺厂、傅立叶的法朗吉和蒲鲁东的累进税等等，总是成员们讨论的最热门话题。丹尼列夫斯基是该小组的第一批成员之一，他经常在星期五的聚会上积极发言。1848年初，他读完了傅立叶的空想社会主义理论，基于这些理论，他赞成对现存的社会状况进行和平改革，反对用革命的方式改变社会现状。然而，1848年欧洲革命的爆发使小组中的战斗情绪不断增长，许多成员积极呼吁立即发动解放运动，期待着俄国内部农民革命的到来。所以，丹尼列夫斯基后来在小组中遇到了不少针锋相对的观点，遭到了不少激烈的反对，他们抵制傅立叶的空想社会主义，认为不通过暴力就无法实现目的。最终，丹尼列夫斯基由于与这些人的政见不同而退出了彼得拉舍夫斯基小组。

丹尼列夫斯基虽然兴趣广泛，但他最喜欢和最了解的还是自然科学，他将自己所有的空余时间都用在了科学研究上面。在彼得堡大学求学期间，他大多数时候都是跟谢苗诺夫-天山斯基一起在图书馆和实验室里度过的。1848年春天，两个年轻人还一起徒步完成了从彼得堡到莫斯科的科学旅游。

1849年丹尼列夫斯基和谢苗诺夫-天山斯基向当时的自由经济协会

---

① Валериан Николаевич Майков（1823—1847），俄国文学评论家、政论家。著有评论果戈理和陀思妥耶夫斯基的文章，强调艺术的社会使命，宣传彼得拉舍夫斯基派的思想。
② Алексей Николаевич Плещеев（1825—1893），俄国涅克拉索夫派诗人。他的《中短篇小说集》体现了自然派的观点。

（Вольное экономическое общество）①提交了一项对俄国黑土地带进行综合研究的考察项目。他们计划用三年的时间通过科学考察确定俄国黑土带延伸的界限，对土壤进行物理和化学分析，并研究俄国欧洲部分所有黑土地区的植被情况。这项计划不仅得到了自由经济协会的赞成和批准，而且获得了该协会的经费支持。虽然当时沙皇政府已经开始了针对彼得拉舍夫斯基小组成员的追捕行动，但两个年轻人坚信自己是清白无辜的，毅然地于5月底开始了自己的第一次科学考察。在很短的时间里，他们就搜集到了丰富而翔实的资料。7月份，自由经济协会就收到了他们的第一份考察报告，并对其做出了肯定的评价。然而就在同时，沙皇的宪兵们也在四处搜捕丹尼列夫斯基，最终，他在图拉州和梁赞州交界的黑土地带上被捕，两人所有的资料和文稿均被没收，从此也不知去向。

与丹尼列夫斯基同时被捕的还有其他122人，他们被视为极其危险的罪犯，关在彼得保罗要塞中达一百多天之久。因为没有律师，每个人只能自己为自己辩护。丹尼列夫斯基在交给审判委员会的辩辞中写道，对他的指控是毫无道理的，因为首先，傅立叶的书在俄国不属于禁书，在普通书店中可以自由买卖；其次，傅立叶的理论中并不存在任何颠覆俄国国家理念的成分；而且，自己在彼得拉舍夫斯基小组中所发表的言论完全是关于傅立叶的空想社会主义经济学说的，并不含有任何革命和反宗教的思想。同时他还指出，傅立叶的空想社会主义理论从社会政治

---

① ВЭО创建于1765年，得到叶卡捷琳娜二世的支持，旨在提高农业生产效率，公布统计研究的最新成果。Г. Р. 杰尔查文、К. Д. 卡韦林、Д. И. 门捷列夫、П. П. 谢苗诺夫－天山斯基等人在不同时期曾参与过该组织的活动。19世纪60年代起，自由经济协会周围聚集了许多经济领域里的反政府的自由民主主义代表，1900年被禁止召开例会，活动受农业部和国家财产部的控制。1915年被关闭，1917年二月革命之后恢复，1919年被彻底取消。

层面来说是保守的：他反对通过暴力的方式改变国家制度，倡导建立和谐的社会关系，认为阶级斗争是最大的不幸，并提出个人所有权、资产权、遗产权不可侵犯的主张。丹尼列夫斯基在辩辞中高度评价傅立叶学说中的这些保守成分，并主张将保持俄国的沙皇专制制度与实现傅立叶的社会体制相结合。为了说明这些观点，他还用通俗易懂的语言阐释了傅立叶学说的基本论点——人类社会存在的目的是使所有的成员都得到幸福。一位审判委员会的成员读了他的辩辞之后风趣地说："你这篇热情洋溢、引人入胜的解释使我们每个人几乎都变成傅立叶的信徒了"。①而对于彼得拉舍夫斯基小组的性质和目的，丹尼列夫斯基是这样解释的：这并不是什么密谋组织，而只不过是知识分子们定期聚会的沙龙，是为了就一些社会问题和学术理论问题交流看法。他承认，有时候成员们会对农奴制、司法诉讼程序和书刊检查制度进行一定程度的批评，但他强调，所有针对这些问题的看法和意见都发表在公开受检查的报刊上。

最终，丹尼列夫斯基凭借自己勇敢和有说服力的辩护而被判无罪释放，1849 年 11 月他离开彼得保罗要塞。在这次因彼得拉舍夫斯基事件被捕的 123 人中，只有 32 人获释，而且后来，有 21 人被判处了死刑，并宣布于 1849 年 12 月 23 日在谢苗诺夫练兵场上执行，但是在枪决前的最后一刻，又被改为到西伯利亚去服苦役，这些人当中就有著名作家陀思妥耶夫斯基。然而这次事件之后，丹尼列夫斯基等人的知识修养和天赋也引起了沙皇政府的注意。当时的沙皇尼古拉一世认为，越是聪明、知识越多的人，就越是危险。于是，他下令将丹尼列夫斯基以担任官职为名无限期地流放到沃洛格达省（Вологда），并派出宪兵对其进行秘密

---

① 转引自 Волошина А. С. Теория культурно - исторических типов Н. Я. Данилевского: история и современность. Дис. канд. филос. наук. Ростов-на-Дону, 2004. С. 19。

监视。对于丹尼列夫斯基来说，尽管行政职务和禁止离开所在省份的规定限制了他的自由，但他还是把所有的空余时间都用在了自己热爱的科研工作上：搜集关于当地气候的资料、研究各种植物在不同季节的生长变化、为经济和人口统计积累数据，等等。

1852年9月，丹尼列夫斯基迎来了生命中的第一次婚姻，他与自己深爱已久的一位少将遗孀薇拉·尼古拉耶夫娜·别克列米舍娃（Вера Николаевна Беклемишева）夫人结婚了。这是一位美丽、聪明的女人，丹尼列夫斯基对她爱慕已久，但直到自己被捕前两天才向她表白。丹尼列夫斯基被流放之后，她信守诺言，追随他到了沃洛格达，成为了他的妻子。然而不幸的是，一年之后她便死于霍乱，短暂的幸福随之离他而去。这件事情被丹尼列夫斯基称为生命中"最悲痛"的经历，以至于他许多年之后才鼓起勇气再次组织家庭。

从1853年2月起，丹尼列夫斯基又被调到萨马拉省（Самара）政府工作。不久，俄国地理协会（Русское географическое общество）①委员会决定让他为国家的一个重要经济考察团担任统计员。这个考察团是由俄国地理协会和国家财产部派出的，旨在研究伏尔加河下游和里海地区的渔业储备和捕鱼状况。该考察团的团长是当时在欧洲和俄国都十分

---

① РГО创建于1845年，在1845—1850年和1917—1926年名为俄国地理协会，1850—1917年叫皇家俄国地理协会，1926—1938年叫国家地理协会，1938—1945年叫全苏地理协会，1946—1991年叫苏联地理协会，1992年起叫俄罗斯地理协会，如今为全俄罗斯的社会性组织。1850年起在全国各地成立分会。1956年加入国际地理联盟。自1865年起出版杂志《俄国地理协会消息报》。

著名的自然科学家贝尔（К. М. Бэр）①，他对丹尼列夫斯基的工作和能力都非常满意，所以在进行地理勘查的时候经常把最复杂的任务委托给他。能与这么杰出的学者一起工作，对当时的丹尼列夫斯基来说是非常幸运的，贝尔就好比是他的导师，在很多问题上指点着他前进。丹尼列夫斯基后来在自己的著作中曾经不止一次地引用贝尔的学术观点，而且称之为"科学界的泰斗"。由于丹尼列夫斯基的生活方式非常简单，再加上他在自然科学方面的丰富知识能够为政府做出贡献，所以沙皇宪兵对他的监控慢慢地减弱。1856 年 8 月亚历山大二世继位之后，下令撤销了对丹尼列夫斯基的监视。

1857 年 10 月根据沙皇的命令，丹尼列夫斯基进入当时的国家财产部（Министерство государственных имуществ）农业司任职。次年，他被任命为研究白海和北冰洋地区渔业和狩猎状况的考察团负责人，这次考察共持续了三年时间。随后，他又负责对黑海、亚速海、俄国西北部的湖泊、库班、阿尔汉格尔斯克省、克里木等地区进行了一系列的科学考察。他一生共完成了九次科学考察，对俄罗斯欧洲部分的全部水域进行了研究，并在这些科学考察的基础上写了很多关于鱼类学、气候学、地理、经济方面的文章，因此，丹尼列夫斯基被贝尔称为是俄国地理协会最重要的活动家之一。不仅如此，他的研究资料为捕鱼业规章的制订奠定了基础。而且，加入国家财产部委员会以后，丹尼列夫斯基还积极参与了一系列法律法规的制订，这些法律条文直到 20 世纪初还在对俄

---

① Карл Максимович Бэр（1792—1876），又名卡尔·恩斯特，博物学家，彼得堡科学院院士。胚胎学的奠基人，发现哺乳动物的卵细胞，证实了高级动物和低级动物胚胎的相似性，发现在胚胎形成过程中依次出现门、纲、目等特征，并描述了脊椎动物全部主要器官的发育。组织完成过多次地理考察，是俄国地理协会的创始人之一，曾编辑出版俄国地理学丛书，阐明了河岸冲刷的规律（贝尔定律）。

国的渔业资源状况进行调节。

从白海和北冰洋结束考察之后，丹尼列夫斯基迎来了自己的第二次婚姻。在第一任夫人去世八年后，他跟自己在沃洛格达流放期间的一位好友之女奥莉加·亚历山大洛夫娜·梅扎科娃（Ольга Александровна Межакова）小姐结婚。事实上，在考察开始之前，他就已经向梅扎科娃小姐求婚了，只是为了不耽误工作，他们才决定将婚礼推迟到了1861年10月。这次婚姻终于使丹尼列夫斯基组建了幸福的家庭，后来有了两个女儿和四个儿子。1863年丹尼列夫斯基全家搬到克里木定居，并买下了一座名为木沙特卡（Мшатка）的庄园。这里不仅是丹尼列夫斯基科学考察间歇休息的地方，而且也是他进行思想创作的地方，他的许多重要文章和作品都是在这里撰写的。丹尼列夫斯基非常喜欢这个幽雅、安静的园子，在这里建立了自己的图书馆。

从19世纪60年代开始，丹尼列夫斯基的兴趣出现了一个明显的转变，开始更加关心人文科学方面的问题。他写了很多关于社会思想、历史哲学、经济学等方面的文章和著作，其中最重要的一部就是他于1865—1868年在木沙特卡完成的《俄国与欧洲》（《Россия и Европа》）。这本书代表了丹尼列夫斯基在人文科学方面的最高成就，得到了俄罗斯国内和西方学者的一致肯定，对后世产生了深远的影响，是迄今为止学术界仍然非常重视的思想著作之一。

在这一时期，丹尼列夫斯基与斯特拉霍夫（Н. Н. Страхов）的关系日趋紧密，他们是早年在彼得拉舍夫斯基小组里结识的朋友。丹尼列夫斯基定居克里木之后，斯特拉霍夫经常从彼得堡为他邮寄一些需要的书籍和资料，此外，也经常到他的新家做客。由于斯特拉霍夫与列夫·托尔斯泰交情颇深，两人一直保持着书信来往，同时，他也是托翁图拉庄园里的常客。所以，后来，丹尼列夫斯基又通过他结识了著名作家托尔斯泰。

在这里有必要对斯特拉霍夫做个介绍,他虽不是我们非常熟悉的一个人物,但却与丹尼列夫斯基交往甚密,是最了解丹尼列夫斯基的人之一,也是最支持他、最推崇他的作品和思想的人之一。尼·尼·斯特拉霍夫(1828—1896),是19世纪80年代俄国著名的哲学家和文学评论家。他的主要作品有:《关于生命有限的信》(1859),《黑格尔哲学在今天的意义》(1860),《完整的世界》(1872),《心理学的主要概念》(1878),《对屠格涅夫和托尔斯泰的批评文章》(1881),《关于普希金和其他诗人的札记》(1888),《系统阐述哲学基本原理的尝试》(1888),《关于心理学和哲学的一些基本概念》(1892),《我们的文学中存在与西方的战争:历史与批评随笔》(第一卷,彼得堡,1882;第二卷,彼得堡,1883;第三卷,基辅,1897)和文集《回忆与片断》(彼得堡,1892)。此外,他还有不少哲学方面的译著。

斯特拉霍夫是一个知识面很宽的人。他毕业于科斯特罗马州师范学校哲学系,在彼得堡大学法律系读了两年后,由于交不起学费被迫转到了当时的师范总学院(Главный педагогический институт)[①]继续学习。1851年他从师范总学院的自然数学系毕业,六年后又取得了动物学硕士学位。从1861年开始,他与著名作家陀思妥耶夫斯基成为好朋友,并加入了陀思妥耶夫斯基兄弟主办的《时代》[②]月刊。1863年,当波兰境内发生起义时,斯特拉霍夫在该杂志上发表了一篇名为《致命问题》(《Роковой вопрос》)的文章,从中表现出对波兰人的同情,于是沙皇政府随后下令关闭杂志。在《时代》杂志社工作的这段时间里,斯特拉霍夫不仅与陀思妥耶夫斯基兄弟保持着真诚的友谊,而且与杰出的文学

---

① 彼得堡国立高等师范学校,于1816年建校,1819年改组为彼得堡大学,1829年重建,开办到1859年。
② 该杂志先是叫做《Время》(1862—1863),后来又更名为《Эпоха》(1864—1865)。

评论家、思想家格里戈里耶夫①也志同道合。离开《时代》月刊后，斯特拉霍夫先后曾在《读书文库》《祖国纪事》《曙光》杂志社工作，但在这段时间里，他只是搞一些文学创作，生活比较窘迫。1873年，他开始在彼得堡的皇家公共图书馆（Императорская публичная библиотека）任职，这份差事一直持续到1885年；而且，从1874年开始，斯特拉霍夫成为教育部学术委员会的成员。这样一来，他的生活来源就有了最低保障，再加上发表文章得来的稿费，境况慢慢地好转起来。

在哲学上，斯特拉霍夫信奉唯心主义的宗教学说，宣扬人类中心论。在社会政治领域里，他一直推崇土壤派和斯拉夫派的思想。作为一位文学评论家，他对文艺界和社会思想界的崭新事物具有敏锐的洞察力，能够将文学史上那些永久性的财富同一瞬即逝的东西区别开来。他是第一个对托尔斯泰的《战争与和平》和《安娜·卡列尼娜》做出高度评价的人，也是第一个发现罗扎诺夫（В. В. Розанов）②的哲学和文学天赋、并扶持后者立足的人。1890年斯特拉霍夫被选为俄国科学院的通讯院士。托尔斯泰对斯特拉霍夫的智慧、道德素质和文艺品位评价极高，放心委托他为自己的作品进行校对。在两人的通信中，托尔斯泰也

---

① Аполлон Александрович Григорьев（1822—1864），俄国文学评论家、诗人。斯拉夫派的代表人物之一。著有评论 А. Н. 奥斯特洛夫斯基、И. С. 屠格涅夫和 Н. А. 涅克拉索夫等人的文章和回忆录。其抒情诗的主人公大多具有沉思和苦难的浪漫主义个性。

② Василий Васильевич Розанов（1856—1919），俄国作家、评论家、哲学家。1882年毕业于莫斯科大学历史语文系，1899—1917年在《新时代》日报社任编辑。他的无情节的杂文日记体作品将生活、哲理、政治、隐私、悲壮、庸俗熔于一炉，代表作有文集《孤独》（1912）和《落叶》（1—2卷，1913—1915）。写有论述果戈理、陀思妥耶夫斯基和莱蒙托夫的文学评论文章。宣扬宗教的存在主义观点，批判基督教的禁欲主义，鼓吹家庭和性至上，认为性的本原是生命的根本。

经常表现出对斯特拉霍夫的尊崇和敬重。

有资料表明，几乎每年夏天，斯特拉霍夫不是去亚斯纳亚波利亚纳（Ясная Поляна）探望托尔斯泰，就是去科列纳亚布斯特尼（Коренная пустынь）拜访诗人费特（А. А. Фет）①，要不就是去木沙特卡寻找丹尼列夫斯基②。所以，丹尼列夫斯基自然而然地从斯特拉霍夫的口中得知了托尔斯泰和他的两部小说，而且，托尔斯泰也对丹尼列夫斯基有了一定的了解，两人虽未谋面，但却已彼此产生了尊重。1885年3月，托尔斯泰在克里木停留期间拜访了丹尼列夫斯基，他们见面的时间非常短暂，但交谈却十分愉快。两人后来都在给斯特拉霍夫的信中提到这件事，并表达了自己对对方的欣赏。然而遗憾的是，没过多久丹尼列夫斯基便突然去世了。

丹尼列夫斯基在生前的最后几年里患了心脏病。1885年10月他为了探寻格鲁吉亚果赫察岛（Гохча）鱼类减少的原因又一次进行外出考察，但考察还未结束他就突发心脏病，于11月19日不幸逝世，年仅63岁。随后，他的遗体被运回木沙特卡，葬在自家的花园中。

然而，丹尼列夫斯基的死并没有引起众多知识界人士的注意，只有谢苗诺夫兄弟、斯特拉霍夫、伊·谢·阿克萨科夫（И. С. Аксаков）③、费特等这些熟悉和了解他的人们，用自己的悼词纪念了这件令人悲痛的

---

① 诗人费特也认识丹尼列夫斯基，而且去过他的庄园。
② 参见 Балуев Б. П. Споры о судьбах России: Н. Я. Данилевский и его книга 《Россия и Европа》. Тверь, 2001. С. 42.
③ Иван Сергеевич Аксаков（1823—1886），俄国政论家和社会活动家。С.Т.阿克萨科夫之子。斯拉夫派思想家之一，曾编辑《日报》《莫斯科报》《俄罗斯座谈》等杂志和《俄罗斯报》等。19世纪40—50年代主张废除农奴制。1877—1878年俄土战争年间是斯拉夫人争取摆脱土耳其压迫运动的组织者。他也是丹尼列夫斯基的朋友。

事情，并缅怀了这位对俄国科学和社会思想均做出过重要贡献的杰出学者。

当尼·谢苗诺夫——丹尼列夫斯基最好的朋友——得知丹尼列夫斯基突然去世的消息之后，由于过度悲伤大病了一场，以至于悼词都是委托儿子替他完成的。悼词中这样写道："丹尼列夫斯基是一位博学多才的学者，一位与众不同的思想家，一个可爱的自然主义者，一个发自内心深处的真正的俄国人……他的谦虚、他的智慧、他坚强的性格和执着的信念，令所有的人为之惊叹"。谢苗诺夫-天山斯基在自己的回忆录中将丹尼列夫斯基评价为"一个具有独创性和亲和力的人……他的知识面非常广……思维逻辑性极强，而且带有惊人的辩证色彩"①。

丹尼列夫斯基的死也给斯特拉霍夫带来了很大打击，他在写给托尔斯泰的信中将这个消息称为是自己生命的转折点，"我的生命，即使没有一半，也有三分之一的部分消失了……在连续几天的时间里，我一直伤心流泪，对任何事情都毫无兴趣"②。托尔斯泰得知这一消息后，也马上给斯特拉霍夫写信道："丹尼列夫斯基的死令我非常难过。但令我高兴的是，我们是互相欣赏的"。③

伊·阿克萨科夫在致丹尼列夫斯基的悼词中写道："对祖国的热爱在丹尼列夫斯基身上变得更有意义了，不仅在他的意识中被理解和证

---

① Балуев Б. П. Споры о судьбах России: Н. Я. Данилевский и его книга 《Россия и Европа》. Тверь, 2001. С. 39.

② Балуев Б. П. Споры о судьбах России: Н. Я. Данилевский и его книга 《Россия и Европа》. Тверь, 2001. С. 44.

③ Балуев Б. П. Споры о судьбах России: Н. Я. Данилевский и его книга 《Россия и Европа》. Тверь, 2001. С. 44.

实,也由于他长期的科学活动而得以增强"①。

诗人费特为丹尼列夫斯基的去世写下了这样的诗句——"悼念丹尼列夫斯基"(1888年):"如果我们命中注定都要离开人世,那么,我已故的朋友,你走过的道路令我羡慕!……"②。

丹尼列夫斯基及其夫人、子孙的墓地曾在20世纪30年代被毁,1996年得以修复。1997年5月,当地政府决定在丹尼列夫斯基的墓旁修建一座小教堂,以"Николай Чудотворец"(意为:创造奇迹的尼古拉)而命名,许多民众汇集在那里参加了奠基仪式。1997年,在克里木、利佩茨克和莫斯科三地,举行了纪念丹尼列夫斯基诞辰175周年的庆祝活动;1998年3月,俄罗斯文化基金会组织了一次纪念丹尼列夫斯基的晚会;2002年12月,又隆重庆祝了丹尼列夫斯基诞辰180周年纪念日。在丹尼列夫斯基的故乡利佩茨克地区的奥别列茨村,人们也在思念着他,举行着各种各样的纪念活动。后来,由克里木的几位天文学家所发现的一颗小行星被命名为"木沙特卡",也是为了以丹尼列夫斯基曾生活过多年的地方来纪念这位杰出的学者。

二 丹尼列夫斯基留给我们的思想遗产

丹尼列夫斯基一生留下了不少颇有价值的作品,既有文章,也有专著。其作品所涉及的领域也非常广泛,既有自然科学的(主要是地理学、鱼类学、气候学等方面),也有人文科学的(主要是经济学、语言

---

① Данильченко-Данилевская В. Я. Об авторе // Данилевский Н. Я. Россия и Европа. М., 2003.

② 转引自 Волошина А. С. Теория культурно-исторических типов Н. Я. Данилевского: история и современность. Дис. канд. филос. наук. Ростов-на-Дону, 2004. С. 23。

学、政治和外交等方面）。了解他的各类作品，也就是了解他的世界观和人生观，获悉丹尼列夫斯基对一些社会焦点问题的看法和观点，这对于下一步深入研究其文化思想大有裨益。本节中，我们只对他的主要作品进行介绍，其全部作品的详细清单见书后附录。

学生时代的丹尼列夫斯基就开始为当时彼得堡的主要杂志撰写文章。其中，为《祖国纪事》撰稿使他有机会能与不少名人相识，比如涅克拉索夫、迈科夫、陀思妥耶夫斯基、费特、赫尔岑、别林斯基等。当代俄罗斯学者巴鲁耶夫（Б. П. Балуев）在研究中指出，"年轻的丹尼列夫斯基积极参加当时的文学评论活动，他的聪明才智得以展露。关于这一点，很多了解他和研究他的人在回忆录中都曾提到"。①

丹尼列夫斯基生平发表的第一篇文章是《致〈祖国纪事〉编辑部的信》，刊登在《祖国纪事》1843 年第 5—6 期的"文学和杂志评论"栏目中。在这篇文章里，他大胆地揭示出：当时因"Барон Брамбеус"这个笔名而大受欢迎的先科夫斯基（О. И. Сенковский）的中篇小说集《勃兰别乌斯男爵》② 里面，有一篇名为《希尔凡帝国的衰落》（《Падение Ширванского царства》）的作品，其实并非原创，而是完全抄袭了英国作家詹姆斯·莫利阿（James Morier, 1780—1849）的小说《莫比利克：波斯王和魔法师的故事》（《История Моберека – шаха и волшебника》）。

这就是丹尼列夫斯基的处女作。在他的学术生涯中，这篇文章具有多方面的意义。第一，它展现了丹尼列夫斯基宽阔的知识面和渊博的学问，说明他不仅阅读本国文学，而且对自己感兴趣的外国作品也十分关注；第二，表明丹尼列夫斯基极其痛恨弄虚作假的抄袭行为，对其的态

---

① Балуев Б. П. Споры о судьбах России：Н. Я. Данилевский и его книга 《Россия и Европа》. Тверь, 2001. С. 19.
② 也有译作"布朗别乌斯男爵"。

度为坚决揭露、毫不留情；第三，丹尼列夫斯基在得知别林斯基曾对这部小说集做出过肯定评价的情况下，丝毫没有感到压力，而是毅然地说出了自己的不同看法。敢于在19世纪40年代最优秀的杂志上发表观点，与众多的俄国社会精英们分享见解，这本身就难能可贵，更何况要与别林斯基这样的权威人物对立，这对于一个二十多岁的年轻人来说，无疑是一次挑战和考验。

1848年，丹尼列夫斯基又在《祖国纪事》上发表了两篇值得注意的文章：《迪特罗谢（Дютроше）》（№5、6）和《宇宙（Космос）》（№6、7、8）。第一篇介绍的是法国著名生理学家、巴黎科学院院士迪特罗谢（Henri Dutrochet，1776—1847），此人以批判活力论（生机论）而闻名。丹尼列夫斯基详细介绍了他在动植物形态学、生理学、胚胎学领域的思想和成果，及其关于有机世界构造的普通哲学观点。在这篇文章里，丹尼列夫斯基宣称自己是个严肃的学者，反对经验主义，推崇迪特罗谢的直觉主义方法论，指出任何研究成果的取得都要以大量的资料和广泛的知识为基础，并认为这是科学研究中最有效的方法。可以说，这种原则指导了丹尼列夫斯基的一生。在后来的科研道路上，他总是以收集尽量多的证据为基础，然后才得出自己的观点和结论。

另一篇文章对于理解丹尼列夫斯基文化思想的形成过程具有重要的意义。在读完亚历山大·冯·洪堡（Alexander von Humboldt，1769—1859）的俄译本《宇宙》后①，丹尼列夫斯基针对这部长篇巨著的前两卷写出了一百多页的书评，在《祖国纪事》上连续刊登了三期。洪堡是德国有名的自然科学家、旅行家、地理学家，近代气候学、植物地理学、地球物理学创始人之一，也是威廉·冯·洪堡的弟弟。在这篇评论中，丹尼列夫斯基表达了自己对科学、价值观、天与地、人与自然的关

---

① 此前他已经读过该书的原著。

系等问题的看法。洪堡思想中最吸引他的，是宣扬利用最新的科学成果可以使天、地相互统一的观点。丹尼列夫斯基认为这本书的价值就在于，将全世界看成是个整体一致、部分多样的和谐统一体。他指出，了解了宇宙的这种和谐与美之后，人类应该明确自己是大自然的一部分，应该帮助大自然达到这种统一的和谐，从而为完善人类生存的这个星球而发挥自己的使命和意义。

关于迪特罗谢和洪堡的两篇文章使丹尼列夫斯基在文学界开始小有名气，读过他文章的人都发现，丹尼列夫斯基不仅在科学研究方面很有才能，而且是一个优秀的科普宣传者，同时也是一个知识渊博、思想深刻的人。

因彼得拉舍夫斯基事件被流放到沃洛格达以后，丹尼列夫斯基开始撰写一些自然科学方面的文章，包括《沃洛格达省的水文地理学》《沃洛格达春季气温检测结果》等等。其中，《1846年俄国人口分布和流动的统计研究》（分六次连续刊登在《内务部杂志》上，1851年，第34—35册）一文使他获得了"朱可夫大奖"（Большая Жуковская премия）——这是俄国地理协会为了奖励那些在统计方面做出优秀成绩的会员而设立的；另外，1853年在《俄国地理协会会刊》第九册上发表的一篇题为《沃洛格达省的气候》的长文，使他后来获得了俄国地理协会的一枚小型金质奖章（Малая золотая медаль）①。

真正让丹尼列夫斯基得到巨大收获的时期，是他跟随贝尔开始科学考察之后。他与贝尔肩并肩一起进行科学工作达四年之久，走遍了

---

① 俄国地理协会为鼓励地理科学方面的著作和发现设置了很多不同的奖章和奖金。1846年设立了协会的最高奖项——大康斯坦丁金质奖章。1859年设立了一系列小型奖章，分为金、银、铜三种。朱可夫奖金是由一位姓朱可夫的烟草工厂主于1847—1851年设立的，主要针对统计学方面的优秀文章进行奖励，金额为500卢布。

伏尔加河和里海水域，学到了很多宝贵的知识和经验，而这些实地考察的成果也都反应在他那段时期的作品中。国家财产部的多卷本杂志《1860—1875年俄国渔业状况研究》上，就刊登了丹尼列夫斯基的不少文章。比如：《乌拉尔地区渔业述描》《里海渔业状况统计》《白海和北冰洋的捕鱼和狩猎》《黑海和亚速海渔业述描》等等。其中，《对库班三角洲地区的研究》一文（《皇家俄国地理协会会刊》，第2册，彼得堡，1869年）获得了俄国地理协会的最高奖励"康斯坦丁大奖章"（Большая Константиновская медаль）。在这段时期里，德高望重的贝尔对丹尼列夫斯基的思想形成起了重要的影响作用，他的许多观点被丹尼列夫斯基所接受，并且体现在其后来的思想和理论构建中。比如：在历史科学中引入自然科学的研究方法；地理因素对于一种文化的特定发展、一个民族风俗习惯和心理状态的形成都会产生影响；进步只有在不发生任何革命动荡的情况下才有可能；从形态和有机的角度来看待自然界，等等。而且，多年随团外出工作的经历大大增强了丹尼列夫斯基对本民族独有的精神和道德价值观念的信仰，为祖国而献身的爱国情绪始终包围着他。正如巴鲁耶夫所说的那样："从这些文章中我们可以看出严格的选题，经过认真分析和系统整理的科学资料，还有极具逻辑性且非常有趣的标准语言。而且，丹尼列夫斯基就像一位有实践经验的经济学家，充满了爱国情绪和对俄国富强的关心。他指出俄国拥有广阔的水域和丰富的渔业资源，应该珍惜这些财富……"。[①]

然而，应该明确，在丹尼列夫斯基的创作遗产中占有更大分量的，并不是他在自然科学领域里留下的专业文献，而是他就当时的一些社会和思想问题所发表的政论文章。虽然这类作品在数量上并不太多，但却

---

① Балуев Б. П. Споры о судьбах России: Н. Я. Данилевский и его книга 《Россия и Европа》. Тверь, 2001. С. 37.

流传更广、意义更深远。毕竟丹尼列夫斯基是皇村中学的毕业生,他的很多同窗和好友都是上层社会的活跃人物,他们经常聚在一起讨论时事,针砭时弊是理所当然的事;而且,他本人的爱国情绪也促使他始终在关注和思考祖国的命运和处境。

丹尼列夫斯基是一位眼界宽广的学者,他一直没有把自己局限在植物学这个狭窄的专业领域里。在每次科学考察间歇的时期,他通常会就很多大家关心的问题在报刊上发表文章,而且总是能够提出一些与众不同的见解。他曾针对现代经济学的许多问题写出了一系列的文章,例如:《对卢布价格下跌、贸易平衡和保护本国工业问题的几点看法》(彼得堡,1867,《贸易汇编》,第4、5、11、13、18、20、22期),《对纸币兑换率偏低和其他几种经济现象的看法》(《俄国通报》,1883,第8—9期)。从这些文章中可以看出,丹尼列夫斯基对国家财政和外贸措施的细节十分熟悉,对政府支持国家生产的方针了解也非常充分。斯特拉霍夫曾经说过,当时的财产部部长维什涅格拉茨基(И. А. Вышнеградский)① 非常欣赏丹尼列夫斯基的经济观点,在增强关税制度、消除财政赤字、改善金融体系等多种政策上都采用了丹尼列夫斯基的建议。

丹尼列夫斯基还曾表现出一位语言学家的特质。60年代初,俄国科学院俄语研究所请丹尼列夫斯基借助去白海地区考察的机会,帮助他们为《俄语方言大词典》(《Областной великорусский словарь》)补充阿

---

① Иван Алексеевич Вышнеградский(1831—1895),社会活动家、科学家、企业家、彼得堡科学院的名誉院士(1888),1875年起任彼得堡技术学院院长;1886年成为国家委员会委员;1888—1892年任财产部部长,提出了保护关税制度的政策。在他任职期间,严格的税收制度和加强出口的政策促进了国家财政赤字的消除,积累了黄金储备,使卢布得以升值,但同时也使农民的处境更加艰辛。

尔汉格尔斯克地区的方言词语和常用表达方式。丹尼列夫斯基工作非常地认真，不仅收集了一些新的词语，为它们注以准确、全面的解释，而且对词典中部分已有的词条也进行了修正。在这次的工作中，他总共完成了三百个词条的整理和加工，此外，他还向编辑们提供了一些自己在其他地区考察时发现的方言单词。1869 年丹尼列夫斯基发表了《关于俄语地理术语的一些想法》一文。在这篇文章里，他指出，有很多地理现象在不同的地区被人们冠以不同的叫法；也就是说，在两种方言里，截然不同的两个单词所代表的事物可能是相似甚至是相同的。他认为，各地居民有权根据自己的生活习惯来命名某种自然现象，但是，科学却不允许对同一种想象存在两种不同的叫法，所以科学家应该运用某种更加宽泛的概念来消除这种不一致，从而达到互相理解。丹尼列夫斯基主张语言的研究和发展也要遵循自然的原则，不能人为地对其强加一些臆想出来的形式。他着重针对地理学术语提出了三条建议：第一，尽量使用现有语言中已经存在的单词作为地理术语；第二，可以在那些表达地理现象特征的词语的基础上，对它们加以修改或补充，使其成为科学语言；第三，尽量选择那些在全国范围内普遍使用的词语。丹尼列夫斯基为语言学界做出的这些贡献，得到了沃斯托科夫（А. Х. Востоков）、斯列兹涅夫斯基（И. И. Срезневский）、格罗特（К. Я. Грот）等国内知名语文学家的肯定。1876 年，丹尼列夫斯基被选为莫斯科大学"俄罗斯语文爱好者学会"（Общество любителей российской словесности）① 的会员。

19 世纪 70—80 年代，丹尼列夫斯基所关心的问题带有政治和外交的性质。这一时期，他在报纸《俄国的世界》（《Русский мир》）上发表了一系列针对 1877—1878 年俄土战争的文章。比如，在 1879 年《获

---

① 1811—1930 年设在莫斯科大学的学术团体。屠格涅夫、托尔斯泰、陀斯妥耶夫斯基曾在学会会议上发表过演讲。

胜者的遭遇》(《Горе победителям》) 一文中，丹尼列夫斯基仔细分析了欧洲列强于1878年6月在柏林召开联合会议的目的和结果。他认为，这次会议极大地伤害了斯拉夫民族的利益，尤其是俄国在巴尔干半岛上的权益；领土的争端只不过是激烈冲突和战争的导火索，真正的原因是西欧各国对沙皇俄国的敌对情绪和担心俄国实力过于强大的心理。丹尼列夫斯基指出，与土耳其之间的这场战争并没有解决"东方问题"(Восточный вопрос)，俄国将面临与西欧世界的武力较量。他强调，当俄国的对外政策是以本国的利益为中心时，就能够在世界舞台上取得较大胜利；但一旦俄国开始试图维护全欧洲的利益，那么胜利将不再属于它。"沙皇俄国所进行的与遵循、维护和恢复欧洲利益有关的任何活动，都会导致不同方式的丧失、忽视和牺牲本国利益"。[1] 也就是说，丹尼列夫斯基认为，沙皇俄国的对外政策应当首先与国家的利益相符。他的这种政治理念后来被统治阶级所利用，成为后者实现争霸目的的理论依据。

1881年5月的一期《莫斯科报》刊登了丹尼列夫斯基的文章《谈自由主义报刊中表现出来的对宪法的渴望》(《Несколько слов по поводу конституционных вожделений нашей либеральной прессы》)。在这篇文章里，他强调俄罗斯民族是不能接受立宪制的统治形式的，表现出强烈的保守主义和帝制派思想。严格地说，丹尼列夫斯基是反对民主制度本身的，他认为，虽然几乎在所有当代政治的理念中，通过自由选举产生的"人民政权"被视为最理想的政治形式，但这并不一定就能保证这个国家的确是按照大部分选民的意愿来管理的。在他看来，沙皇俄国的君主专制制度来源于人民的意志，是最适合本国特点的政治体制，即使是沙皇自愿将国家改为立宪制、自愿限制自己的权力，那么人民依然会把

---

[1] Данилевский Н. Я. Россия и восточный вопрос // Русская речь. 1879. №1 и 2. С. 25.

他看作一个拥有无限权力、不受任何限制、专制独裁的君主。他指出，俄国从西方引进的只是形式和外壳，宪法和议会在俄国不会成为严肃的机构，只能是故弄玄虚，最终变成一场闹剧。另外，在这篇文章中，丹尼列夫斯基不仅探讨了宪法和民主的概念，以及在俄国将其付诸实践的可能性，而且还提出了一些比较普遍的文化哲学问题，比如：何为历史进程的推动力；个人在民族的历史文化和政治生活中起什么样的作用，等等。

丹尼列夫斯基去世前一年，在1884年11月的《罗斯报》（《Русь》）上发表了一篇题为《我国虚无主义的起源》（《Происхождение нашего нигилизма》）的文章，这是针对此前康·托尔斯泰（К. К. Толстой）① 所写的《论统治阶级的世界观》（《Этюды господствующего мировоззрения》）一文而做出的评论。丹尼列夫斯基将60年代年轻人中盛行的新型极端主义情绪——对社会的所有价值理念均予以否定的虚无主义——作为重点关注的对象，不仅解释了虚无主义产生和传播的原因，而且试着找出如何消除这种现象的方法。他认为，俄国的虚无主义并不是年轻一代探寻精神道德标准的方式，而是俄国知识分子对西方思想潮流的一种盲目效仿。丹尼列夫斯基分析了西方虚无主义与本国虚无主义的不同之处，并指出，俄国知识分子中间流传着一种通病，就是喜欢模仿西方，但是这种模仿是不假思索的、毫无根据的，最终结果只会是一场闹剧。他认

---

① Константин Константинович Толстой（1842—?），俄国作家、医生。曾在莫斯科大学医学系就读，因参加学潮运动而被除名，后来进入彼得堡外科医学院学习并在那里毕业。从1873年开始成为《俄国医学通报》《医学评论》《公共卫生通报》《罗斯报》（И. С. 阿克萨科夫）、《外国文学新刊》（Ф. И. 布尔加科夫）等杂志的常务编辑；有时也在《新时代》上发表文章。在这段时间里他写了很多摘要、书评、批评和政论文章，其中就包括《论统治阶级的世界观》一文。

为，虚无主义之所以能够在俄国得以广泛传播的一个重要原因，就是俄国的知识分子们缺乏对自身历史和文化的热爱，然而英国、法国、德国的虚无主义者们却并非如此，他们深深地爱着自己的过去，所以，俄国的年轻一代应当赶紧放弃对西方的盲目效仿，回到自己的根基上来，回到自己的历史、人民、民族的土壤中来。丹尼列夫斯基认为，要达到这一目的，首先应该创造一个必要条件，即"在所有的思想和生活领域里提倡（民族和国家的）独特性"①。他批评西方派在报刊杂志上大力宣扬效仿西方文化、排斥发挥任何民族特性的行为，并对沙皇政府对此无动于衷、一心取缔斯拉夫派出版物②的做法表示惋惜。他深信，假如斯拉夫派能取得与西方派相等的出版自由的话，虚无主义就不会在俄国传播得那么广泛。在这篇文章里，丹尼列夫斯基比较明确地表述了自己的斯拉夫主义立场，同时，他也清醒地认识到，俄国的命运取决于饱含爱国情绪的知识分子阶层能否有机会公开表达自己的态度和观点。

丹尼列夫斯基生前公开发表的最后一篇文章是在《彼得堡斯拉夫慈善协会消息报》1885年2—3月份刊登的《弗拉基米尔·索洛维约夫论东正教和天主教》（《Владимир Соловьев о православии и католицизме》）。因为此前弗·索洛维约夫③曾在一系列文章中大力宣扬自己的基督教神权政治理念，包括"神人统一"（богочеловеческий союз）和希望东正教、天主教复归一体的思想，所以丹尼列夫斯基对之做出了自己的回应。他承认索洛维约夫的确拥有非常罕见和宝贵的天赋，但却认为其宗教哲学

---

① 转引自 Султанов К. В. Социальная философия Н. Я. Данилевского: конфликт интерпретаций. СПб., 2001. С. 216.
② 19世纪60年代，很多反映斯拉夫主义立场的刊物都被查封了，比如：《莫斯科》（1857）、《帆》（1859）、《白天》报（1861—1865）、《莫斯科人》杂志（1867—1868）。
③ 本文中出现的均为弗拉基米尔·索洛维约夫。

理论的构建存在一些不合理的地方，比如：总是喜欢得出一种对称、均衡的结论，希望世界上所有的现象都遵循一定的逻辑规律，呈现出公式化、系统化的联系。索洛维约夫将世界平均分成东、西方两个部分，他认为西方的基督教徒比东方的更虔诚，而且从人类历史开始的那一刻起东、西方就是对立的。丹尼列夫斯基则指出，在古代历史的舞台上，所谓的东方世界（东亚、西亚、南亚国家和埃及）相对比较繁荣，正是它们担任了文明的领袖，而整个西方世界却停留在野蛮的阶段，还不具备与东方文明对立的条件。他认为，那些宣扬人类历史起源于截然不同的东西两个世界的神话故事是毫无根据的，那只不过是为了与后来的理论图景保持逻辑上的和谐一致而"杜撰出来"的。丹尼列夫斯基赞成索洛维约夫对于允许不同教会之间有充分自由进行辩论的看法，他与索洛维约夫都强调这是非常有必要的，但是两人从中得出的理解却不相同。丹尼列夫斯基非常详细地分析了东、西方基督教徒在信仰理解上的差异，并坚持认为，使他们在精神上达到全世界的统一是不可能的，因为他们在宗教信仰、教义、教规、教会的管理机制中（包括东正教认为教会绝对正确，天主教认为教父绝对正确），都存在着不可逾越的矛盾和对立。

索洛维约夫积极回应了丹尼列夫斯基对他的评论，很快写出了《对丹尼列夫斯基的回答》（《Ответ Н. Я. Данилевскому》）一文，并在文章中说道，自己不能对这位优秀学者的严肃批评视而不见。然而，他们之间的争论没有持续多久，丹尼列夫斯基就突然去世了。值得思考的是，当初这两位知名学者关于东、西方基督教徒对话问题的争论，更确切地说，是东正教和天主教教会彼此接近和影响的问题，如今已经成为世界国际舞台上非常敏感的话题之一。

在丹尼列夫斯基生前的最后六年里，他的精力一直集中在《达尔文主义：批判性研究》（《Дарвинизм. Критическое исследование》）这本书上。这是他继《俄国与欧洲》之后创作的第二本大部头著作。这本书是丹尼列夫斯基对自己的自然科学观点的理论概括，但他并未写完，只是顺利完成了第一卷（彼得堡，1885）的两个部分和第二卷（彼得堡，1889）的一个章节。此书在他去世之后才得以出版，引起了科学界的不少争论。他在书中毫不留情地抨击了达尔文的自然选择理论，利用大量证据论证了在动植物进化的过程中为生存而产生的斗争并不是起最大作用的环节，而地质变化和自然灾难对物种的消失和进化却起着相当大的作用。他的观点是，自然选择在自然界中并不存在，因为那些通过生存竞争而产生的物种特征都会由于自然的杂交或融合而被消除；而且，如果自然选择已经发生了的话，那么现在跟人们打交道的就应该只是一些最完善的进化类型，而不应该还有那些原始的物种了。然而与此同时，丹尼列夫斯基也肯定，达尔文是一个杰出的"天才"、优秀的自然科学家，他"开辟了科学研究的全新领域"，达尔文主义的意义已经远远超出了生物科学的范畴，而具有一般哲学的性质。

现代科学界对达尔文及其自然选择的理论也持一分为二的看法，既接受他提出的自然界是由低到高、由无机到有机的发展过程的正确思想，也指出了其学说所具有的一些局限性。这些局限性主要表现在，他过分强调过度繁殖所引起的生存斗争，并不恰当地把这种生存斗争当作生物进化的主要动力。具体地说，达尔文关于生存斗争的论述主要是指繁殖过剩所引起的种内斗争，他的这种认识是不全面的，因为事实上自然界的矛盾错综复杂，各类生物之间既包含冲突，也包含和谐，既包含对抗，也包含合作。所以说，他的不足在于过分强调"斗争"这个侧面而忽略了其他方面的种种联系。其次，达尔文认为没有生存斗争，生物就不可能实现性状分歧并最终出现新物种，这显然也是不恰当的。其实，没有过度繁殖，物种也会变异，旧物种也会绝灭，为新物种所取代。现代科学告诉我们，变异的原因是多种多样的。例如，有不少学者发现，寒地动物的生活，其最大的威胁并不是同种间的利害冲突，而是严酷的寒冷、持久的干旱等恶劣的自然环境。① 由此可见，丹尼列夫斯基当时对于达尔文主义的批评是有一定道理和正确性的，体现了他在自然科学领域的高深造诣。

然而，丹尼列夫斯基的《达尔文主义：批判性研究》这本书却受到了当时俄国国内许多自然科学家的猛烈抨击，这些负面评价的原因并不在于其论据和论证过程缺乏科学性，而是由 19 世纪 70—80 年代科学和哲学思想发展的现实状况所决定的。众所周知，如果一种思想与它所在的那段历史时期中占主导地位的社会观点相符合，那么它就会受到大力拥护；反之，则会遇到重重阻力。在那个时期，达尔文理论的唯物主义基础和反宗教倾向与俄国知识界的精神需求完全相符，于是在俄国大受欢迎。它在俄国的第一批宣传者是 60 年代激进青年的偶像皮萨列夫（Д. И. Писарев）② 和俄国虚无主义的领袖季米里亚泽夫（К. А. Тимирязев）③。后者是宣传

---

① 参见孙关龙：《达尔文进化论的局限性》，载《科技文章》，2000 年第 3 期，第 54—56 页。

② Дмитрий Иванович Писарев（1840—1868），俄国政论家和文艺评论家，唯物主义哲学家和空想社会主义者，革命民主主义者。《俄罗斯言论》主要撰稿人。1862—1866 年因从事革命宣传被囚禁在彼得保罗要塞。60 年代初在革命运动失败的情况下提出通过发展国家的工业达到社会主义的思想，宣传自然科学，认为自然科学是教育手段和生产力。高度评价车尔尼雪夫斯基的小说《怎么办》和屠格涅夫、托尔斯泰、陀思妥耶夫斯基的作品。主要著作有《劳动史纲要》《现实主义者》《美学之毁灭》《海涅》。

③ Климент Аркадьевич Тимирязев（1843—1920），俄国达尔文主义自然科学家，俄国植物生理学学派创始人之一，俄国科学院通讯院士（1890 年起为彼得堡科学院通讯院士）。彼得罗夫农林学院教授（1871）和莫斯科大学教授（1878—1911），为抗议压制大学生而辞职。揭示了光合作用的能量规律。具有植物生理学研究方法、农艺学生物原理与科学史方面的著作。俄国宣传达尔文主义和自然科学唯物主义的先驱者之一。杰出的通俗作家和政论家，著有《植物的生命》（1878），《科学和民主》（1920）。

达尔文主义和自然科学唯物主义的先驱，是最正统的达尔文主义自然科学家，对这种思想的任何偏离都会引起他的猛烈反击，因此他成为丹尼列夫斯基这本书的最大抨击者。由于丹尼列夫斯基的这部作品与"当代科学"的发展极不协调，也不符合当时世界观发展的主要潮流，所以遭到了否定的评价。它曾被送到俄国科学院参加评奖，但却一无所获。俄科学院认为，这本书汇集了欧洲已有的反达尔文主义的一些理论，丹尼列夫斯基只不过是略加发展了这些理论并为它们配上了新鲜的例子。然而，尽管如此，很多学者仍一致认为，《达尔文主义：批判性研究》一书对于大学自然系的学生来说，是一本很好的教科书。

丹尼列夫斯基去世之后，斯特拉霍夫组织了一批人，将他在不同时期、不同刊物上发表的许多文章收集在一本名为《尼·雅·丹尼列夫斯基的政治和经济论文集》（《Сборник политических и экономических статей》）的集子中，并于1890年在彼得堡出版。1998年，莫斯科的阿里尔出版社（Алир）推出了一本丹尼列夫斯基的作品集，题目就定为《获胜者的遭遇》（《Горе победителям》）。编者叶夫列莫夫（А. В. Ефремов）为它写了绪言和附录，他做出的评价是，"丹尼列夫斯基的文章都是经过周密斟酌和深思熟虑的，可以将它们与那个时代最优秀的政论作品相提并论"。①

至此可以明确，丹尼列夫斯基的思想历程走过了由自然科学到人文科学，又从人文科学回归到自然科学的轨迹——年轻时代的丹尼列夫斯基把对自然科学的研究作为生活中最重要的一个部分，他为之奋斗，并取得了有目共睹的成绩；中年时期的丹尼列夫斯基曾对人文科学一度产生了浓厚的兴趣，并为之倾注了不少心血，完成了生命中最重要的一部

---

① 转引自 Волошина А. С. Теория культурно-исторических типов Н. Я. Данилевского: история и современность. Дис. канд. филос. наук. Ростов-на-Дону, 2004. С. 28。

作品《俄国与欧洲》；而在生前的最后几年里，他的兴趣重新回到自然科学的问题上，创作了最后一部作品《达尔文主义：批判性研究》。虽然从时间分配上来看，丹尼列夫斯基在一生中对自然科学倾注了更多的心血，但从对后世的影响上来看，他在人文科学方面的探索，则具有更重要、更深远的意义。

基于对丹尼列夫斯基的著作和遗产的考察，可以肯定，他不仅是一位自然科学家，也是一位深刻的思想家，是一个学识渊博、见多识广的人。他的著作和文章涉及自然科学和人文科学的多个领域。在丹尼列夫斯基的思想遗产中，数量较多的自然科学成果主要与他所从事的工作联系紧密，为俄国地理学和渔业的发展做出了很大贡献；他的文化和历史哲学作品最具价值，这集中反映在《俄国与欧洲》一书中，也正是这部作品使他在国内外成名，至今深受关注；而他的政论文章则带有很强的时代性和政治色彩，受丹尼列夫斯基自身局限性的影响，其中包含的许多观点如今早已失去了生命力，但他对社会热点问题的洞察和思考仍然是值得赞赏的。因此，我们应该采取一分为二的态度来看待丹尼列夫斯基和他的思想遗产，从而认识一个真实的丹尼列夫斯基。

本章小结

尼·雅·丹尼列夫斯基是一个出身贵族、学识渊博的俄国学者。他的一生经历非常丰富，年轻时的他勤奋求学、广交朋友、思想进步、立场坚定，中年时的他供职国家、潜心科学、眼界宽阔、积极写作，老年时的他敢于挑战、笔耕不辍、坚守岗位、以身殉职。这位专攻植物学的自然科学家兴趣广泛，饱读诗书，曾被送上法庭，曾被流放边疆，既能献身科学，又能关心政治，对科学和祖国都充满无限热爱。从他的作品清单中还可以发现，他是一个非常勤奋的人，从21岁一直到去世几乎每年都有作品问世，而且其中不少都不是默默无闻的，尤其是两部大部头著作，均引起了强烈反响。丹尼列夫斯基既是科学家，也是思想家；既是渔业科学的研究者，也是文化和政治问题的思考者。这样一位优秀学者的著作是值得阅读和研究的，这样一位优秀学者的思想也是值得了解和借鉴的。

第二章 代表作《俄国与欧洲》诞生的历史背景

1865年，在科学考察暂停期间，丹尼列夫斯基开始撰写一部尖锐的哲学政论作品，这就是后来使他在国内外闻名、并直到今天仍备受关注的代表作《俄国与欧洲：斯拉夫世界与日尔曼—罗曼世界的文化和政治关系一瞥》(《Россия и Европа. Взгляд на культурные и политические отношения славянского мира к германо-романскому》)。此书是丹尼列夫斯基一生中最重要的一部作品，也是我们研究其文化思想的主要文本，书中提出的许多问题和观点直到今天仍具有极大的现实意义。

从该书的题目来看，作者关注的是一个极具政治色彩的问题——俄国与欧洲的关系。但我们知道，丹尼列夫斯基是一名自然科学家，长期从事植物学方面的研究，那么，他为什么会突然创作这样一本带有鲜明政论色彩的专著呢？是什么促使他在繁忙的科研工作之余转向对社会思想问题的关注呢？他撰写《俄国与欧洲》一书的动机又是什么呢？在回答这些问题之前，我们首先必须了解19世纪60年代前后俄国所处的历史背景和社会思想状况。简单地说，就是影响丹尼列夫斯基思想和心态的三个焦点：一个问题、一场战争和一种思潮。

一 "东方问题"与克里木战争

《俄国与欧洲》一书诞生的历史背景与贯穿整个19世纪直至20世纪初的"东方问题"紧密相连、不可分割。简单地讲,"东方问题"就是近代欧洲列强争夺和瓜分奥斯曼(土耳其)帝国及其属国的领土和权益所引发的一系列国际问题。因为从欧洲的角度来看,奥斯曼帝国地处其东,故统称为"东方问题"。它曾经被马克思和恩格斯称为是"对土耳其怎么办"的问题。18世纪末,奥斯曼帝国的衰落刺激了欧洲列强瓜分其领土的野心,也引发了它们相互之间的矛盾和争夺,于是"东方问题"日益升级,成为当时欧洲国际关系的主旋律,并对近代欧洲国际政治产生了深远影响。

"东方问题"存在的时间从18世纪下半叶开始一直持续到20世纪初,它的历史发展总共可以分为三个阶段:第一个阶段是从18世纪下半叶到1853—1856年克里木战争之前,这一时期的主要特点是沙皇俄国在近东的影响逐渐扩大。在向土耳其发动的四次战争(1768—1774;1787—1791;1806—1812;1828—1829)中,俄国从土耳其手中成功地夺走了克里米亚、比萨拉比亚和高加索的大片领土,并获得了俄国商船和军队可以出入黑海海峡、俄国公民在土耳其境内享有领事裁判权等重要权益,俄国在巴尔干的势力大增。但与此同时,英、法、奥等欧洲国家对俄国的敌对情绪也日渐增加。第二个阶段是从克里木战争到19世纪末,这一时期的主要特点是英法等欧洲强国以维护奥斯曼帝国的完整和欧洲的均衡为借口,千方百计地削弱俄国在巴尔干以及整个近东的影响,并努力扩大自己在土耳其境内的势力范围。俄国在克里木战争中的失败正是由于英法等国的插手所导致的,这也正是它们的目的所在。后来,在1877—1878年的俄土战争中俄国又大获全胜,但是为了制衡俄国，几个欧洲强国又联合起来阻止它享受这次胜利的果实。在1878年的柏林会议上，被战争削弱、又陷于孤立的俄国，被迫做出重大让步，修改了前期与土耳其签订的《圣斯特凡诺条约》，在谈判桌上丧失了许多利益。然而，在这一时期，奥斯曼帝国境内的许多非土耳其民族（保加利亚、塞尔维亚、希腊、黑山等）的解放运动日益高涨。柏林会议后，保加利亚等若干信奉东正教的斯拉夫国家终于获得列强的承认，成为独立的民族国家。第三个阶段是从19世纪末到1918年第一次世界大战结束，这一时期主要是德国和奥匈帝国在近东和巴尔干的扩张，引起了其他欧洲强国的不满，德、奥与俄、英、法形成了两大军事集团，终于在1914年爆发了第一次世界大战。土耳其在"一战"中的失败宣告了奥斯曼帝国的彻底崩溃，其境内的民族解放运动也变得更加激烈。后来，直到1922年苏联的出现，"东方问题"才最终不再是国际矛盾的焦点。

　　由此可见，"东方问题"所包含的内容可以概括为以下三方面：其一，土耳其政府和欧洲列强之间的矛盾和斗争，这是随着奥斯曼帝国的衰落、欧洲资本主义势力的强大和沙俄的南下而引起的；其二，土耳其政府和其境内的非土耳其民族之间的矛盾和斗争，表现为由民族矛盾而产生的民族解放运动，其宗旨是反对土耳其苏丹政府的阶级、民族和宗教压迫，争取民族独立；其三，各欧洲列强之间的矛盾和斗争，主要是围绕如何瓜分土耳其帝国的遗产而展开的。

　　我们不难发现，在"东方问题"形成和发展的整个历史过程中，沙皇俄国几乎一直处于最中心、最关键的位置，前两个阶段的主角都是沙皇俄国。历史事实告诉我们，从17世纪下半叶到19世纪末，俄土两国之间总共发生过十次战争，断断续续前后长达二百多年，而从18世纪下半叶起，俄土之间的战争则主要是围绕"东方问题"而展开的。那么，为什么沙皇俄国如此重视"东方问题"的解决，要不惜一切代价打败土耳其帝国呢？这一问题的背后隐藏着深刻的地缘政治、宗教和民族根源。

首先，从地缘政治的角度来说，俄国作为一个内陆国家，争夺水域和出海口是其建立欧洲乃至世界霸权的关键，也是俄国外交的主要目标。18世纪中叶，俄国经济已经有了很大发展，并且出现了资本主义因素。但是在落后的农奴制度的影响下，俄国国内市场狭小，波罗的海出海口已不能满足俄国地主和商人的需要了。如果俄国得到了黑海海峡，就等于控制了俄国南部唯一的海上贸易通道，具有重要的经济意义。不仅如此，实现南进的政策还可以在地域上确立俄国对黑海和巴尔干地区的独立统治；在军事上，排除敌人舰队从其南部驶入的威胁。因此，发动对土耳其的战争是沙皇政府巩固其统治的必然选择。如果说俄国历史上夺取波罗的海出海口是彼得一世的功劳，那么解决黑海出海口的问题则是由女皇叶卡捷琳娜二世完成的。她在位期间曾几次发动对土耳其的战争，并强迫土耳其签署了多个战后条约，使其将黑海之滨的大片领土和克里木半岛让给了俄国。截止到18世纪末，整个黑海北岸原土耳其的领土已全部并入俄国版图，俄国得到了几代沙皇梦寐以求的黑海出海口，彼得大帝未尽的事业终于由叶卡捷琳娜二世完成了。

其次，从意识形态的角度来说，把信奉伊斯兰教的土耳其人赶出巴尔干半岛，对俄罗斯人具有特殊的宗教意义。土耳其首都伊斯坦布尔原名为君士坦丁堡，曾经是东正教的发源地拜占庭帝国（东罗马帝国）的首都。1453年拜占庭被土耳其的军队所灭后，君士坦丁堡便成为奥斯曼帝国的首都，更名为伊斯坦布尔。俄国是一个信奉东正教的国家，俄国历史上的东正教正是由拜占庭传入罗斯的，所以，君士坦丁堡在俄国人心目中一直是座"神圣的城市"，被称为"帝都"（Царьград），具有重大的象征意义。拜占庭灭亡以后，俄国人提出了"莫斯科——第三罗马"的思想，这正是俄罗斯民族骨子里的"弥赛亚意识"的体现。对于当时的俄国来说，打败土耳其帝国、解放君士坦丁堡，不仅可以提高自己在东正教世界的地位,而且能够实现救世的宗教使命。因此,从这个意义上来说,"东方问题"归根结底还是宗教的问题,就是恢复拜占庭东正教文明的统一和使君士坦丁堡重新成为世界历史中心的问题。不解决这一问题,就无法使俄国与拜占庭真正地融为一体,也就无法真正实现俄罗斯的精神和文明认同。

再者,从民族情感上来说,解决"东方问题"是对斯拉夫民族兄弟的一种精神援助。生活在巴尔干半岛上的保加利亚、塞尔维亚、克罗地亚等民族,其祖先都是南斯拉夫人,与俄罗斯人的祖先东斯拉夫人同属于古代斯拉夫民族的两个分支。所以说,他们与俄罗斯人之间有着特殊的血缘关系,既同宗又同族,而且语言文化十分接近。但是,奥斯曼帝国境内的巴尔干斯拉夫人长期处于"异族"土耳其人的压迫和剥削之下,过着毫无地位的悲惨生活。因此,推翻土耳其政府,支持土耳其境内各斯拉夫民族争取解放和独立的斗争,就是拯救斯拉夫兄弟于水深火热之中。这对于俄国来说,是一种民族情感的体现。从这个意义上,发动对土耳其的战争成为民族的"伟大"事业。

由此可见,"东方问题"与俄国之间存在着千丝万缕的联系。当然,对于作为统治者的沙皇政府来说,他们更关心的或许是争夺出海口和欧洲霸权的政治目的;但是,对于广大的俄国人民和先进的知识分子来说,后两个因素在他们心目中的地位是无与伦比的。也正是这两个因素,决定了俄国民众在思想观念和社会心态上是支持解决"东方问题"的,甚至推动沙皇政府向土耳其开战。历史事实告诉我们,在1877—1878年的俄土战争前夕,俄国民众群情激昂,踊跃参军,决心不惜一切代价支援斯拉夫兄弟。人们在全国的募捐活动上踊跃捐献,个人、城市和村社都慷慨解囊,捐钱赠物给军队和南部斯拉夫人,盛况好像回到了1812年。而且,俄国群众非常关心战争,有关战争报道的报刊销量大好,批评战争的言论几乎沉寂。甚至连列夫·托尔斯泰这样的倡导非暴力的伟大人道主义作家，在名著《安娜·卡列尼娜》中都曾不惜重墨描述男主人公沃沦斯基开赴俄土战争前线时的场景。可见，俄土战争在当时是深得民心的。

然而，这些并不说明俄国民众是支持沙皇政府对外发动侵略战争的，我们应该把沙皇政府和俄国民众一分为二地看。上层社会这样做的根本目的是为了维护自己的统治基础，让自己的政治宝座更加稳固；而俄国人民出现这种心态的根本原因是由于东正教所宣扬的弥赛亚思想的作用和俄罗斯民族自我意识的觉醒。我们知道，俄罗斯人很早就有一种意识，即俄罗斯有着特殊的使命，俄罗斯民族是个特殊的民族，是被上帝选中拯救世界的民族；他们相信总有一天，俄罗斯民族会成为全世界人民的救世主，而在当时首先应该拯救的就是处在土耳其帝国压迫和剥削之下的南斯拉夫各民族。不仅如此，自从1812年俄国军队打败拿破仑之后，俄罗斯民族体内的自我意识就已经开始觉醒了，关于俄国的属性、使命以及与西欧的关系等问题，早就已经成为众多先进知识分子思考和讨论的对象。他们逐渐意识到，自己与西欧有着许多不同之处，从民族的根源和文化上来说，与斯拉夫各民族距离更近。于是，在19世纪与土耳其之间的矛盾和冲突中，俄罗斯民族的这种自我意识和自我认同感越来越强烈，在民族情绪和心态上也表现得越来越明显。

丹尼列夫斯基并非沙皇政府的党羽，作为一名先进的知识分子，他始终与俄国人民站在一起。所以，俄国在"东方问题"上的得与失对丹尼列夫斯基的思想和心态也产生了不可忽视的影响作用。

丹尼列夫斯基酝酿和创作《俄国与欧洲》一书的时候，正处在"东方问题"形成和发展的第二个历史阶段。这一时期对俄国来说是有得有失、极不平凡的，其间于1853—1856年发生的克里木战争，是俄罗斯历史和社会思想史上的一个焦点。从某种程度上说，它也直接导致了丹尼列夫斯基做出撰写《俄国与欧洲》一书的决定。克里木战争的惨败是俄国扩张史上最严重的一次挫折,它不仅显示出农奴制俄国的腐败和无能,而且宣告了俄国在近东优势及其在欧陆霸权地位的终结。然而,克里木战争过后,俄国历史上一个前所未有的觉醒时代开始了。

克里木战争激起了俄国社会所有阶层的极大震动,这一方面是因为曾经拥有"欧洲宪兵"之称的沙皇俄国,无论从武器装备还是从战斗能力上来讲,在这次对阵中都远远地落后于西欧国家;而另一方面则是因为通过这场战争,整个俄国社会深刻地感受到了西方国家对自己的"另眼相看"。如果说当初拿破仑对俄国的侵略还只是来自一个野心家的威胁的话,那么如今这种威胁已经发展成为所有西欧国家对待俄国的敌对情绪了。俄罗斯人痛心地意识到,这并非简单的外交冲突,而是西欧国家有意在打击和削弱俄国在斯拉夫世界中的地位。所以"克里木战争使俄罗斯民族的自我意识第一次受到西方敌对情绪的强烈震撼,也使俄国人终于明白,不仅自己的强大会引起西方国家的恐惧和仇视,而且提升在斯拉夫世界中的影响作用也会产生相同的后果"①。于是,随着这场战争的结束,俄罗斯民族的自我认同意识变得越来越明显,"东方问题"更是成为切肤之痛,俄国人急切地盼望解决这一问题。而与此同时,欧洲大陆上逐渐兴起的一种新的社会思潮——泛斯拉夫主义——也在悄无声息地影响着当时的俄国。

二 泛斯拉夫主义在俄国

民族是一个历史范畴,现代意义上的民族出现在人类历史进入到资本主义阶段以后。18世纪末、19世纪初的法国大革命与拿破仑战争重

---

① Зеньковский В. В. Русские мыслители и Европа (Мыслители XX века). М.: Республика, 2005. С. 64.

构了欧洲的社会政治版图，也唤起了欧洲的民族主义思潮。19世纪，随着民族主义思潮的不断发展，在欧洲大陆人口最多、分布最广的斯拉夫人族群中，也出现了一种以民族主义为核心的社会政治思潮——泛斯拉夫主义（панславизм）。

（一）泛斯拉夫主义在俄国的出现和发展

历史将斯拉夫人分为三个支系：由俄罗斯、白俄罗斯、乌克兰人组成的东斯拉夫人，信奉东正教；由波兰人、捷克人、斯洛伐克人组成的西斯拉夫人，信奉天主教，极少数信奉新教，在19世纪分别被普鲁士、俄罗斯、奥地利统治；由保加利亚人、塞尔维亚人、克罗地亚人、斯洛文尼亚人组成的南斯拉夫人，信奉东正教、天主教，在19世纪分别被奥地利和奥斯曼土耳其统治。本来，他们相互之间的民族文化差异是很大的。生活在不同国家的斯拉夫人虽然比邻而居，但除了共同的起源和语言上的接近，彼此之间较少有共同的文化归旨。有些民族之间的矛盾，如波兰与俄罗斯，比斯拉夫人与其他民族的矛盾还要深。宗教信仰上的迥异也增加了斯拉夫族群内部的隔阂，极易引发地区冲突。比如同在巴尔干地区的塞尔维亚人信奉东正教，克罗地亚人则信奉天主教，所以历史上这里经常发生冲突。

可是在19世纪初，除了俄罗斯之外，其他斯拉夫民族都没有形成自己的民族国家，他们遭受统治民族的压迫，并面临被文化同化的危险，迫切需要捍卫本民族的语言和文化。所以，在这些斯拉夫民族的意识里产生了一种为自己的民族文化寻根的强烈愿望。与此同时，在与西欧民族的交融和沟通中，斯拉夫各民族，尤其是斯拉夫小民族的"我们"意识非常强烈，因为与生机勃勃的西欧国家"他们"相比，自己处于政治上的弱势地位，所以感到同为"我们"的斯拉夫各民族有必要成为一个整体，以弥补不如"他们"之处，并使全体斯拉夫人有一个新的力量源泉,激发"我们"的民族精神①。于是,便出现了将斯拉夫各民族联合起来的泛斯拉夫主义思潮。这种思潮有意识地将寻求种族血亲和文化同源引向对斯拉夫民族的集体认同。它既是对19世纪中东欧和巴尔干地区民族意识不断成熟和民族国家逐渐形成的客观历史进程的反应,同时也是斯拉夫各族人民民族心理和政治心理发展的需要。泛斯拉夫主义最早出现于西斯拉夫人和南斯拉夫人的知识分子中。当时,他们中的一些学者和诗人热心研究斯拉夫各民族的民歌、民间传说和乡村方言,以证明斯拉夫各民族在种族上的亲缘和语言文字方面的相近,试图表现出一种共同的斯拉夫意识。

然而,在欧洲大陆趋向建立民族国家的背景下,以种族和文化相亲为起源的泛斯拉夫主义不可能不上升为政治要求。泛斯拉夫主义要求斯拉夫人不仅要在文化上实现统一,而且要在政治上实现统一。因为他们认为,仅仅有文化的统一是不够的,只有政治上的统一,才能使斯拉夫人真正地统一在一起。温和的泛斯拉夫主义者倾向于采取文化亲善的方法推动政治统一,最后依靠政治统一恢复斯拉夫人原来的文化一致性;而激进的泛斯拉夫主义者则鼓吹用武力的方式寻求政治统一,鼓吹对斯拉夫小民族和边缘斯拉夫民族或邻近斯拉夫民族的非斯拉夫人进行干涉。如果说初始的泛斯拉夫主义是一种民族文化思潮的话,那么后来它很快就转入了民族政治运动,而民族问题则成为泛斯拉夫运动发展的动力之一。

作为巴尔干地区统治民族的奥斯曼土耳其人与广大的南部斯拉夫民族的矛盾,是泛斯拉夫主义呼吁斯拉夫民族团结对敌的主要内容。泛斯拉夫主义者认为,异族、异教的奥斯曼土耳其人压迫和剥削着斯拉夫民族的兄弟,是所有斯拉夫人共同的敌人,大家应该联合起来共同反抗

---

① 参见姚勤华等:《俄国泛斯拉夫主义研究》,载《上海社会科学院学术季刊》,2000年第2期,第172页。

"异己"的统治，争取民族的独立和解放。当时，虽然这些被压迫的斯拉夫民族已经有了民族自觉，但是他们自身的力量却不够充足和强大，因此，他们就把民族独立的希望寄托在同为斯拉夫民族的东欧强国——沙皇俄国的身上。从 18 世纪下半叶起，喀尔巴阡山盆地、多瑙河地区和巴尔干半岛的斯拉夫各民族，就把沙皇俄国看作是唯一真正独立的斯拉夫国家，看作是"自己"的一员，他们期望俄国支持自己的民族抱负。由于沙皇俄国对拿破仑和奥斯曼土耳其人战争的胜利铭刻在他们心里，这些斯拉夫民族把沙皇制度理想化了。他们仅仅看到沙皇俄国对外扩张遏制对手对自己有利的一面，而忘记了沙皇政府对非俄罗斯民族，包括非俄罗斯斯拉夫人的严厉压制。他们的视线被沙皇反奥斯曼帝国的政策所迷惑，希望看到沙皇的扩张政策能消除奥斯曼帝国的压迫，以为这有助于减轻巴尔干斯拉夫民族在土耳其人压迫下的苦难。

1848 年西欧爆发资产阶级革命时，捷克著名历史学家弗朗西斯·帕拉茨基（Франтишек Палацкий）在布拉格发起召开了斯拉夫人大会，奥地利统治下的斯拉夫各民族派代表出席了会议。大会号召奥地利领地上的斯拉夫各民族联合起来，发展自己的民族文化，并要求奥皇在民主的原则下实行真正的民族平等。这次大会虽无多少实际效果，但却对泛斯拉夫主义运动起到了较大的推动作用。值得注意的是，当时会议曾邀请奥匈帝国境外的俄国派代表参加，结果却被婉言拒绝了。原因在于此时的俄国还并未接受泛斯拉夫主义的政治思潮，这与沙皇政府的政治意图有着密切的联系。

事实上，截止到 19 世纪 50 年代初期，泛斯拉夫主义者都没有得到沙皇的善意回应，俄国政府根本没有按泛斯拉夫主义准则行事的意图。因为当时的沙皇俄国坚持扮演"欧洲宪兵"的角色，是维护 1814—1815 年维也纳体系的支柱，也是既存国际体系的受益者；而泛斯拉夫主义者提出建立自己的民族国家的主张，这很可能破坏维也纳体系，对俄国不利，所以，尼古拉一世对频频向其示好的泛斯拉夫主义者视而不见。直到1855年亚历山大二世即位后，俄国官方对境内外泛斯拉夫主义的态度才发生了变化，由原来的漠视转为重视。原因是俄国在1853—1856年克里木战争中败北，维持欧洲均势的维也纳体系遭到严重破坏。西欧大国再也不愿意接受俄国作为"欧洲宪兵"了，俄国本身也更加关注自己在巴尔干地区的战略利益，由欧洲大陆列强中的平衡性力量，转为在纷争复杂的欧洲南部的进取性力量。此时俄国的战略意图是，一方面利用、支援南部斯拉夫人的民族解放运动削弱奥斯曼土耳其，取得进入地中海的出海口；另一方面，又约束南部斯拉夫民族的独立斗争，使其不要危及土耳其的存在，因为俄国需要一个虚弱的、依附于自己的土耳其，从而作为抗衡欧洲其他列强的筹码。可见，在巴尔干问题上，沙皇有着自己的如意算盘，泛斯拉夫主义与沙皇俄国既互相倚重又目的迥异。然而，无论如何，在这样一种局势下，泛斯拉夫主义者所声称的西方和俄国是根本对立的论点变得更加有力了，宣扬俄国是所有斯拉夫民族的当然代表、俄国沙皇理应引领整个斯拉夫和东正教世界的论调也更为入耳了。沙皇政府很快意识到，泛斯拉夫主义者的宣传活动是可以利用的舆论工具，可以从另一侧面有力地配合其对外扩张和重建巴尔干霸权的政策。于是，俄国的泛斯拉夫主义者终于成为一支院外游说力量，开始影响沙皇政府的决策。

  与此同时，俄国民众对待泛斯拉夫主义的态度也逐渐由远及近。克里木战争的爆发极大地推动了泛斯拉夫主义思潮在俄国的传播和发展。因为在这场战争中，俄罗斯人强烈地感受到西方国家对自己的敌对情绪，以及西方对俄国在斯拉夫世界中地位不断升高的戒心和防备。这激起了俄罗斯民族强烈的自我认同意识，此时的俄国人更加注意"自己"与"异己"的不同。他们清醒地认识到，那些西欧国家并没有把俄国当成自己人，在他们的心中，俄国永远不能获得真正平等的地位。所以，对于俄国来说，这些西欧国家是被称为外族的"他们"，而其他的斯拉夫民族才属于"我们"的范畴。于是，正在兴起的泛斯拉夫主义思潮受到俄国公众的积极支持。俄国民众普遍认为，应该向其他斯拉夫民族的独立和解放运动伸出援助之手，将处在异族统治之下的斯拉夫民族兄弟从水深火热之中解救出来，他们以各种形式积极地支持沙皇政府对待其他斯拉夫民族和在解决"东方问题"上的对外政策。

必须明确的是，在支持泛斯拉夫主义的问题上，俄国民众的出发点与统治阶级的出发点并非完全一致。上层沙皇政府心目中的泛斯拉夫主义，与下层俄国民众心目中的泛斯拉夫主义是截然不同的。前者之所以接受泛斯拉夫主义，是为了实现自己的政治目的、维护自己的统治地位；后者则是以民族自我意识的觉醒和民族自我认同的发展为支撑点的。然而，导致他们殊途同归的根本因素，还是来自于俄罗斯民族所固有的那种"弥赛亚意识"所产生的精神作用。我们在前面已经说过，俄罗斯人骨子里有一种根深蒂固的救世主义传统，他们深信自己担负着拯救世界的特殊使命，认为自己有义务、有权利、有责任去拯救其他国家和解放全人类。而泛斯拉夫主义者则恰恰宣扬，在犹太人之后，救世主降临的意识已成为俄罗斯人所特有：俄罗斯的沙皇是普天之下唯一的基督教皇帝，是王中之王；俄罗斯国家是全天下的王国，正如同第一罗马和第二罗马一样；日尔曼—罗曼世界与斯拉夫世界相互排斥；东正教是斯拉夫人的真正宗教，只有俄国的救世主义才能解放在东欧居多数的全体斯拉夫人……显然，这些思想注定了俄国人负有继承和捍卫基督教的历史使命。① 可见，从这个角度来说，泛斯拉夫主义者所宣扬的思想观念正合了俄罗斯人的心意。所以，拯救与自己有着同样宗教信仰的斯拉夫民族兄弟成为一件理所当然的事情，对于俄罗斯人来说，这是俄国统

---

① 参见姚勤华等：《俄国泛斯拉夫主义研究》，载《上海社会科学院学术季刊》，2000年第2期，第174页。

一东正教精神世界的必然要求,也是俄国实现文明认同的必然要求。因此,对于俄国境内的泛斯拉夫主义思潮,不能模棱两可地混为一谈,而应该一分为二地来看。

就是在这样一种思想观念和社会心态的指导下,到了19世纪60年代,俄国境内的泛斯拉夫主义运动开始兴起。在这一时期,俄国的泛斯拉夫主义者曾经在莫斯科召开了两次泛斯拉夫大会,并邀请西欧和巴尔干地区的斯拉夫民族派代表参加。与此同时,俄国民间的泛斯拉夫主义运动主要采取文化的形式加以发展。比如,通过慈善基金、图书、津贴、奖学金等形式资助其他斯拉夫民族的东正教教会和学校。其中,语言是泛斯拉夫主义运动的主要手段。泛斯拉夫主义者认为,俄语是所有斯拉夫民族语言的代表,它不仅是斯拉夫文化的象征,也是斯拉夫民族和东正教精神的象征,只有俄语才能将全体斯拉夫人拴在一起。因此,他们极力鼓吹俄语对于斯拉夫各民族的重要作用,运用各种证据说明俄语的第一性,以使其他斯拉夫人相信得救和进步在于接受俄语。泛斯拉夫主义者之所以如此重视和强调语言,是因为对于他们而言,宣传俄语的主导地位就是宣传俄国的政治领导地位,同样也是在宣传俄罗斯教会在东正教世界的领导地位。如果语言不能达到统一,那就表明斯拉夫各民族的政治意愿是不一致的,斯拉夫民族的整体性和统一性就谈不上了,俄国想成为斯拉夫领头羊的梦想也就化为泡影了。[①]

随着泛斯拉夫主义运动的逐渐展开,俄国民众的泛斯拉夫主义情绪也普遍高涨起来。他们积极拥护沙皇政府在解决"东方问题"上的政策,并大力支持巴尔干地区各斯拉夫民族的解放斗争。俄国民众的这种情绪也体现在那个时代的文学作品中,最具代表性的便是屠格涅夫的长篇小说《前夜》。小说的男主人公英沙罗夫被塑造成一名来自保加利亚

---

① 参见姚勤华等:《俄国泛斯拉夫主义研究》,载《上海社会科学院学术季刊》,2000年第2期,第176页。

的革命者，他为了民族的解放事业而积极战斗，并得到了俄国贵族小姐叶莲娜的爱慕和钦佩，最终两人一同投入到保加利亚反抗土耳其奴役的民族解放运动中去。这部作品在当时的俄国反响巨大，受到普遍欢迎。这也从另一个角度反映了俄国民众对巴尔干半岛的斯拉夫兄弟争取民族独立斗争的支持。后来，当1876年发生"保加利亚惨案"① 的时候，俄国民众强烈要求沙皇政府发动对土耳其的战争。这也再次证明，当时的俄国人民对待泛斯拉夫主义的态度是非常积极的。所以，到1877—1878年俄土战争前夕，俄国境内的泛斯拉夫主义情绪达到高潮。

然而，泛斯拉夫主义运动虽然主要以各种文化形式开展活动，但是其侧重点还是在于宣传政治主张。在民族意识觉醒的基础上逐渐兴起的俄国泛斯拉夫主义，其指导思想主要表现在：发挥沙皇俄国在斯拉夫世界中的领导地位，帮助和拯救处于非斯拉夫民族（尤其是奥斯曼土耳其帝国）奴役和压迫之下的其他斯拉夫民族兄弟，从而建立以俄国为中心的斯拉夫联盟。当然，达到上述这些目的必须要依靠沙皇政府的力量，没有沙皇政府的支持一切都是无法实现的。因此，俄国的泛斯拉夫主义运动与沙皇政府始终是相互依存、紧密相连的。从某种程度上说，俄国的泛斯拉夫主义思想受制于沙皇政府的意愿。泛斯拉夫主义者为了发展壮大自己的组织，积极地为沙皇政府献策献力，推动"东方问题"等国际事务的解决，而沙皇政府也支持境内各种形式的泛斯拉夫主义运动，渴望扩大自己在其他斯拉夫民族地区的影响和地位，从而为实现自己的政治目的铺路。

因此，俄国境内的泛斯拉夫主义不同于境外西斯拉夫人和南斯拉夫

---

① 1876年5月，保加利亚发生反对土耳其统治的起义。土耳其的非正规部队以极其残暴的方式进行镇压，杀死包括许多妇女儿童在内的保加利亚居民，人数在1万—2.5万人之间，数个村庄被毁，造成骇人听闻的"保加利亚惨案"。

人中间的泛斯拉夫主义。虽然它们来源于同一种语言和文化,有着许多共同点,但俄国的泛斯拉夫主义思想却在沙皇政府的影响下深深地打上了大俄罗斯主义的印记,在政治上表现出截然不同的观点,与境外的泛斯拉夫运动存在着深刻的矛盾。"那些非俄罗斯的斯拉夫民族各国因长期处于西方邻国的政治、文化压力之下,产生了一种使他们自己和一个强大民族成为整体的迫切需要。为此,他们所发起的泛斯拉夫主义是心理和政治需要的产物,其主要目标是追求文化上和政治上的自由,他们希望在一个自由而且平等的斯拉夫民族各国组成的联邦中生存"。① 而俄罗斯人所理解的泛斯拉夫主义却截然不同,沙皇政府根据自身需要改造了原来的泛斯拉夫主义,使其为俄罗斯帝国的对外侵略扩张服务。因为泛斯拉夫主义鼓吹的理论可作为其对外扩张的舆论先导和试探,起着政府官员所起不到的作用。比如:俄国泛斯拉夫主义的代表人物波戈金(М. П. Погодин)② 就曾在写给沙皇的信中说道,"俄国的使命是建立一个世界性君主国",沙皇是完成这一神圣使命的唯一承担者;斯拉夫兄弟"血管里流动的是和我们一样的血液,和我们操的是相同的语言",斯拉夫人是一个"精神实体";俄国人口众多,地域广袤,只有俄国才能代表斯拉夫,没有一个民族能与斯拉夫人相比;所有斯拉夫民族都应该接受沙皇的领导,承认俄国的法律,使用俄国的语言,皈依俄罗斯东正教,"世界的政治命运"应该由俄国人来决定。③ 无疑,波戈金的这

---

① 宋德星、许智琴:《大俄罗斯主义思想体系及其当代政治表现》,载《太平洋学报》,2003年第4期,第81页。

② Михаил Петрович Погодин(1800—1875),俄国历史学家、政论家、作家,许多著名文学杂志和论文集的编辑,包括《莫斯科公报》《莫斯科观察家》《莫斯科人》。赞成"官方的人民性理论",坚持保守主义观点。

③ 参见姚勤华等:《俄国泛斯拉夫主义研究》,载《上海社会科学院学术季刊》,2000年第2期,第175页。

些观点对于沙皇在"解放"斯拉夫人的幌子下发动对外战争,实现不易公开的斯拉夫大帝国的野心非常有利。因此,俄国官方的泛斯拉夫主义是强硬的和侵略性的,是为了谋求俄国在其他斯拉夫人中的统治地位,其实质是大俄罗斯主义的一种变体。从这个角度来说,俄国民众对沙皇政府的拥护是存在一定盲目性的。

俄国泛斯拉夫主义的另一个特点是,其许多代表人物同时也具有斯拉夫主义倾向,甚至本身就是斯拉夫派的成员。比如:彼得堡著名的斯拉夫民族学家拉曼斯基(В.И.Ламанский)①。他专门研究斯拉夫民族的神话、语言、风俗习惯等,擅长运用历史比较法对欧洲不同地区的民族文化进行对比研究。1864年,他在《祖国纪事》上连续发表的长篇论文《政治、文学关系中的意大利人和斯拉夫人民族性》,从某种程度上来说,"可以称为是俄国泛斯拉夫主义的第一个公开的纲领"②;1870年,他又发表了博士学位论文《欧洲希腊——斯拉夫世界的历史研究》,进一步反映了其思想的发展,成为俄国泛斯拉夫主义思想的代表作之一。斯拉夫派的代表人伊·阿克萨科夫后来也接受了泛斯拉夫主义思想。他曾担任过"莫斯科斯拉夫慈善委员会"的会长,该组织主要是帮助南部各斯拉夫民族恢复与发展斯拉夫文化,比如修建东正教教堂、普及斯拉夫语言和教育等。其目的是以慈善活动为招牌,宣传泛斯拉夫主义,传播俄罗斯的语言和文化。

为什么会出现这些集斯拉夫主义和泛斯拉夫主义两种思潮于一身的人物呢?这就引出了一个重要的问题——斯拉夫主义与泛斯拉夫主义的关系。

---

① Владимир Иванович Ламанский(1833—1914),俄国历史学家,彼得堡科学院院士(1900)。斯拉夫主义者和泛斯拉夫主义者。有斯拉夫语文学史、古文字学史、民族学史方面的著作。与 П.П.谢苗诺夫-天山斯基共同主持《俄国:我们祖国的地理全貌》一书的出版工作(1899—1914)。
② 白晓红:《俄国斯拉夫主义》,北京:商务印书馆2006年版,第206页。

（二）斯拉夫主义与泛斯拉夫主义的关系

斯拉夫主义是 19 世纪中叶俄国思想界关于俄国历史发展道路激烈争论的产物。19 世纪上半叶，西欧国家已经有了飞跃性的发展和进步，而俄国仍然是个落后的农业国家，无论在经济，还是政治、社会等方面，都明显迟滞于西欧邻居。强烈的反差使俄国国内对俄国的现状产生不满，那些关心祖国命运和前途的先进人士开始探索和研究俄国历史发展的道路，试图从中找到未来的方向。于是，出现了关于俄国该如何发展和走何种道路的争论。恰达耶夫的文章在当时的社会中引起了强烈的反响，激烈的争论促成了两大思想流派的出现——肯定俄国历史特性的斯拉夫派和肯定西欧文明成果的西方派。斯拉夫派强调俄国的历史道路完全不同于西欧的发展，认为俄国文化优越于西方文化，反对走西欧的道路，肯定俄国自身的历史发展经验，主张走一条独特的俄国式的发展道路；而西方派则强调世界历史发展具有共同的规律，认为俄国文化远远落后于西方文明，必须奋起直追，他们推崇西方的价值观和自由主义思想，认为俄国的唯一出路在于全面否定自己的过去，实行完全的欧化。虽然西方派曾一度处于优势地位、在当时的争论中略胜一筹，但斯拉夫派却在后来的俄国思想史上占据更为独特而重要的地位。它所宣扬的观点就是我们常说的"斯拉夫主义"（славянофильство），其核心是强调俄罗斯民族和文化具有自己的独特性，不应该无条件地模仿西欧，这一思想在俄罗斯历史（尤其是思想发展史）上产生了非常深远的影响。因为它主张发扬本国历史文化的观点，表明了俄国社会争取独立发展的愿望，对俄国的历史进步和"俄罗斯思想"的发展都具有极为重要的意义。"在斯拉夫派与西方派争论多年之后，别林斯基曾经指出：斯拉夫派这种现象，在很大程度上是一个卓越的事实；赫尔岑在后来的回忆中也谈到，正是从斯拉夫派开始，俄国思想出现了转折"。①

俄国的斯拉夫主义和泛斯拉夫主义②是两个看似相近、却又极易混淆的概念，二者虽然仅有一字之差，涵义却截然不同。

首先，斯拉夫主义与泛斯拉夫主义二者之间存在着千丝万缕的联系。一方面，它们都继承了斯拉夫文化优越论的观点，即认为西欧在精神和文化上已经开始堕落，而俄国文化尚处在蓬勃发展的过程中，所以，认为斯拉夫文化的主要代表俄国有着辉煌的未来；另一方面，它们都对民族问题极为关注。二者都强调俄国的历史使命倘若没有其他斯拉夫民族的支持则无法实现，因此，必须将斯拉夫各民族从奥匈帝国和土耳其帝国的统治中解救出来，支持其他斯拉夫民族的独立斗争。由于俄国的泛斯拉夫主义理论吸收了斯拉夫主义的主要思想并进行了发挥，因此二者在俄罗斯的民族性、俄国的历史使命等问题上有着许多相同的看法。从这个角度来说，俄国的斯拉夫主义和泛斯拉夫主义在当时的历史环境中并没有泾渭分明的界限，是非常容易混淆的。拉曼斯基和伊·阿克萨科夫两人身上同时具有这两种思想倾向，也正说明了二者之间的确存在着共同点和相容性。

然而，尽管俄国的斯拉夫主义与泛斯拉夫主义在某种程度上有着相同的思想倾向和相似的思想渊源，但它们之间又有着很大的差别，主要表现在以下几个方面。第一，二者在俄国出现的时间不同。斯拉夫主义产生于19世纪30—40年代；而泛斯拉夫主义则产生于50—60年代，确切的说是克里木战争结束之后。第二，二者出现的原因和背景不同。斯拉夫主义产生于"俄国与西方"问题的大争论中，是与西方派阵营相对立的一种思想体系。它是俄罗斯思想源流中维护民族传统和民族文化的历史发展结果，同时也是西方文化影响下，民族意识觉醒和民族自我认

---

① 姚海：《俄罗斯文化之路》，杭州：浙江人民出版社1996年版，第134页。
② 本小节中均特指俄国的泛斯拉夫主义。

同发展的自然表现；而泛斯拉夫主义则发源于俄国以外的欧洲国家境内的斯拉夫民族解放运动之中，在俄国主要开始于1856年克里木战争失败之后。而且，沙皇政府和下层民众接受泛斯拉夫主义的出发点是不同的，前者是出于地缘政治的考虑，后者则是在爱国情绪和民族自尊心受到伤害的情况下，对国家命运的一种自我认识。第三，二者的思想实质不同。泛斯拉夫主义是一种复杂的政治思潮，其思想基础是：斯拉夫民族从根本上区别于欧洲其他民族，因而全体斯拉夫人必须联合起来，建立以俄国为首的斯拉夫联盟。它对沙皇政府的依赖性，导致其带有鲜明的政治色彩，鼓吹大国主义、俄罗斯至上和民族主义；而斯拉夫主义则更多的是文化思想，它主要关心的是斯拉夫民族的历史文化问题，并且首先关注俄国本身的历史命运，思考的是俄罗斯应该走什么样的发展道路，至于其他斯拉夫或非斯拉夫国家的情况并不在它考虑的范围之内。所以，其学说的本质因素是俄罗斯的，它根植于俄罗斯民族精神生活的深处。正如斯拉夫主义的代表人物伊·阿克萨科夫曾经说过的那样："我们不信仰泛斯拉夫主义……罗斯远比整个斯拉夫更令我心醉神迷。"①

事实上，斯拉夫派的许多代表人物确实都曾是这两种思想彼此融合的载体，都曾经表现出明显的泛斯拉夫主义情绪。比如：斯拉夫派的主要代表人霍米亚科夫（А. С. Хомяков）就曾在《鹰》（1832）、《别在贝尔格莱德面前骄傲》（1847）等诗中，表达过斯拉夫各民族平等的思想和把自己的同种族兄弟从异族的压迫下解救出来的思想；还有前面提到的伊·阿克萨科夫，他曾在19世纪60年代的报纸上发表过具有鲜明泛斯拉夫主义色彩的观点："把斯拉夫人民从物质和精神的压迫下解放出来，给予他们在俄罗斯之鹰有力臂膀庇护下的独立的精神和政治生

---

① 转引自白晓红：《俄国斯拉夫主义》，北京：商务印书馆2006年版，第48页。

活——这是历史的使命、道德的权力和俄国的责任"。对此,我国学者白晓红进行了深入研究并做出了圆满解释。她在《俄国斯拉夫主义》一书中得出这样的结论:"在前斯拉夫主义时期(30年代),斯拉夫派成员表现出某种俄罗斯化、泛斯拉夫主义的思想。接下来,在其繁盛时期(40、50年代),斯拉夫派对政府的相对批判态度几乎完全消解了上述原则。60年代,老斯拉夫派的继承者开始逐步向民族主义回归。到70年代,所剩无几的斯拉夫派成员(主要是伊·阿克萨科夫)开始完全醉心于民族主义理念。"① 由此可见,在斯拉夫主义思想繁盛的年代,它与泛斯拉夫主义是井水不犯河水的,只是到了后期,当斯拉夫派失去统一思想、其成员以个体形象存在以后,一些斯拉夫主义者才走向了泛斯拉夫主义。

当19世纪60—70年代泛斯拉夫主义在俄国如火如荼的时候,也正是丹尼列夫斯基开始思考国家命运、酝酿和创作《俄国与欧洲》的时候。这位关心俄国社会和思想问题的知识分子自然也受到了泛斯拉夫主义思想的冲击和影响,以至于在该书的写作中表现出不少带有这种情绪的观点。后来,这些观点均成为反对派猛烈抨击的对象,使他在很长一段时期里遭到冷落,得不到全面的评价。而且,也正是由于他在该书中所发表的这些泛斯拉夫主义言论,使他在苏联时期被彻底定性为俄国泛斯拉夫主义和大国沙文主义的主要代表人。至于丹尼列夫斯基的《俄国与欧洲》一书中到底有哪些泛斯拉夫主义观点,我们将在后面的章节中进行详细的介绍和分析。

值得注意的是,丹尼列夫斯基身上也兼有斯拉夫主义和泛斯拉夫主义两种思潮的特点。一方面,他所生活的时代决定了他必然会受到泛斯拉夫主义情绪的影响,另一方面,他的思想来源里还有传统斯拉夫派的影子。

---

① 白晓红:《俄国斯拉夫主义》,北京:商务印书馆2006年版,第212页。

丹尼列夫斯基尤其欣赏斯拉夫派杰出代表霍米亚科夫的思想，在《俄国与欧洲》一书中，他有七处引用了霍米亚科夫作品中的原话，有五个章节的卷首题词都选用了这位斯拉夫主义者的四行诗，还有两次高度评价了他的作品《一个东正教徒关于西方宗教信仰的几点看法》（《Несколько слов православного христианина о западных вероисповеданиях》）。所有这些都说明了，丹尼列夫斯基对于霍米亚科夫的作品是极为关注的。此外，在早期作品《外国人对俄国的看法》（《Мнение иностранцев о России》）和《世界历史札记》（《Записки о всемирной истории》）中，霍米亚科夫就已经提出了俄国与西欧在精神与社会发展各方面的根本区别，确切地说，就是日尔曼和斯拉夫两个精神分支的本质区别。这种关于在一棵人类之树上可以具有不同分支的思想，完全可能推动丹尼列夫斯基思考出后来的"文化历史类型"理论。因此，丹尼列夫斯基的同辈人索科洛夫（Н. В. Соколов）① 曾经在《俄国通报》上发表《霍米亚科夫与丹尼列夫斯基》（《А. С. Хомяков и Н. Я. Данилевский》）一文，强调霍米亚科夫对丹尼列夫斯基思想的重要影响和奠基作用："如果没有霍米亚科夫，就没有丹尼列夫斯基，或者如果没有霍米亚科夫，丹尼列夫斯基就必须得自己去开垦一块新土地"。②

然而，尽管如此，丹尼列夫斯基对斯拉夫主义思想的吸收和继承还是非常有限的。因为在丹尼列夫斯基思想成熟的时期，斯拉夫派与西方派的争论早已结束，老一代斯拉夫主义的领袖和奠基人相继去世，斯拉夫派也基本走完了自己的历史。丹尼列夫斯基对斯拉夫派基本思想的了

---

① Николай Васильевич Соколов（1835—1889），俄国革命家、政论家。《俄罗斯言论》杂志的撰稿人，有关于经济问题的论文。1872年迁居国外，同巴枯宁主义者很接近。

② Соколов Н. В. А. С. Хомяков и Н. Я. Данилевский // Русский вестник. №7, 1904. С. 147.

解主要是基于他与伊·阿克萨科夫的个人交情。而与此同时，实证主义（позитивизм）①作为一种新的哲学思潮已经在欧洲兴起，其强调感觉经验、排斥形而上学传统的核心理念逐渐地影响着俄国的知识界和思想界。于是，"在历史哲学的探索领域出现了新的状况和新的风格，研究者们纷纷主动地为其寻找科学上的依据（生物学的、地缘政治学的、社会学的），他们诉诸于实证科学的可靠性，有时也诉诸于自然界的类似事件"。②因此，在丹尼列夫斯基的思想启发者中，与霍米亚科夫相比，傅立叶和贝尔占有更大的份量，尤其是后者对其世界观的形成产生了非常重要的影响。

除此以外，社会活动家和政论家米留可夫（П.Н.Милюков）③曾指出，丹尼列夫斯基"文化历史类型"理论中的许多要点与意大利历史学

---

① 又称实证哲学。产生于19世纪30—40年代的法国和英国，创始人为法国哲学家、社会学始祖A.孔德，主要代表有英国的J.S.密尔和H.斯宾塞。其形成标志为1830年开始陆续出版的孔德的6卷本《实证哲学教程》。以孔德为代表的实证主义称为老实证主义，20世纪盛极一时的逻辑实证主义称为新实证主义。实证主义的基本特征是：将哲学的任务归结为现象研究，以现象论观点为出发点，拒绝通过理性把握感觉材料，认为通过对现象的归纳就可以得到科学定律。它把处理哲学与科学的关系作为其理论的中心问题，并力图将哲学溶解于科学之中。实证主义不仅对哲学而且对整个社会科学均发生了深刻影响，孔德所创立的实证主义社会学，在其后的一个半世纪是西方社会学的主流。

② Новикова Л.И., Сиземская И.Н. Русская философия истории. М., 1999. С.140.

③ Павел Николаевич Милюков（1859—1943），俄国政治活动家、历史学家、政论家。立宪民主党的组织者之一，《言语报》编辑。第一次世界大战时曾为沙皇的帝国主义政策辩护。1917年任资产阶级临时政府外交部长。十月革命后，逃亡国外。有18—19世纪俄国史、二月革命和十月革命史方面的著作。

家维科（Д. Вико）的学说有相似之处；历史学家别斯图热夫-留明（К. Н. Бестужев-Рюмин）①则认为丹尼列夫斯基许多思想的萌芽存在于德国哲学家赫尔德（И. Г. Гердер）和英国历史学家弗里德曼（Э. Фридман）的著作中；许多研究者还发现，在19世纪初期卡拉姆津（Н. М. Карамзин）②的创作中也可以找到丹尼列夫斯基关于解决社会发展过程中的个别问题的看法；有些学者甚至在赫尔岑的作品中也发现了对丹尼列夫斯基观点起推动作用的论述。

由此可见，丹尼列夫斯基理论的思想来源是广泛的，正如巴鲁耶夫所说的那样，"由于博览群书和学识渊博，丹尼列夫斯基吸收了很多的思想来源，既有来自国内的，也有来自国外的，于是推动着他对世界历史进程的传统'人为'模式进行再认识"。③

三 《俄国与欧洲》一书的问世

自19世纪下半叶起，尤其是60年代的农奴制等一系列改革完成以后，随着新的生产关系逐步确立，俄国资本主义发展进程的加快变得越来越明显和容易察觉，关于俄罗斯命运的讨论也迅速地激烈起来。如果说此前19世纪30—40年代"斯拉夫派"和"西方派"的争论在很大程度上是面向过去的，是为了寻找俄罗斯命运的独特性，那么如今讨论的

---

① Константин Николаевич Бестужев-Рюмин（1829—1897），俄国历史学家，彼得堡科学院院士（1890）。1878—1882年主持彼得堡高级女子专修班（以其名字命名）。有俄国历史和历史编纂学方面的著作。
② 因为卡拉姆津同样反对人类历史进程一致性的观点，赞成民族之间互动的合理性，并拥护每一个民族具有独特发展道路的思想。
③ Балуев Б. П. Споры о судьбах России：Н. Я. Данилевский и его книга 《Россия и Европа》. Тверь, 2001. С. 180.

重点则成为俄国历史道路及其发展方式的选择。一方面，在这些争论中继续存在那些关于俄国的"发展地点"、处于"西方"和"东方"之间的地缘政治位置的已知因素；另一方面，这一时期的争论由于加入了与经济学、社会心理学、民族学、人类学等密切相关的各种问题而变得更加丰富和复杂。"俄国与欧洲"的问题，继30、40年代的大讨论后，又一次被推上了社会思想的日程。这一问题的激化首先受到了一些外交事件的影响，在克里木战争、俄土战争中的失败，使俄国人看到了自身的落后，并尝到了各西欧国家对其表现出来的巨大敌意。但与此同时，俄国内部由于资本主义发展而出现的政治局势也促进了这一问题的形成和讨论。

在这个社会变革的重要历史时期，丹尼列夫斯基将自己的兴趣转移到了社会思想领域。在继续从事科学考察工作的同时，他也更加关注祖国的内政和外交状况，以及它在欧洲舞台上的地位和作用。19世纪60年代，随着一系列社会改革的逐渐展开，国家的政治生活迅速活跃起来，新闻界大力宣扬自由和民主，青年知识分子们推崇的虚无主义十分盛行。在丹尼列夫斯基的眼中，国家已经在社会政治和历史文化的许多问题上取得了长足的进步，然而在国际舞台上却依旧没有找到自己的位置，因此对俄国历史使命的思考无时无刻不在他的脑海中浮现。

于是，丹尼列夫斯基从1865年秋天开始撰写《俄国与欧洲》一书，至1868年初全部完稿，历时共两年半。在这本书中，他从自己独特的思想立场出发，运用崭新的视角，对俄国与欧洲的关系进行了深刻的历史考察。虽然大量的专职工作经常使他无暇顾及时局的发展变化，但是丹尼列夫斯基的这部作品还是迅速地完成了，1868年初他把手稿送到了《曙光》（《Заря》）杂志的编辑部里。在那个年代的俄国，杂志比成书更加受到大众的欢迎。当时的读者们还没有买书看的习惯，却普遍比较关注杂志上刊登出来的文章。而且，出版一本书是需要一大笔资金的，丹尼列夫斯基当时还没有这种经济能力；相反，在杂志上发表文章却既能得到相应的稿酬，又能得到千百万读者的关注。所以，他自然要首先争取某家杂志社的支持。起初，没有任何一家杂志愿意接收这样一部涉及敏感题材的作品，更何况作者又是一个遭受过沙皇惩罚的人。正好在这个时候，忠实的文学爱好者卡什皮列夫（В. В. Кашпирев）①创办了一份新的月刊，起名为《曙光》，并邀请斯特拉霍夫担任编辑。这对于丹尼列夫斯基来说，恰逢天时地利人和。于是，《曙光》杂志便从1869年第一期开始，连续刊登《俄国与欧洲》一书的各章内容，时间总共持续了一年。通常情况下，一位作者在杂志上连续发表自己的书稿都需要经过较长的准备时间，但由于丹尼列夫斯基送交的是已经修改多遍，并且仔细校对过的定稿，所以只在一年之后（1869年）这部作品就跟读者见面了。

因此，丹尼列夫斯基的这部作品首次与大家见面是通过杂志连载的形式。两年之后，即1871年，丹尼列夫斯基的成书《俄国与欧洲》，在社会福利协会（Товарищество общественной пользы）的资助下，才终于在彼得堡正式出版。只是，1871年印刷的这1200册《俄国与欧洲》被错误地确定为是第二版，在市面上持续存在了15年的时间。后来，截止到1917年十月革命之前，此书又相继于1888、1889和1895年三次再版，这三版也自然就相应地被确定为第三版、第四版和第五版。

《俄国与欧洲》一书共包括十七章的内容，分别是：第一章——1864和1854年（作为引言）；第二章 欧洲为何敌视俄国；第三

---

① Василий Владимирович Кашпирев（1836—1875），俄国文学家、出版者。1869年创办了带有斯拉夫主义色彩的月刊《曙光》。他酷爱文学，在自己的杂志中切实遵循"为艺术而艺术"的原则。但由于征订者极少，《曙光》杂志将他的资产耗尽，终于在1872年被迫停刊。后来他腿部骨折，重病在床，于1875年去世。

章——俄国属于欧洲吗；第四章——欧洲文明等同于全人类的文明吗；第五章——文化历史类型及其变化发展的规则；第六章——民族的与全人类的关系；第七章——西方在衰败吗；第八章——精神体系上的差别；第九章——信仰上的差别；第十章——历史教育进程中的差别；第十一章——俄国人生活中的弊病；第十二章——东方问题；第十三章——奥地利在东方问题中的地位；第十四章——帝都（君士坦丁堡）；第十五章——全斯拉夫联盟；第十六章——战争；第十七章——斯拉夫文化历史类型（作为结语）。

  从表面上看，书中讨论的主要是俄国与欧洲的关系——这个19世纪下半叶俄国内部最受关注的问题。然而，实际上，丹尼列夫斯基从"俄国与欧洲"的问题入手之后，逐渐在论述的过程中提出了一种崭新的文化观点，也就是"文化历史类型"（культурно-исторический тип）的概念，并用它来分析各种文明类型（尤其是斯拉夫文明和欧洲文明）之间的不同，从而进一步认识"俄国与欧洲"的问题和世界历史的发展过程。因此，《俄国与欧洲》一书中包含着两方面的内容：一方面是政治思考，它与当时俄国的对外政策以及欧洲的国际关系不可分割；另一方面是文化思考，它与俄国知识分子对于"俄罗斯思想"和"俄罗斯之路"的探索融为一体。

  事实上，《俄国与欧洲》一书的命运是极其坎坷的。仅从出版时间上我们便可以看出，此书刚刚问世后——丹尼列夫斯基生前——并非很受关注，到了19世纪80—90年代——丹尼列夫斯基去世之后——才需求量大增。1917年十月革命之后，此书再次受到冷落，直到1991年苏联解体，才又重新回到人们的视野中来。现如今，《俄国与欧洲》已经作为俄罗斯思想史上的经典著作被不断再版，也有越来越多的人开始阅读和了解丹尼列夫斯基。

  造成丹尼列夫斯基和《俄国与欧洲》具有这种命运的根本原因，是俄国社会的主要状况及俄国公众所关注的焦点问题在不同时期的变化。19世纪60年代末70年代初，距离克里木战争的结束已经有十几年的时间了，在亚历山大二世对农奴制改革的影响下，俄国民众最关心的是国内问题，所以，《俄国与欧洲》的出现并没有引起普遍的注意；到了80年代末90年代初，欧洲局势紧张、俄土战争升级、泛斯拉夫主义运动高涨，俄国人的民族情感被激发起来，公众关注的焦点也由国内转到了国外，于是《俄国与欧洲》开始大受欢迎。据资料显示，1888年版的《俄国与欧洲》在当年的11月份就已经脱销了，由于需求量巨大，供应商被迫于第二年迅速再版；在苏联时期，无产阶级对民族主义和大国沙文主义的痛恨，使丹尼列夫斯基被彻底打入了冷宫；而苏联解体之后，世界的发展呈现出多极化的趋势，在21世纪的时代背景下，丹尼列夫斯基和他的《俄国与欧洲》也再次获得了新生。

《俄国与欧洲》虽然经历了几次起落，但最终还是得到了人们的认可。历史的考验证明了丹尼列夫斯基的思想并非一时之说，而是蕴含着长久之见。一方面，他在书中阐述的俄国与欧洲的关系、俄国和斯拉夫世界在国际上的地位和作用等观点，在当时的欧洲政治舞台上不断被验证，吸引了读者的目光；另一方面，西欧各国的迅猛发展刺激着俄国知识分子的心，俄国人急需找到一条正确的富国强民之路，俄国内部关于祖国命运和未来发展道路的讨论逐渐升级，而丹尼列夫斯基恰恰在书中对此提出了自己的看法，他的独特视角和新颖观点令那些热爱祖国、关心祖国命运的人深感兴趣。所以说，《俄国与欧洲》的出现顺应了时代的这种需求。读丹尼列夫斯基的书，讨论丹尼列夫斯基的观点，也就是探索俄罗斯人长久以来一直在思考的"俄罗斯思想"和"俄罗斯命运"的问题。这就是《俄国与欧洲》经久不衰的根本原因。

本章小结

19世纪对俄罗斯帝国来说是一个无法被遗忘的重要历史时期。这既是俄罗斯文化空前繁荣的黄金时代，也是俄罗斯帝国积极融入欧洲的历史阶段。这一时期的俄罗斯帝国享受过胜利的骄傲，也忍受过失败的屈辱，创造过辉煌的盛况，也经历过改革的涤荡。尤其是从19世纪中叶开始，俄国人民开始萌生民族自觉，先进知识分子开始为祖国的命运而担忧，各种社会思潮在"俄罗斯思想"的天空里碰撞，为俄罗斯民族的命运和出路寻找着答案。

《俄国与欧洲》正是在这样的历史时期问世，它的作者丹尼列夫斯基正是忧国忧民的社会精英中的一员。此书伴随着东方问题的存在、克里木战争的结束、泛斯拉夫主义思潮的兴起而诞生，但却并未局限于解答这些现实的政治问题，而是放眼世界历史和世界文明去找寻俄罗斯民族和俄罗斯文化的位置。《俄国与欧洲》代表了一种推崇斯拉夫文化和重视斯拉夫民族的声音，不管其作者丹尼列夫斯基究竟是否是斯拉夫派的成员，它都无疑被归属到宣传斯拉夫主义的阵营。它的受欢迎和被冷落恰恰反映了俄国民众对土耳其、对欧洲、对战争、对全斯拉夫联盟……的态度，也体现出俄罗斯民族对世界历史进程和全人类文明的思考。

第三章 丹尼列夫斯基文化思想的内涵

一 "文化历史类型"理论的主要内容

文化研究历来具有一种哲学属性,文化问题是作为历史哲学和文化哲学问题来研究的,而历史哲学则是文化学的最初形式。19世纪末20世纪初之前的历史哲学,就是关于历史过程本身的哲学。它是在18世纪由法国启蒙学者伏尔泰①(1694—1778)提出,由意大利学者维柯②(1668—1744)在著名的《新科学》一书中正式创立的。这一时期的历史哲学是把客观存在的历史当作一个整体,试图概括和发现它的本质、意义和发展方向、模式、节奏和规律等等。这是一种宏观的历史理论,是历史领域中的世界观。

之所以把《俄国与欧洲》称为丹尼列夫斯基的历史哲学著作,是因为这本书不仅是对俄罗斯的命运、发展道路、俄国与欧洲的关系等重要命题的全新探索,而且也是对世界历史进程的独到见解。他在这本书中不是简单地介绍斯拉夫世界与日耳曼—罗曼世界的关系、机械地罗列历

---

① 伏尔泰首创"历史哲学"这一概念,并将其作为他《论世界各国的风俗与立国精神》(1765)一书导言的题目。
② 维柯于1725年发表《关于民族共同性的新科学原理》,简称《新科学》。

史事实，而是以二者的矛盾对立为基础，通过对历史现象的分析，将其上升到哲学的高度，提出了理解历史、研究历史的新观点。别尔嘉耶夫曾经不止一次地说过："我们的民族意识是在构建历史哲学的过程中形成的……俄国与它的历史命运之谜就是历史哲学之谜"①；"俄罗斯的独特思想是在历史哲学的问题中苏醒的。它深深地思考，上帝如何看待俄国，俄国是什么，它的命运如何"。② 下面我们就来看看，丹尼列夫斯基是如何在分析世界历史进程的基础上，构建自己独特的文化思想的。

（一）"文化历史类型"的提出

丹尼列夫斯基在书中大胆地指出，引领整个19世纪世界历史的研究体系是没有科学性的，应当予以批评。他把将所有的历史现象和历史事实都分为古代史、中世纪史、近代史的研究方法称为一种"人造的体系"（искусственная система）。他认为，在自然科学研究中，不能根据某一种特征就把整个动物界划分成几个部分，比如划分成四条腿的动物和非四条腿的动物；同样道理，整个世界历史也不能严格地划分成古代的、中世纪的、近代的。一般情况下，当时的历史学界认为古代史和中世纪史的分界线是西罗马帝国的衰落，这仿佛是"在历史的舞台上落下了一道幕，随后开始了一部新的戏剧"③。然而，丹尼列夫斯基对此却表示怀疑，他提出这样的疑问："西罗马帝国衰败以前的中国和印度的地

---

① Бердяев Н. А. Смысл истории. М., 1990. С. 3.

② Бердяев Н. А. Русская идея（Основные проблемы русской мысли XIX века и начала XX века）· Судьба России. М., 2000. С. 31.

③ Данилевский Н. Я. Россия и Европа. Взгляд на культурные и политические отношения славянского мира к германо-романскому. М.: Известия, 2003. С. 103.

位如何呢?"① 丹尼列夫斯基认为，如果罗马帝国根本就没有存在过，这两个国家依然会平静地存在。也就是说，世界历史上从来没有出现过一件具有绝对性质的全人类事件，可以将整个人类的历史划分成不同的部分。"即使是对人类命运具有重大影响作用的基督教，也是在不同的时期成为每个民族命运的历史分界线的"。② 在这个"人造的体系"里，某些历史学家硬是把埃及人和中国人强行纳入古代历史的框架里，只不过因为他们生活在西罗马帝国衰落以前的时代里。丹尼列夫斯基认为，这是对历史轨迹多样化的完全扭曲，这种划分界线的方法与历史事实是不相称的、不和谐的。

丹尼列夫斯基的结论是，无论是罗马、希腊、中国、印度、埃及，还是其他的历史民族都具有自己的古代史、中世纪史和近代史。他将人类各民族的历史生命同有机体的生命进行对比。在丹尼列夫斯基的理论中，所有的民族同所有的有机体形式一样，都有自己的发展历程，不一定必须将它们划分成三个阶段。正如一个人的成长过程可以分成三个年龄段（未成年、成年、老年），或者四个年龄段（童年、少年、成年、老年），甚至是七个年龄段（幼年、少年、青年、成年、老年、耄耋）一样，丹尼列夫斯基认为，同样可以将各民族的历史生命划分成不同的发展阶段。在他看来，这种划分"一部分是取决于历史学家的观点，一

---

① Данилевский Н. Я. Россия и Европа. Взгляд на культурные и политические отношения славянского мира к германо-романскому. М.: Известия, 2003. С. 103.

② Данилевский Н. Я. Россия и Европа. Взгляд на культурные и политические отношения славянского мира к германо-романскому. М.: Известия, 2003. С. 103.

部分也取决于该民族历史文化发展的性质本身"①,他强调应该充分尊重每个民族自己的历史道路。

在这里,需要略加说明的是,丹尼列夫斯基所评判的是欧洲传统观念里的世界历史分期问题。早在文艺复兴时期,西方就已有了把历史分为"古代""中世纪"和"近代"的说法。这种主要基于欧洲历史的三阶段分期法,在西方史学界长期沿用。后来,有不少史学家又在这三个时期之后加上"当代"或"现代"两个阶段,从而形成四阶段分期法。马克思主义史学也采用四阶段分期法,但其基础是历史唯物主义关于社会经济形态发展的理论,与这种以政治兴衰、更替或其他"重大事件"为分期标准的方法有着本质的不同。马克思主义历史学家对世界史的分期,一般是以"古代"相当于原始社会及奴隶社会阶段,"中世纪"相当于封建社会阶段,"近代"相当于资本主义社会阶段,而"现代"则是指以俄国十月社会主义革命为开端的一个新的时期。由于许多学者认为"中世纪"一词只适用于西欧历史,没有世界历史上的普遍意义,所以改用"中古"一词标示"古代"和"近代"之间的阶段。所以,就有了常说的"古代—中古—近现代"的传统历史三分法。

丹尼列夫斯基认为,在那种所谓的"人造体系"里,错误地将各种不同的发展类型混合在一起,把各民族历史存在的不同阶段放在一起相提并论。然而实际上,各民族的兴起、繁荣和衰落并非同时发生。当有些民族刚刚开始形成的时候,另一些民族已经经历了几千年的发展,完成了一个生命的循环。每个民族都有自己的发展历程,因此,根据某种"人造体系"来陈述历史的做法有极大的局限性,不能体现出历史文化进程的丰富多彩。相应地,将世界历史进程统一划分为古代史、中世纪

---

① Данилевский Н. Я. Россия и Европа. Взгляд на культурные и политические отношения славянского мира к германо-романскому. М.: Известия, 2003. C. 105.

史和近代史的传统模式也不具有说服力。提出这种划分方法的那些欧洲历史学家,在把这种思路引入到历史科学的时候并没有考虑到其他民族的状况,他们只是基于一点——人类的文明史是从欧洲史开始的。这种傲慢自大的态度使他们将产生于欧洲之前的所有文明统统归入到最初的古代史中,而将后面的两个历史时期都纳入到欧洲文明的发展轨道中。因此,这是一种"欧洲中心主义"的历史观。

与这种被普遍接受的"人造体系"相对立,丹尼列夫斯基提出了一种更富有逻辑性的"自然体系"(естественная система),后者在于承认人类历史文化的多元性和不同发展类型的多样性。丹尼列夫斯基的观点是:人类历史的发展并非遵循一条单向前进、直线上升的路径;所有的民族都要经历产生、发展、繁荣和衰落的过程;历史不仅仅是各国家和民族从产生到消亡的发展过程,更宽泛地说,它还是许多区域文明出现、形成、发展、灭亡的过程;五彩缤纷的世界历史是不同时间、不同地点的多种文明和文化类型共同发展的结果。丹尼列夫斯基并没有以欧洲文明为出发点来看待历史,而是站在宇宙的高度,以一个自然主义者的观点来看待人类历史。他的观点在当时的历史科学中是全新的。今天看来,这种观点也为后来历史科学的进一步发展奠定了基础。

丹尼列夫斯基指出,不仅存在着发展程度的概念,而且存在着人类社会群体的不同发展类型。"如果没有这种发展程度和发展类型的区分,就不可能把众多历史现象进行自然的分类组合……将历史分为古代、中世纪和新时期三个部分,即使加上最古老时期和最新时期,或者干脆根据发展阶段来划分,也不能包含它所有的丰富内容。人类历史生命的形式……不仅仅是随着年龄的增长而变化和完善的,还会由于文化历史类型的不同而多种多样。因此,事实上只有在某一种类型或文明的内部才能区分历史运动的不同形式,也就是古代史、中世纪史和新时期史这些词所表示的意义。这种划分法只从属于各种各样的文化历史类型,也就是说，那些在宗教、社会、风俗、工业、政治、科学、艺术等方面自主、独特的类型，一句话，历史发展而成的类型"。① 这样，丹尼列夫斯基就提出了"文化历史类型"（культурно-исторический тип）的概念。他认为，"历史的自然体系应该建立在对发展过程中的各种文化历史类型的区分上，它们是划分出不同发展程度的主要基础，根据发展程度的不同也只能得出这些文化历史类型，而不是历史现象的总和。"② 也就是说，作为一个历史学家，首先需要将"文化历史类型"作为自己的研究单位，然后再深入到这些类型的内部，确定其发展的程度。

（二）"文化历史类型"的内涵

丹尼列夫斯基在阐释"文化历史类型"的过程中，还引入了人们非常熟悉的一个概念——"文明"（цивилизация），并经常将其作为"文化历史类型"的同义词来运用。③ 可见，他本人并没有严格地区分这两个术语。因此，丹尼列夫斯基对"文化历史类型"内涵的阐释体现了他对于"文明"概念的理解。他认为，文化历史类型实际上是一个"历史机体"，是由"掌握某一种语言或几种相近语言的任何部落或民族的大

---

① Данилевский Н. Я. Россия и Европа. Взгляд на культурные и политические отношения славянского мира к германо-романскому. М.：Известия, 2003. С. 108.

② Данилевский Н. Я. Россия и Европа. Взгляд на культурные и политические отношения славянского мира к германо-романскому. М.：Известия, 2003. С. 111.

③ 在丹尼列夫斯基生活的时代，学术界还没有明确区分"文化"和"文明"这两个概念。丹尼列夫斯基对于"文明"的理解也是不清晰、不固定的：他多数情况下将其作为"文化历史类型"的代名词；有时将其概念外延缩小，指某种"文化历史类型"所具有的那种独特文化；还有时指一种"文化历史类型"内部的基本元素。

家庭"组成的，生来就独具特色、具有不同于他人的"风俗、习惯、服饰、生活方式、社会性娱乐和个人娱乐"等。所以，文明是人的群体或整个人类在"宗教、社会、风俗、工业、政治、科学、艺术"① 等各个层面发展的结果，简而言之，就是历史发展的结果。按照丹尼列夫斯基的观点，文明本身具有不同的发展水平，它的最高发展水平是，"在其生命历程中所遇到的独特的外部条件的影响下，揭示出构成某一种文化历史类型的各民族所共有的精神特点之中的基本理念。文明的组成部分越多样、越独立，它本身就越多样、越丰富。而这些组成部分就是指构成文化历史类型的各种民族"。②

丹尼列夫斯基认为，人类历史上从来没有过、也不应该存在一种一体化的文明。当表现出某种文化历史类型特色的民族，在自己的发展过程中达到一定的繁荣程度时，就形成了属于这种具体类型的文明。丹尼列夫斯基按照时间顺序排列出十个这样的文化历史类型：(1) 埃及；(2) 中国；(3) 亚述—巴比伦—腓尼基；(4) 印度；(5) 伊朗；(6) 犹太；(7) 希腊；(8) 罗马；(9) 新闪米特（或阿拉伯）；(10) 日尔曼—罗曼语族（或欧洲）。此外，还有因遭到暴力灭亡而没有完成自身发展的墨西哥和秘鲁两种文化历史类型。③ 当然，还有斯拉夫（或俄国）。丹尼列夫斯基之所以没有在这里列出斯拉夫文明，是因为他坚信

---

① Данилевский Н. Я. Россия и Европа. Взгляд на культурные и политические отношения славянского мира к германо-романскому. М.: Известия, 2003. С. 108.

② Данилевский Н. Я. Россия и Европа. Взгляд на культурные и политические отношения славянского мира к германо-романскому. М.: Известия, 2003. С. 125.

③ 参见 Данилевский Н. Я. Россия и Европа. Взгляд на культурные и политические отношения славянского мира к германо-романскому. М.: Известия, 2003. С. 111。

斯拉夫文明是一种最完善、最有发展潜力的文明,需要专门分析这种文明类型。

按照丹尼列夫斯基的观点,这些文化历史类型在人类历史中相互更换、相互替代,它们中的每一个都为人类的进步和发展做出了一定贡献。世界历史是不同时间、不同地点的多种文化历史类型共同发展的结果。但这个过程并不是一个直线的发展过程,也不是某些"全人类"文化不断增强、统治主宰的过程,"只有那些构成各种文化历史类型的民族和人民才是人类历史的推动者"①。丹尼列夫斯基认为,每一种文化历史类型都会经历古代、中世纪和近代这些发展阶段。他把这些文化历史类型都看作是自然界的有机体,遵循着自然界的普遍规律,由童年到少年,由少年期到成熟期,然后衰老和消亡。

但是丹尼列夫斯基强调,并不是所有的民族命中注定都能形成一种独立的文化历史类型,因为不是每个民族都具有强大的生命力。而且,他认为影响那些文化历史类型发展的外界因素(包括有利因素和不利因素)具有非常重要的意义。那些构成了某种文化历史类型的民族被丹尼列夫斯基称为人类历史的"积极创造者"(положительные деятели),中国、印度、埃及、希腊、罗马等均属于这个行列。然而,在人类世界中,除了上述那些具有创造力的民族以外,还有一种常见的现象,比如匈奴人、蒙古人、土耳其人,他们所进行的破坏性行为会导致一些虚弱的文明灭亡且遗产化为灰烬,丹尼列夫斯基将这些民族称之为人类历史的"消极创造者"(отрицательные деятели)。当然,有时也存在一个民族同时具备创造力和毁灭力的情况,比如日耳曼人和阿拉伯人。此外,还有一些民族,比如芬兰人,在人类的历史进程中既没有发挥出创造的

---

① Данилевский Н. Я. Россия и Европа. Взгляд на культурные и политические отношения славянского мира к германо-романскому. М.: Известия, 2003. C.111.

一面，也没有发挥出毁灭的一面；既没有对历史的发展起过什么积极作用，也没有起过什么消极作用，故而被丹尼列夫斯基称为"民族原料"（этнографический материал）。他们就像是一种元素，可以进入到历史有机体的内部，成为文化历史类型的组成部分。或许是因为自身的独特性在其发展早期就已经消失了，或许是存在什么其他的原因，总之这些民族只不过是丰富了文化历史类型的种类，而本身却不具有任何民族特性。丹尼列夫斯基认为，"一些属于'民族原料'的文化历史类型，在其灭亡或衰败之后，又在某种新的形态准则的引领下，与其他元素结合成一种新的历史有机体，呼唤一种新的文化历史类型的历史生命"。[1] 他指出，构成西罗马帝国的那些民族正是如此，它们在西罗马帝国灭亡以后，加入了日耳曼帝国的新形态，受到日耳曼国家制度的控制，被赋予了日耳曼民族的名字。于是，在此基础上，丹尼列夫斯基把各民族在历史舞台上所能发挥出来的三种作用总结如下：为构成独特的文化历史类型而进行的积极活动；对某些虚弱文明造成致命打击的破坏性活动；作为民族原料而为他人服务。

丹尼列夫斯基还指出，很多文化历史类型是在不断替换、融合的发展过程中逐渐得以充实和丰富的，它们从单一基础的类型（одноосновной тип）慢慢向以四种元素为基础的复合类型（четырехосновной тип）发展。在丹尼列夫斯基看来，文化历史类型的活动表现在四个层面：宗教（主要指对上帝的态度）、文化、政治和社会经济。他首先列举出一些文化历史类型，包括埃及、中国、巴比伦、印度和伊朗文明，认为这些文化类型的发展在上述四个层面齐头并进、相互交错，属于复合类型。另外一些文化历史类型在历史发展进程中只有某一方面表现得特别突出，可称

---

[1] Данилевский Н. Я. Россия и Европа. Взгляд на культурные и политические отношения славянского мира к германо-романскому. М.: Известия, 2003. С. 113.

为单一基础的类型。比如犹太文明（产生一神教）是宗教型的文化历史类型，希腊文明是文化型的，罗马文明是政治型的。而欧洲（日尔曼—罗曼）文明则在政治和文化方面都具有自身特色，因此可称为拥有政治—文化双重基础的文化历史类型（двухосновной политико‐культурный тип）。但丹尼列夫斯基预计，斯拉夫文明将可能在宗教、文化、政治、社会经济四个方面均达到发达的程度，成为最完善的一种文化历史类型。

这样一来，丹尼列夫斯基就以"文化历史类型"这一概念，确立了以文明为单位认识世界历史的观点和方法。更为重要的是，他在阐释这一概念的过程中，明确地指出了文化多元性、多样性的思想。丹尼列夫斯基强调，世界历史的发展不仅仅是由于几种主要文化的进步，而是各种不同文化共同繁荣的结果——这一观点直到今天无疑也具有重要的意义和价值。

（三）"文化历史类型"形成和发展的五个法则

将"文化历史类型"的概念阐述清楚之后，丹尼列夫斯基又详细分析了"文化历史类型"形成和发展的五个基本法则。①

第一法则：掌握某种独立语言或同属于某一语系的部落或民族群，如果其语言之间的相似性没有必要进行深入的语言学研究便可一目了然，而这些民族的精神素质又具备历史发展能力，且已脱离了幼年期，那么这些民族就会构成一个独立的文化历史类型。

---

① 参见 Данилевский Н. Я. Россия и Европа. Взгляд на культурные и политические отношения славянского мира к германо‐романскому. М.: Известия, 2003. C. 115–137。

不言而喻，这一法则讲的是语言和文化历史类型之间的关系，即只有那些掌握固定语言的民族或民族群，才能形成独立的文化历史类型。语言是文明形成的必不可少的基本元素，这一点很容易理解。但是，丹尼列夫斯基同时也指出，并不是所有拥有固定语言的民族，都能形成文化历史类型。因为文化历史类型的形成还必须具备一个重要条件，那就是第二个法则中指出的政治独立。他举出凯尔特人①的历史作为例子：凯尔特人不仅具有发展民族性的各种特质，以及独立的宗教和世界观，而且具有发展独立的文化历史类型的一切条件，并已表现出这方面的萌芽。但是，由于他们被罗马人征服，很早就失去了政治上的独立，所以那种潜在的因素就没有发挥出来。

第二法则：为了使属于一种文化历史类型的独具特色的文明能够生存和发展，相关民族必须享有政治独立。

这一法则指出了文化历史类型和政治独立之间的关系。所谓"政治独立"，指的是在特定的领土范围内，享有独立存在和独立发展的权利。在丹尼列夫斯基看来，政治独立对于文明的形成来说，是必要且不可缺少的条件。他强调，还从来没有哪一种文明是在缺少政治独立的条件下产生和发展起来的。作为这一法则的论据，丹尼列夫斯基同样举了凯尔特人和其他一些民族的例子。无疑，关于政治独立是形成固有文明前提

---

① 凯尔特人为公元前2000年活动在中欧的一些有着共同的文化和语言特质的有亲缘关系的民族的统称。主要分布在当时的高卢、北意大利（山南高卢）、西班牙、不列颠与爱尔兰，与日耳曼人并称为蛮族。公元前1世纪被罗马人征服。现代意义上的凯尔特人，或称其后裔，仍坚持使用他们自己的语言（譬如，爱尔兰的盖尔语），并以自己的凯尔特人血统而自豪。现在，这个古老的族群集中居住在被他们的祖先称为"不列颠尼亚"的群岛，他们就是爱尔兰、苏格兰、威尔士，以及法国的布列塔尼半岛。

条件的观点是非常有道理的。他指出，如果失去了政治上的独立，那么即使这种文明在一段时期里尚能苟延残喘，但最终仍将被属于别的文化历史类型的民族所"吞没"，难免覆灭的命运。不过丹尼列夫斯基强调说，这些民族虽然未能形成独自的文明，但却也在世界历史上扮演了重要角色。

另外，丹尼列夫斯基还指出，有的民族，如蒙古人和土耳其人，之所以未能形成独立的文化历史类型，是因为居住在"完全不适应自己文化的土地上"，而且他们"未能摆脱不开化或游牧的生活状态"①。于是，他们只能停留在"民族原料"的水平上，不能参与到历史生活中来。"虽然他只是略略提了一下，没有具体展开，但是仅此一点，就已经涉及了后来汤因比有关'流产的文明'和'成长受到阻碍的文明'的理论"②。事实上，这不仅进一步强化了他的关于政治独立是形成固有文明的前提条件的观点，同时也提出了比较文明论中的一个非常重要的方面。

  第三法则：一种文化历史类型的基本文明元素无法传播给属于其他类型的各个民族。各种文化历史类型都在自行发展各自的文明，在此过程中，也或多或少地受到了先前的或同时代的异质文明的影响。

丹尼列夫斯基提出的第三条法则，强调了各种文明的根本要素的独特性和不可传达性。他指出，各种文明的本质是不同的，所以将一种文

---

① Данилевский Н. Я. Россия и Европа. Взгляд на культурные и политические отношения славянского мира к германо-романскому. М.: Известия, 2003. С. 117.

② 冯玮：《〈俄国和欧洲〉及"文化·历史类型"——比较文明论的先驱尼古拉·达尼莱夫斯基述评》，载《史学理论研究》，1999年第4期，第130页。

明的"一切文化要素(宗教的、道德的、社会的、政治的以及艺术的要素)完全一模一样、原封不动地变成"① 另一种文明的东西是不可能的。"属于构成某种文化历史类型(经过独立的发展后硕果累累)的一个民族的根本特征,可以被破坏、消灭,但却不能被其他文化历史类型所固有的根本特征所替代,否则这个民族也就灭亡了。也就是说,它由一个独立自主的历史活动者变为民族原料,等待组建新的民族"。② 丹尼列夫斯基的这一观点,"与后来斯宾格勒提出的各种文明'根本象征'传播的不可能性,具有相似性和一致性"③。然而,与斯宾格勒所不同的是,尽管丹尼列夫斯基强调文明根本要素的不可传播性,但他并不否认构成文明的其他文化要素可以在不同文明类型之间进行传达的可能性,以及作为整体的一种文明对其他文明产生影响的可能性。"某种文化历史类型的民族可以、也应该去认识别人的经验,接受那些能够超出民族范围的东西并为己所用,也就是说,学习那些科学技术的结论和方法、艺术的进步和完善、工业水平的提高"。④ 至于"自身的政治和社会制

---

① Данилевский Н. Я. Россия и Европа. Взгляд на культурные и политические отношения славянского мира к германо-романскому. М.: Известия, 2003. С. 119.

② Данилевский Н. Я. Россия и Европа. Взгляд на культурные и политические отношения славянского мира к германо-романскому. М.: Известия, 2003. С. 122.

③ 冯玮:《〈俄国和欧洲〉及"文化·历史类型"——比较文明论的先驱尼古拉·达尼莱夫斯基述评》,载《史学理论研究》,1999年第4期,第130页。

④ Данилевский Н. Я. Россия и Европа. Взгляд на культурные и политические отношения славянского мира к германо-романскому. М.: Известия, 2003. С. 125.

度、风俗习惯、宗教观念、思考方式,则是它本身所固有的和唯一的"①,也就是说,构成这个民族根本性质的所有元素,应当永远保持其独特性,"它们是绝对不可能被吸收和借用的,最多只能用来作为相互比较的元素"。②"文明无法完全由一种文化历史类型传播给另一种文化历史类型,但这并不意味着它们相互之间没有任何的影响,只不过这种影响是不同于传播(передача)的"。③

在此基础上,丹尼列夫斯基对不同文化历史类型之间的接触、碰撞,以及异质文化要素之间的相互传播进行了详细的分析和论述。他利用植物学的一些术语,将人类历史上出现过的不同文明之间相互接触和影响的方式总结为以下三种表现形态:

第一种表现形态是"移植"(пересадка),这是最普通的一种方式,也就是"通过移民,从一个地方向另一个地方移植文明"④。历史上,这种"迁移"更多地表现为发达国家的政治和宗教扩张。例如,希腊人向南意大利的移民,英国人向北美及澳大利亚的移民,即属于这种表现形态。但是,通过这种方式并不能实现两种文明之间的平等交流,而只

---

① Данилевский Н. Я. Россия и Европа. Взгляд на культурные и политические отношения славянского мира к германо-романскому. М.: Известия, 2003. С. 124.

② Данилевский Н. Я. Россия и Европа. Взгляд на культурные и политические отношения славянского мира к германо-романскому. М.: Известия, 2003. С. 125.

③ Данилевский Н. Я. Россия и Европа. Взгляд на культурные и политические отношения славянского мира к германо-романскому. М.: Известия, 2003. С. 122.

④ Данилевский Н. Я. Россия и Европа. Взгляд на культурные и политические отношения славянского мира к германо-романскому. М.: Известия, 2003. С. 122.

会是一种较强大文明对另一种较弱小文明的压制,甚至是消灭。这种方式与保持世界多样性、鼓励文化多元发展的观点背道而驰,却是"文化中心主义"者们乐于接受的理论形式。用丹尼列夫斯基的话说,"如果在某个地方或某个时期存在一种全人类的文明的话,那么显然,这种文明内部的民族会从自己的利益出发希望这种方式被广泛推行,也就是说,希望除本文明内部各民族以外的其他民族根本就不存在"。①

第二种表现形态,是通过"嫁接"(прививка)实现文明的传播,即将一种文明作为枝干"嫁接"在另一种作为主干的文明上,使其从主干中吸取养分,并且发育生长。丹尼列夫斯基指出,希腊文明在埃及文明上的"嫁接",罗马文化在凯尔特文化上的"嫁接",均属于这种形态。他认为这种文化和文明的传播形态之所以没有产生出新的文化历史类型,与植物学中的嫁接并不产生新的品种是一样的道理:"被放入树干切口处的嫩芽,或是连接到新鲜截面上的插条,无论如何都不会改变受嫁接植物的性质。野生树苗还是野生树苗,苹果树还是苹果树,梨树还是梨树。被嫁接上去的嫩芽和插条也会保持自己的属性,它们只是从那种植物身上汲取自身生长所需要的汁液,然后根据自身特征加以消化。为了保护嫩芽和插条,还必须不断地砍掉从树干和根部长出来的枝条,以避免它们妨碍寄生植物的生长。这就是嫁接的真正内涵。"② 在这种情况下,人们虽然能够看到"寄生文化"的繁荣,但并不能看到新文化的诞生。因为那种作为主干的文明由于这种"嫁接"而变成了枝干文

---

① Данилевский Н. Я. Россия и Европа. Взгляд на культурные и политические отношения славянского мира к германо-романскому. М.: Известия, 2003. С. 122-123.

② Данилевский Н. Я. Россия и Европа. Взгляд на культурные и политические отношения славянского мира к германо-романскому. М.: Известия, 2003. С. 123-124.

明实现其自身目的的手段，被剥夺了开花结果的可能性。所以，"无论如何，对于受到嫁接的事物来说，这种行为在生理上和文化历史意义上都不会带来什么好处"。①

第三种表现形态，犹如"改良土壤对植物的影响，或改善营养对动物的影响"②。丹尼列夫斯基认为，这方面的事例可以在埃及和腓尼基对希腊的影响，希腊对罗马的影响，以及希腊和罗马对欧洲的影响中看到。在这种表现形态中，一方接受另一方的文化要素并因此而肥沃、丰富。但是，它仅吸收对自己有利的养分，即发展文化历史类型必要的养分，而不吸收别的东西。他认为这种吸收方式，虽然可以被称作"借用"（заимствование），但与前两种形态不同，它既不是"陈旧事物的无用重复"③，也不是"硬要对方做出牺牲"④，而是结出优良的品种，达到真正创造性的发展，得出对全人类发展多样化极为有利的成果。所以，丹尼列夫斯基认为只有这种方式是最科学的，是可以接受的。"当一种文化历史类型保持自己的政治和社会制度、风俗习惯、宗教信仰、生活方式，即保持自己的独特性，对待另一种文化历史类型的已有成果

---

① Данилевский Н. Я. Россия и Европа. Взгляд на культурные и политические отношения славянского мира к германо-романскому. М.: Известия, 2003. С. 124.

② Данилевский Н. Я. Россия и Европа. Взгляд на культурные и политические отношения славянского мира к германо-романскому. М.: Известия, 2003. С. 124.

③ Данилевский Н. Я. Россия и Европа. Взгляд на культурные и политические отношения славянского мира к германо-романскому. М.: Известия, 2003. С. 124.

④ Данилевский Н. Я. Россия и Европа. Взгляд на культурные и политические отношения славянского мира к германо-романскому. М.: Известия, 2003. С. 124.

采取自由的态度时，那种已完善或较发达的文明才可能真正有效地对刚出现的文明产生影响"①。同时，丹尼列夫斯基也对这种选择性吸收的可能性做了进一步阐释。他提出："存在于民族领域之外的科学与技术、工业的成果、艺术的完善和手法，这些具有普遍性质的文化要素，是比较容易接受的。但除此以外的东西，特别是关于对人类和社会的认识，一般是不能成为借用对象的。"② 也就是说，科学和技术等相对中立的文化要素，是比较容易接受的；与特定的社会发展过程及固有的民族认识方法紧密联系在一起的文化要素，由于不具有普遍适用性，因而是难以吸收的。

总之，丹尼列夫斯基通过考察各种文化历史类型的发展和变迁后指出："不管是从民族的状态向国家的状态变迁，还是从国家的状态向文化或文明化的状态变迁，都是由起因于外部事件的一连串冲击赋予它一定的条件、刺激，从而促使该民族的活动朝着一定的方向发展的。"③ 也就是说，与邻近民族的接触及所受到的刺激，不仅是文明发展或变迁的契机，而且决定了它的发展方向和领域。一种文明如果没有同异质的文化或文明接触，那么它的发展或变迁将很难发生。不仅如此，丹尼列夫斯基在发现和探讨各种文化之间的相互影响上表现出敏锐的洞察力，他清楚地认识到简单的混合异类文化元素和偶然的引进并不等于文化的统

---

① Данилевский Н. Я. Россия и Европа. Взгляд на культурные и политические отношения славянского мира к германо-романскому. М.: Известия, 2003. C. 124–125.

② Данилевский Н. Я. Россия и Европа. Взгляд на культурные и политические отношения славянского мира к германо-романскому. М.: Известия, 2003. C. 125.

③ Данилевский Н. Я. Россия и Европа. Взгляд на культурные и политические отношения славянского мира к германо-романскому. М.: Известия, 2003. C. 135.

一，文化融合的过程充满了复杂性和矛盾性。丹尼列夫斯基的这一观点实际上涉及了文化对话和文化互动的问题，为后来文化交流理论的创建打下了一定的基础。

  第四法则：属于某一种文化历史类型的文明，只有在它的"民族原料"呈现多元化的条件下，才能达到充实、丰富和多样。同时，也需要这些"民族原料"不为某一个政治实体所吞并，而是享有独立、组成联邦或由有关各国参加的政治体系。

第四个法则首先强调了使文明得以充实和丰富的基本条件，即必须保持其内部元素的多元化，也就是允许多种不同的民族被纳入到同一种文化历史类型中，只有这样才能保证这种类型的文明也变得丰富多样。随后又指出，属于一种文明的各个民族，在具有政治独立的同时，应该保持一种松散的政治联系，这对于获得多元化的发展是非常重要的。丹尼列夫斯基认为，希腊文明和欧洲文明正是这方面的例子。原因在于构成它们的各种政治单位既能保持各自的政治独立，同时又能使自己得到发展，此外还能显示出充实而丰富的多样性。对于"政治体系"的具体含义，丹尼列夫斯基没有进行详细的说明，但从他的表述中，我们不难把它理解为如以后的国际联盟之类的组织，以及在当时的欧洲各国之间已经存在的以各种条约为基础的一些政治联盟。但值得注意的是，丹尼列夫斯基强调，构成这种"政治体系"的国家或民族，必须属于同一个文明的范围。因为按照他的观点，文化历史类型或文明是"最高的历史单位"①，任何超越文化历史类型或文明的社会统一体都无法存在下去。所以，一种政治体系如果超越了文化历史类型的范畴，那么文明发展所

---

① Данилевский Н. Я. Россия и Европа. Взгляд на культурные и политические отношения славянского мира к германо-романскому. М.: Известия, 2003. С. 127.

需要的政治独立，就必将受到威胁。也正因为如此，"人类"这一概念在丹尼列夫斯基眼中，只不过是缺乏实质内容和意义的抽象概念。"不可否认，文化历史类型的概念从属于人类的概念，其利益和愿望也从属于人类的普遍利益。人类不是什么现实中明文规定的，向着某个既定目标不断前进的东西，而只是一种普遍接受的从个人权益中脱离出来的概念。所以当我们说到人类的职责和义务时，事实上指的是个人或群体的职责和义务，不管他们属于哪个种族或族群；与此同时，这些义务不只是对于国家的，而且是对于一个更高的单位，我们把它叫作文化历史类型。"① 总之，历史上所发生的事件，只有在特定的文化历史类型或文明的范围内，才可能具有本质上的意义。

丹尼列夫斯基还将这种认识引申到历史学领域。按照他的观点，所谓的国别史事实上是不存在的。他指出，从作为一个整体的欧洲文明中切割出来的英国史、希腊史等绝不可能是完整的，也是不存在的，而"只有从法国、意大利、英国或德国的角度认识的欧洲史"② 才是真正的历史。另外，分属不同文明范畴的不同国家的历史也不具有十分紧密的联系。他解释道："比如古代史中的希腊史和波斯史，除了战争所带来的外部接触以外，是没有联系的；同样，近代的俄国史或伊斯兰中东史，事实上只是偶尔地、暂时地有所接触"。③ 他强调指出，就这个意义

---

① Данилевский Н. Я. Россия и Европа. Взгляд на культурные и политические отношения славянского мира к германо-романскому. М.: Известия, 2003. С. 128.

② Данилевский Н. Я. Россия и Европа. Взгляд на культурные и политические отношения славянского мира к германо-романскому. М.: Известия, 2003. С. 130.

③ Данилевский Н. Я. Россия и Европа. Взгляд на культурные и политические отношения славянского мира к германо-романскому. М.: Известия, 2003. С. 130.

而言，"任何试图通过内在的有机纽带将俄国的历史生命同欧洲历史联系在一起的做法，只会导致俄国最根本利益的牺牲"。① 无疑，丹尼列夫斯基在这里表达了自己的反西方派观点。总之，他的这些论述归根到底都是为了证明，历史研究必须以文化历史类型或文明为单位。几十年以后，汤因比在《历史研究》中将"文明"，而不是将"民族国家"规定为"历史研究的领域"，并予以高度重视。而丹尼列夫斯基这一观点的提出，比汤因比早了好几十年。另外，他的这一观点和将各种"高级文化"（即文明）视为完全的自我完结体的斯宾格勒的观点，也是十分相似的。②

> 第五法则：文化历史类型的发展过程如同一次性结果的多年生植物，虽然这种植物的生长期长短不一，但开花期和结果期都比较短暂，且一次性开花结果会消耗其生命力。

丹尼列夫斯基在第五个法则中明确地提出了文化历史类型发展过程中的"文明期"的具体涵义。他指出，文化历史类型的生存与多年生的单细胞植物相似，同样经历"童年、少年、成年、老年、衰亡"的自然生长过程。它的成长、发展、积蓄创造能力的周期很长，而开花结果的时间却非常短暂，并且一举耗尽了生命力。所有文化历史类型通常经历的发展阶段实质如下：（1）民族形成阶段；（2）国家形成和发展阶段；（3）文明形成阶段。可见，在丹尼列夫斯基的理论里，所谓"文明"，

---

① Данилевский Н. Я. Россия и Европа. Взгляд на культурные и политические отношения славянского мира к германо-романскому. М.: Известия, 2003. С.130.

② 参见冯玮：《〈俄国和欧洲〉及"文化·历史类型"——比较文明论的先驱尼古拉·达尼莱夫斯基述评》，载《史学理论研究》，1999年第4期，第131—132页。

严格地说，是指各种文化历史类型发展的最终阶段，是一个高级的历史单位。他将"文明期"（период цивилизации）解释为：当一个民族从漫长的无意识、纯民族性的状态中走出来以后，政治上获得了独立，并把长期积蓄的精神力量用于各个方面，最后便形成了一种独立的文化历史类型，即文明。在这个过程中，民族阶段所经历的时间是很长的，可能会经历几千年，这是一个积蓄力量的准备阶段。正是在这一时期，聚集了形成该种文化历史类型所必需的各种因素，它们表现在语言、世界观、风俗习惯等诸多方面，也就是决定这种文化历史类型独特性质的所有方面。但是只有在最后的短暂的文明阶段，各种文化历史类型才会在各个方面表现出自身的精神特点。

当然，丹尼列夫斯基也指出，并不是所有的文化历史类型都能顺利地走完所有的这几个发展阶段。造成这种状况的原因有很多，比如"受到外界力量的打击而被迫中止；或者由于自身的能量储备不够完善而导致发展方向过于单一"①。丹尼列夫斯基举出了伊朗文化类型的历史作为论据，伊朗文化在发展过程中由于多次受到马其顿、阿拉伯、蒙古的入侵，以及古代亚述、巴比伦和腓尼基文明的介入，而失去了自身的独特性，始终未能走入文明期的阶段。按照丹尼列夫斯基的观点，文化历史类型的生命力就在于其所属民族所具有的这些根本特征，正是因为它们的存在，文化历史类型才能够不断地发展和进步，直至达到最后的文明阶段。

当文明阶段结束以后，这种文化历史类型的生命就会"停滞"，进步的过程就会终止。因为丹尼列夫斯基认为，无休止地向着一个方向发展和进步是绝对不可能的。文化历史类型如同所有其他有机物质一样，

---

① Данилевский Н. Я. Россия и Европа. Взгляд на культурные и политические отношения славянского мира к германо-романскому. М.: Известия, 2003. С. 136.

不会永无休止地自我完善和发展下去。按照丹尼列夫斯基的说法，文明化的周期以耗尽文化历史类型的创造力而告结束。他指出了文明衰亡的可能方式：在这种文明期结束以后，已经文明化的各个民族，有的像中国那样，将过去的遗产视为未来依然有用的永恒价值，陷入一种"自我满足的消沉状态"（апатия самодовольства）；有的则像基督教传播时期的罗马那样，因认识到自己的理想是不完全的、片面的、有缺陷的，认识到自身发展已偏离了正确的轨道，而陷入一种"绝望的消沉状态"（апатия отчаяния）。①

这就是丹尼列夫斯基自己总结出来的"文化历史类型"形成和发展的五大法则。应该说，他的阐释和论述还是有理有据，具有很强的说服力的。

此外，根据丹尼列夫斯基的这些理论阐释，可以推导出他的一种观点：在过去，文化历史类型的主体实际上是部族（或部落联合）；而现在，文化历史类型的主体实际上就是民族（或民族群）。也就是说，这位俄国思想家虽然还没有意识到自己所发现的理论的价值，但事实上，他已经为开拓民族的起源和发展做出了理论尝试。

（四）对于进步问题的看法

"进步"（прогресс）是历史哲学中的一个重要概念，关于这一问题的探讨对于历史哲学来说具有非常重要的意义。所谓历史哲学中的进步论，即人类历史作为一个在时间中流变的过程，是否有一个恒定的方向？如果有的话，那么这个方向是前进的还是倒退的？如果历史过程是

---

① 参见 Данилевский Н. Я. Россия и Европа. Взгляд на культурные и политические отношения славянского мира к германо-романскому. М.: Известия, 2003. С.131。

进步的话，那么又是怎样的一个进步过程？

　　进步的观念经历了一个曲折的发展过程。虽然这一观念的萌芽可以追溯到古希腊时期，但进步观念在当时并不占主导地位，当时流行的是循环论和退化论的历史观。这是因为，人们普遍相信，在历史上曾有过非常美好的时期，他们很少觉得那些时代是原始的，而是把它们诗意般地加以美化。即使在文艺复兴时期，思想家们对古希腊和古罗马的过分推崇仍不免使人产生这样一种印象：后来的文明是退步，而不是进步。中世纪的基督教哲学家圣·奥古斯丁（354—430）打破了历史思想中的循环论和退化论，第一次把历史看作是一个进步的过程。他的历史进步观念属于基督教神学的历史进步观，宣扬一种"终点论"。因为基督教认为，世界与时间是有始有终的，它们有明确的开端，上帝在创造世界的同时创造了时间，所以人们在"至善"追求中向着末日审判的终点前进。

　　到了18世纪，在自然科学迅猛发展、工业奇迹不断出现、法国大革命胜利的历史背景下，作为进步观念第一个完整理论形态的理性主义进步观在欧洲出现。18世纪的启蒙思想家们大都对进步观念的兴起做出过不同程度的理论贡献，如果说伏尔泰（1694—1778）是在尝试用理性进步观来代替基督教神学史观，那么在稍后的杜尔阁（1727—1781）和孔多塞（1743—1794）那里，进步不仅被明确地作为其历史论著的标题，而且被看成"历史研究的具有根本意义的规律之一"①，完全取代了历史循环论和历史倒退论。在他们看来，理性是社会进步的终极原因，因为理性是人的一种自我完善化的能力，"这种能力使人类日新月

---

① 转引自何平：《历史进步观与18、19世纪西方史学》，载《学术研究》，2002年第1期，第83页。

异地发明千百种新的需要,并且创造出千百种方法来满足这些需要"①,从而促使社会不断前进。

历史进步观念在19世纪获得进一步的发展和传播。社会历史进步的原因、方式和阶段,特别是进步的规律问题,不仅在像圣西门(1760—1825)、孔德(1798—1857)、黑格尔(1770—1831)和斯宾塞(1820—1903)这样的思想家手中继续得到更深入的研究,而且进步的观念开始越过学者的书斋,深入于一般公众。到19世纪中叶,关于历史服从于总的进步规律的思想渗透于报纸、杂志、政治文件、诗歌等等,成为受过教育的人的世界观的一个组成部分。在这一时期,虽然人们已经普遍接受了进步的历史观念,认为历史是一个从低级到高级、从野蛮到文明的进步过程,但是这个进步的过程究竟遵循一种什么样的路线,一直是学术界和思想界争论的焦点。当时占据主流地位的一种进步观念是线性的历史进步观,即认为历史的发展过程呈现出一种始终向前、直线进步的轨迹。

1859年11月,达尔文的科学巨著《物种起源》问世。它以全新的进化思想推翻了神创论和物种不变论,把生物学建立在科学的基础上,提出震惊世界的论断:生命只有一个祖先,生物是从简单到复杂,从低级到高级逐渐发展而来的。达尔文的《物种起源》发表后,生物普遍进化的思想以及"物竞天择、适者生存"的进化论在学术界和思想界引起轩然大波。它已经远远超出了自然科学的范畴,对许多人文学科的发展也产生了巨大的影响,同时也大大地推动了人们对于人类历史进步问题的讨论和研究。

丹尼列夫斯基首先是一位自然科学家,他跟达尔文几乎是同行,只

---

① 转引自何平:《历史进步观与18、19世纪西方史学》,载《学术研究》,2002年第1期,第83页。

不过他更专业的是植物学。《物种起源》问世以后，丹尼列夫斯基并不完全赞成达尔文的进化论观点，于是他后来才写了《达尔文主义：批判的研究》一书。① 但由于他公开反对达尔文的"自然选择"理论，导致很多地方将他归入到反进化论者的行列。然而事实上，丹尼列夫斯基并非反对进化（或进步）的理念，只是与达尔文在这一问题上有着不同的理解，更确切地说，他反对的是认为自然界是通过自然选择的方式来达到进化的观点。他的这种思想在具有历史哲学性质的《俄国与欧洲》一书中就已经表现出来了。

在19世纪60年代的俄国，社会思想界的很多代表人物都在尝试回答"何谓进步"的问题，对这一问题的关心是伴随着农奴制改革的深化而逐渐强烈起来的。1868年，拉夫罗夫（П. Л. Лавров）② 在著名的《历史信札》一文中对于"进步"的内涵发表了自己的看法；一年后，米哈伊洛夫斯基（Н. К. Михайловский）③ 又在《祖国纪事》上刊登了著作《什么是进步?》，其中也阐述了自己对这一问题的回答。如果说这两位思想家是从社会政治学说的角度来思考"进步"问题的话，那么丹尼列夫斯基的思考则具有历史哲学的性质。他在几乎是同时发表的《俄

---

① 详见第一章第二节。
② Петр Лаврович Лавров（1823—1900），俄国哲学家、社会学家、政论家。革命的民粹主义思想家之一。参加过19世纪60年代的解放运动。1868—1869年间发表《历史信札》一书，在革命青年中很有影响。1870年起侨居国外。1873—1876年任《前进》杂志编辑，1883—1886年编辑《民意导报》。支持社会学中的主观唯心主义方法。
③ Николай Константинович Михайловский（1842—1904），俄国社会学家、政论家、文学评论家、民粹派。《祖国纪事》和《俄国财富》杂志的编辑之一，社会学中"主观方法论"的拥护者。19世纪70年代末接近民意党。19世纪90年代从农业社会主义的立场出发反对马克思主义。其理论错误受到列宁的批判。

国与欧洲》中,以"文化历史类型"的观点为基础,诠释了一种关于历史进步和文化进步的新观念。

需要加以说明的是,"有关文化进步的问题是指文化要素、价值和继承性的问题,也是指有关社会历史向前发展中,人类、个别的国家、民族和群体发展的不同历史时代和时期的相互关系中的文化要素和价值继承性的问题"。① 简单地说,文化进步就是指文化从欠完善的状态向较为完善的状态发展。

丹尼列夫斯基所阐释的进步观念融合了历史进步和文化进步的内涵,具有一种独特性。在提出"文化历史类型"形成和发展的五个法则之后,他对"进步"发表了自己的见解。按照丹尼列夫斯基的理论,首先,无法指出哪种文化类型在发展水平上是更高级的;其次,无法对人类的历史进程进行直接的认识。所以,从表面上看,他似乎拒绝了人类历史进步的思想。然而实际上,丹尼列夫斯基并非否认进步的思想,反而赋予了它新的内涵。

丹尼列夫斯基指出,历史学家们总用一种单线条的、一维的模式来描述人类历史的发展状况是不正确的,真正的历史进程比他们所想象的要丰富得多。不同民族在自己所属的文化历史类型的框架内向着不同的方向前进,用自己的独特风格使历史进程变得五彩缤纷。如果人类历史只是向着一个方向运动,最后只会耗尽自己的能量而受到阻碍或是被迫终止。所以,每一种文化历史类型都应该发扬自身的特点,按照自己的方向发展,而没必要去重复他人走过的路。也就是说,各民族不应沿着同一方向、向着同一目标前进,而应沿着不同的方向奔向各自的目标。他强调:"进步并不是要所有民族走到一个方向(在这种情况下它很快就会停止),而是要走遍所有原野,走遍人类历史活动舞台的所有方向。

---

① [俄] 盖·弗·德拉奇:《世界文化百题》,王亚民等译,兰州:敦煌文艺出版社2004年版,第50页。

无论是哪一种文明都不能自夸在某一段历史时间里代表了文明发展的最高点,一种文明虽然可能在特定的方向或领域会达到最高峰,但未必能在文明发展的各个领域均达到最高的发展水平。"① 由此说来,进步的内涵就是各种不同的民族和文化类型沿着各个方向走遍人类历史活动的全部领域,走向人类历史发展的高级阶段。

丹尼列夫斯基将这里的"方向"（направленность）一词解释为一种内在的精神动力,正是在这种精神动力的作用下,有机体内部的结构和行为准则才能不断地向多样化扩展,也正是在这种精神动力的推动下,各种文化历史类型才能向着属于自己的方向发展。有些学者认为,他的"方向"概念已经涉及了后来斯宾格勒所提出的"灵魂"（душа）概念。②

此外,丹尼列夫斯基否认人类历史会永无休止地进步和发展。按照他的观点,历史是向着某一个终点前进的。丹尼列夫斯基的理论否定了人类个别历史阶段之间的因果关系,但他承认历史目的存在。"当生命出现停滞的时候,进步也就会终止;因为在一个方向上无休止的发展和进步（或者是在所有的方向上同时进步）显然是不可能的"。③ 因此,文明的发展也具有"终点"性,所有的文化历史类型最终都难免衰亡的命运。他将那种认为一种文化历史类型或民族可以永远发展下去的思想

---

① Данилевский Н. Я. Россия и Европа. Взгляд на культурные и политические отношения славянского мира к германо-романскому. М.: Известия, 2003. С. 134.

② Волошина А. С. Теория культурно-исторических типов Н. Я. Данилевского: история и современность. Дис. канд. филос. наук. Ростов-на-Дону, 2004. С. 62.

③ Данилевский Н. Я. Россия и Европа. Взгляд на культурные и политические отношения славянского мира к германо-романскому. М.: Известия, 2003. С. 132.

视为"最荒谬、最没道理的"① 观点。如果一种文化历史类型正处于繁荣期，在自己的生命活动中取得了不少成绩，那么也就意味着此后它将慢慢地接近衰亡。他举出希腊的历史作为例子。希腊曾经是一种占主要地位的文化历史类型，曾极大地丰富了人类的历史宝库，但后来进入了衰败阶段，便退出了作为文化灯塔的历史舞台。因此，"没有哪一种文化能够永世长存，假如所有的文化一下子同时（或者几乎同时）爆出亮点的话，那么也会一齐失去光泽，因而在新的文化生命中也就没有可点燃的光源了。"②

丹尼列夫斯基认为，在人类的历史进程中，并不是只有某一种文化历史类型在发展和进步，所有的民族和文化类型都拥有进步的机会。"为了使全人类的前进运动永远不会停止，当在一个方向上达到一定程度的完善时，就必须在一个新的起点上开始沿着另外一条道路前进。也就是说，应该让那些属于别的文化历史类型的民族所具有的心理特征、思维方式、情感和意志登上历史活动的舞台。"③ 他用这种方式强调了，每一种文化类型都拥有独立存在、自然发展的平等权利，对不同的文化历史类型应给予同样的关注。在此基础上，丹尼列夫斯基对当时普遍接受的"欧洲中心主义"世界观进行了揭露和批判。而且，他认为，人们对于进步的错误理解是导致"欧洲中心主义"大行其道的一个最重要的

---

① Данилевский Н. Я. Россия и Европа. Взгляд на культурные и политические отношения славянского мира к германо-романскому. М.: Известия, 2003. C. 133.

② Данилевский Н. Я. Россия и Европа. Взгляд на культурные и политические отношения славянского мира к германо-романскому. М.: Известия, 2003. C. 191.

③ Данилевский Н. Я. Россия и Европа. Взгляд на культурные и политические отношения славянского мира к германо-романскому. М.: Известия, 2003. C. 133-134.

原因。关于这一内容，将在下一节中详细论述。

当代俄罗斯哲学家德拉奇（Г.В. Драч）总结到，在丹尼列夫斯基的理论中，"进步的意义就在于共有的'宝库'不断得以充实，每一文化历史类型都为之贡献了自己的成果，文明破灭了，但其遗产尚存。这个'宝库'没有现实的体现者，而是保留在口头、神话和民间歌谣里，它是那些文化已经发展到一定程度的各个民族的共同财富"。①

（五）关于民族和人类的关系

19世纪的明显特点是推崇具有人类普世性质的思想，寻找那些仿佛适用于整个人类的"社会存在的绝对形式"②，这无疑与黑格尔哲学思想的广泛传播是分不开的。然而，丹尼列夫斯基并不同意这种普遍的看法，他的观点是："人类的任务不是别的，就是由不同的民族，在不同的时期，表现出潜藏在人类思想里的所有方面、所有方向的特点。"③ 可见，比起全人类来，丹尼列夫斯基更看重的是每一个具体的民族。

在《俄国与欧洲》一书中，丹尼列夫斯基专门用了一章的篇幅（第六章）来论述民族和整个人类的关系问题。他在这一章的开头写道，"民族和全人类之间的关系通常被比作偶然与实质的对立，狭窄与宽敞的对立，限制与自由的对立……各民族的文明进程正在于逐渐摆脱那些

---

① ［俄］盖·弗·德拉奇:《世界文化百题》，王亚民等译，兰州：敦煌文艺出版社2004年版，第211页。

② Данилевский Н. Я. Россия и Европа. Взгляд на культурные и политические отношения славянского мира к германо-романскому. М.: Известия, 2003. C. 140.

③ Данилевский Н. Я. Россия и Европа. Взгляд на культурные и политические отношения славянского мира к германо-романскому. М.: Известия, 2003. C. 140.

偶然的和限制性的民族因素，达到全人类的实质和普世境界"。① 接下来，他用自己的理论对这种观点进行了反驳。

首先，丹尼列夫斯基认为"人类"（человечество）是一个抽象的概念。"人类不是什么现实中明文规定的，向着某个既定目标不断前进的东西，而只是一种普遍接受的从个人权益中脱离出来的概念。所以当我们说到人类的职责和义务时，事实上指的是个人或人群的职责和义务，不管他们属于哪个种族或族群；与此同时，这些义务不只是对于国家的，而且是对于一个更高的单位来说的，我们把它叫作文化历史类型。"② 在他的眼中，人类只不过是所有民族及其特色和成就的总和，但是人类本身却不如其中的任何一个单独的民族更加全面和丰富，它只是将那些抽象的特征加以综合，并把那些与客体不可分离的特性加以排除。所以，"民族"（народ）就好比是自然科学中的"种"（вид），它表示的是那些自然界中具体存在的、可以触摸到的、看得见的个体；而"人类"就好比自然科学中的"属"（род），它只是一个抽象的概念，是某种逻辑的概括、思维的产物。"人类与民族（国家、部族）之间的关系就像属与种这两个概念之间的关系。"③

随后，丹尼列夫斯基阐释了他对"全人类的"（общечеловеческое）这个概念的看法。简单地说，他否定这一概念的存在。根据他的观点，

---

① Данилевский Н. Я. Россия и Европа. Взгляд на культурные и политические отношения славянского мира к германо-романскому. М.: Известия, 2003. C. 138.

② Данилевский Н. Я. Россия и Европа. Взгляд на культурные и политические отношения славянского мира к германо-романскому. М.: Известия, 2003. C. 128.

③ Данилевский Н. Я. Россия и Европа. Взгляд на культурные и политические отношения славянского мира к германо-романскому. М.: Известия, 2003. C. 144.

"全人类的"概念是经不住推敲的,因为它是建立在抹杀时间、地域和民族差别的基础上的,没有考虑到这些差别是实质性的,不限于偶然的或暂时的意义。作为一名自然科学家,丹尼列夫斯基运用与自然界的类比来证实自己的观点。他认为,自然界中没有哪一种形态、哪一个物种可以包揽动物和植物两个王国。因此,在人类社会中,能适用于所有时代和所有民族的统一的文化模式也不可能存在。"关于全人类的概念不仅不具有任何现实性,而且比种族和民族的概念更窄、更低……全人类的取向使人限于笼统、单一和缺乏特色的境界。"①

丹尼列夫斯基阐释这些概念的目的,最终还是要强调自己的文明观。他明确地指出,"全人类的文明是不存在的,也不能够存在,因为这是一种不可能且完全不良的不完备形态。"② 历史上所有的民族和文明,不管地处何方、何时出现,都是平等的。各种民族和文明之间具有本质性的差别,不存在任何适用于所有时期和所有民族的政治、经济或精神的理想模式。欧洲文明觊觎成为一种"全人类的"文明,并且自命不凡地想要把自己的文明强加给所有其他的民族,这种做法是非常可笑的。

由此可见,在丹尼列夫斯基的理念中,与"全人类"的概念相比,"民族"的概念是更加重要的。他重视作为一个民族整体性标志的统一的传统、习俗、社会经济生活方式和语言的意义,也指出,贸易、交通

---

① Данилевский Н. Я. Россия и Европа. Взгляд на культурные и политические отношения славянского мира к германо-романскому. М.: Известия, 2003. С.147.

② Данилевский Н. Я. Россия и Европа. Взгляд на культурные и политические отношения славянского мира к германо-романскому. М.: Известия, 2003. С.148.

的发展有助于民族的团结；但他认为，一个民族达到统一的基本条件是民族自我意识的觉醒。每个民族首先应该把自己理解成一个整体，只有在意识到自己是一个统一体之后，共同性才能上升为民族的整体性，文化才开始真正存在。

此外，丹尼列夫斯基还分析了"民族"在科学中的意义和作用。他认为，"科学可能是民族化的，但是在不同的科学中民族化的程度也不一样。民族性最不容易在那些内容简单或发展充分的学科，以及研究方法要求严格的学科中体现出来。因为这些方法会在一定程度上给民族性或个性的展现造成障碍，如果这些方法很多，那么民族的作用就会因研究方法的选择而受到限制。民族在科学中的作用随着那些不允许使用精确和严格方法的学科的复杂化而增大。如果这些科学不属于社会科学的话，那么它们可以具有和应该具有的民族性质就取决于每一个民族，特别是每一个文化历史类型的心理情绪的特点。社会科学的民族性最强，因为其主体就是民族的。"①

在此基础上，丹尼列夫斯基明确表示出应该用比较的方法进行科学研究——主要是社会科学研究——的观点。"社会科学中的所有现象本质上都是民族的现象，可以、也应该对它们进行相互比较，也只有这样它们才能够被分析和研究。"② 而历史研究也属于社会科学的范畴，所以，丹尼列夫斯基实际上主张在历史研究中运用比较的方法。

---

① Данилевский Н. Я. Россия и Европа. Взгляд на культурные и политические отношения славянского мира к германо-романскому. М.: Известия, 2003. С. 186–187.

② Данилевский Н. Я. Россия и Европа. Взгляд на культурные и политические отношения славянского мира к германо-романскому. М.: Известия, 2003. С. 186.

具体地说，就是将各种民族或文化历史类型相互之间进行比较，从而找出历史发展的规律。事实上，他就是这么做的。可以说，丹尼列夫斯基的这一思想对后来的跨文化交际以及文化的比较研究提供了理论支持。

二 "文化历史类型"理论的重要意义

（一）对"欧洲中心主义"的批判

"欧洲中心主义"（европоцентризм），也称为"欧洲中心论"，是人文科学领域存在已久的一种思想偏见，它出现于18世纪中后期，在19世纪得以发展和最终形成。进入19世纪以后，欧洲（主要是西欧）国家在经济、军事等方面占据了世界领先位置，它们凭借雄厚的经济实力和强大的军事力量奠定了自己的霸权地位，在东方各国普遍建立了自己的殖民统治。于是，在与其他民族的接触和交往中，欧洲人产生了一种民族优越感，他们不由自主地认为世界就在自己的脚下，并将此归功于欧洲文明的"先进性"。此外，由于受到线性历史观等思想文化因素的影响，欧洲的历史进程被当作整个世界不同民族和国家所应该遵循的统一轨道。这种以自我为中心的观念构成了"欧洲中心主义"的基础。恰逢此时，达尔文的"优胜劣汰，适者生存"理论问世，并被扩展到人文学科的领域，再加上19世纪其他欧洲思想家们的阐释，从而导致了"欧洲中心主义"思想的最终形成。那个时代，欧洲的经济、文化、政治等各个领域无不打上了这种思想的烙印。

黑格尔（1770—1831）正是"欧洲中心主义"的理论奠基人和最主要代表。"他从整体上把历史变成一个从起点到终点的直线发展模式，其过程是东方民族处在发展的低级阶段上，日尔曼民族处在最后的高级阶段上，带有浓厚的中心论色彩。"① 黑格尔在《历史哲学》一书中提出了这样一种理论，即"世界历史是以东方为起点的，但历史运动的终点则在欧洲，特别是在普鲁士的君主立宪制度中"②。可见，黑格尔虽然是一个历史主义者，但同时他又把一种非历史的态度输入到历史之中，他真正的历史兴趣始终落在欧洲，而把东方社会仅仅看作是世界历史发展的一个插曲、一个陪衬。德国著名历史学家兰克（1795—1886）是19世纪欧洲史学界的代表，被尊称为"近代史学之父"。虽然他在对历史的看法上与黑格尔有着很大的不同，但他却同样赞成"欧洲中心主义"的观点，不仅从理论上，而且在具体历史事件中阐述了欧洲中心论。兰克把欧洲看作是一个历史统一体，在他的眼中，这个统一体的主角是拉丁和条顿民族的相互斗争和融合，所以世界历史的演进与这两个民族的发展进程是一致的。他直言："印度和中国根本就没有历史，只有自然史，世界历史其实就是西方的历史。"③ 著名的实证主义哲学家孔德（1798—1857）也是坚定的欧洲中心论者，他在《实证哲学教程》中说道："我们的历史研究几乎只应该以人类的精华或先锋队（包括白色种族的大部分，即欧洲诸民族）为对象，而为了研究得更精确，特别是近代部分，甚至只应该以西欧各国人民为限。"④ 大名鼎鼎的马克斯·韦伯（1864—1920）是一个在历史学、社会学和经济学领域均造诣颇深的学

---

① 陈玉霞：《西方文明的危机与出路——汤因比文明形态史观研究》，黑龙江大学博士学位论文，2005，第118页。
② 俞吾金：《突破"欧洲中心论"的思维框架》，载《学术月刊》，1998年第5期，第18页。
③ 陈立柱：《西方中心主义的初步反省》，载《史学理论研究》，2005年第2期，第62页。
④ 陈立柱：《西方中心主义的初步反省》，载《史学理论研究》，2005年第2期，第62页。

者,他对中国、印度等东方国家非常熟悉,比许多前辈大师掌握的资料更多,写出了许多研究东方国家的专著。然而,韦伯撰写这些著作的根本目的,仍在于研究并解释西方文化的特殊之处,宣扬欧洲是独特性与普遍性的统一,强调西方文明突出于其他文明的重要特征,所以,他成为"最精心致力于欧洲中心论的集大成者"①。由此可见,19世纪的众多学者都在极力地推崇欧洲的独特性和欧洲文明的至上性,"欧洲中心主义"就这样成为了一种在那个时代占统治地位的思想观念。

通常情况下,当时所指的"东方世界"被理解为非欧洲民族的中国、印度等国。然而我们仔细分析一下就会发现,部分东欧民族,比如斯拉夫民族,也被排斥在外。沙皇俄国虽在欧洲舞台上发挥着举足轻重的作用,但还是被西欧人拒于这一"中心"之外。兰克就曾明确指出过:不仅东方各民族长期以来一直处于野蛮、落后、停滞的状态,不在世界历史的进步行列之内,而且欧洲的匈牙利人和斯拉夫人也不属于这个体系,他们在欧洲的历史进程中只是处于被影响的地位,并没有对各种历史事件产生过决定性的作用;而拉丁和条顿民族则与之不同,自希腊和罗马以来,他们就一直是世界历史发展的主流,是其他民族和国家的典范和榜样。② 可见,这种风靡于19世纪的"欧洲中心主义"思想,确切地说,应该叫作"西欧中心主义"。

当然,俄国之所以会受到这些西欧国家的排斥,与19世纪列强之间对于欧洲霸权的争夺是分不开的。西欧各国不愿意看到一个强大的俄国,也不希望俄国永远成为维持欧洲秩序的宪兵,自然也不会把它纳入到欧洲中心的行列。然而,从根本上说,出现这种情况还是由俄罗斯民

---

① 陈立柱:《西方中心主义的初步反省》,载《史学理论研究》,2005年第2期,第62页。
② 参见陈立柱:《西方中心主义的初步反省》,载《史学理论研究》,2005年第2期,第66页。

族独特的历史和文化传统所导致的。众所周知，17世纪之前的俄国与欧洲文明几乎是隔绝的。到了17世纪末，俄国内部才逐渐出现了接受近代西方文化的趋势，但真正大规模地学习西方却是18世纪彼得一世改革之后才开始的，所以俄国远远落后于西欧国家的发展步伐，直到1861年亚历山大二世改革之后才彻底走上资本主义道路。无论是弗拉基米尔大公引进拜占庭的基督教为国教，还是彼得大帝开辟学习西方先进技术的热潮，无论是叶卡捷琳娜女皇受法国启蒙思想家影响推行"开明专制"，还是西方自由主义、浪漫主义、空想社会主义等人文思想在俄国的传播，都未能改变俄国有别于西欧世界的基本事实。从民族文化的宗教根源上来看，俄国接受的是东正教，西欧信奉的则是基督教的另一个分支天主教，以及后来的新教。此外，特殊的地理位置和历史道路也使俄国的民族文化中渗透着许多东方的因素，与源自古希腊和罗马的西欧文明差别巨大。因此，社会经济、宗教、文化等各方面的差异使西欧国家从骨子里就不把俄国看作是一个纯粹的欧洲国家，而俄国人也以其独特的文化传统认定自己有别于英、法、德等诸国。

于是，当19世纪"欧洲中心主义"这种思想大行其道之时，地处东欧平原上的俄国知识分子感受尤为强烈。自30—40年代起，俄国内部就因为对西欧文明的态度不同而出现了两个相互对立的派别——西方派和斯拉夫派。前者赞成以西欧为中心的观念，认为西欧文明的确比俄罗斯文明先进，俄国应该追寻西欧的脚步；后者则坚决反对这种看法，指出俄罗斯文明具有自身的特色，不应该一味地推崇西欧的优点而忽视了自己的长处。所以说，俄国知识分子对于"欧洲中心主义"的排斥最初体现在斯拉夫派和支持斯拉夫主义观点上。19世纪60年代的丹尼列夫斯基也是赞成斯拉夫主义思想的，因此，他自然也反对"欧洲中心主义"，但是，他的出发点和角度却与众不同。在《俄国与欧洲》一书中，丹尼列夫斯基运用自己的"文化历史类型"理论，从文明的视角出发，对"欧洲中心主义"这种错误的世界观进行了坚决而彻底的批判。

首先，丹尼列夫斯基指出，"欧洲中心主义"之所以能够风靡欧洲及其以外的许多地区，主要是由以下三种原因造成的。

第一，人们对"西方"和"东方"这两个地域概念存在着偏见。丹尼列夫斯基指出，当时存在着一种被许多人肯定的观点，甚至是一些非常有学问的人也认为是无可置疑的公理，即"西方和欧洲就是进步，它代表的是不断的发展和前进；而东方和亚洲就是停滞和落后，令同时代的人们所厌恶"①。有很多人都觉得，如果没有欧洲，世界文明就不会获得进步。这种观点令丹尼列夫斯基感到愤怒，他认为"这完全是一派胡言"②，只不过是一种"人为的划分方法"（искусственное деление），并不是根据那些可以确定文化类型不同特征的标志来进行划分的。在古代历史的舞台上，正是东方世界（东亚、西亚、南亚国家和埃及）相对比较繁荣，更早地达到了文明的阶段，而西方世界却整个笼罩在野蛮之中，不具备与东方文明对立的条件。所以，丹尼列夫斯基认为，"文明和进步并不是西方或欧洲的专有特权，停滞和落后也不是东方或亚洲特有的烙印……属于东方和亚洲并不应该是受歧视的"③。

第二，人们对"民族的（национальное）"和"全人类的（общечеловеческое）"这两个概念之间的关系理解不正确。丹尼列夫

---

① Данилевский Н. Я. Россия и Европа. Взгляд на культурные и политические отношения славянского мира к германо-романскому. М.: Известия, 2003. С. 93.

② Данилевский Н. Я. Россия и Европа. Взгляд на культурные и политические отношения славянского мира к германо-романскому. М.: Известия, 2003. С. 93.

③ Данилевский Н. Я. Россия и Европа. Взгляд на культурные и политические отношения славянского мира к германо-романскому. М.: Известия, 2003. С. 97.

斯基指出，根据当时的历史科学观点，凡是带有民族特色的东西都是偶然性的、有局限性的，作为历史进程中"多余"的元素应当予以克服。于是，文明的发展方向被视为"逐渐摆脱那些有偶然性和局限性的民族因素，达到全人类的普世境界"①；与此同时，历史进程也被简单化，被理解为一种单向上升的过程。欧洲中心论者对不同民族的评价完全抹杀了其民族特性，只看这些民族在多大程度上接近所谓的"全人类"境界，将民族性置于理想化的全人类性之下。而在丹尼列夫斯基的理论中，"民族的"概念则高于"全人类的"概念，他并不否认一些普遍的道德和价值理念的存在，但他不认为这些是历史发展的根本因素。

第三，丹尼列夫斯基认为，导致在19世纪社会思想中存在"欧洲中心主义"思潮的最重要因素是，人们对历史发展进程的根本原因理解不正确，于是对文化历史类型"进步"的概念就不清晰，因而否认在欧洲文明之外存在着其他的独立文明。丹尼列夫斯基批判了人们认为历史是由于某一个民族的发展而不断进步的错误观点，他指出，过去人类历史上产生的所有伟大发现和辉煌成就都不是一个民族或一种文化历史类型带来的，而是建立在不同道德和精神基础上的多个民族或多种文化历史类型共同努力的结果。而且，丹尼列夫斯基认为历史文化进程并不是一种直线上升的发展，历史的生命取决于不同民族文化历史行为的不断交替和变换。他强调的是"历史的进步并不在于总是朝着一个方向前

---

① Данилевский Н. Я. Россия и Европа. Взгляд на культурные и политические отношения славянского мира к германо-романскому. М.: Известия, 2003. С.138.

进，而是在于朝着所有的方向走遍构成人类历史活动舞台的所有原野"①。

随后，丹尼列夫斯基运用自己的"文化历史类型"理论对当时备受推崇的"欧洲中心主义"思想进行了有力的批判。

丹尼列夫斯基认为，各种文化历史类型之间只能在发展程度是否完善的方面加以比较，却不能在发展形式和发展规律上相提并论。因为世界万物存在的多样化法则决定了，无论哪一种文化历史类型都是人类精神的独特表现形式之一。各种文化历史类型都是平等的，它们之间只有特色不同之分，而没有地位高低之差。即使是某一种文化历史类型已经发展到了前所未有的完善程度，也不应赋予它绝对的、普遍的性质。这样做会使其他文化历史类型受到忽视，甚至会导致一些民族失去自己独特的价值观和精神取向。更为重要的是，"一种文化历史类型对全世界的统治，对于历史的进步是非常有害和非常危险的"②；"应该反对一种文明或一种文化来统治世界，否则，人类社会就会丧失走向成功和完善的最重要的一个条件——多样化"③。丹尼列夫斯基在这里所表现出来的

---

① Данилевский Н. Я. Россия и Европа. Взгляд на культурные и политические отношения славянского мира к германо-романскому. М.: Известия, 2003. C. 134.

② Данилевский Н. Я. Россия и Европа. Взгляд на культурные и политические отношения славянского мира к германо-романскому. М.: Известия, 2003. C. 459.

③ анилевский Н. Я. Россия и Европа. Взгляд на культурные и политические отношения славянского мира к германо-романскому. М.: Известия, 2003. C. 460.

"相对主义"思想是20世纪开始风行的文化相对主义和文化相对论①观点的雏形。

丹尼列夫斯基指出,属于日尔曼—罗曼文化历史类型的欧洲文明,只不过是世界历史上存在的多种文化历史类型中的一种,不管这种文明如何夸耀自己的优势,它仍和历史上的其他文明一样,无法避免衰亡的命运。丹尼列夫斯基将自然界中的植物生长规律作为自己的论据,来说明欧洲文明并不是什么特殊的例外。他解释道:"植物的胚胎在外壳中形成,产生出特定的形状和颜色。然后冲出外壳,茁壮成长。开花期为迎来植物生命中的新事物打下最后一个基础,所以可以把它认为是植物生长创新能力的最高峰,在此之后有机体将全面成熟……所有文明类型的渐进发展也具有这种普遍性质,遵循着自己的循环模式。如果欧洲文明是这种普遍性质的特例的话,则应当具有导致特殊的原因,而我们却无法看到这些原因。"②考察希腊、罗马、拜占庭和中国的历史发展,丹尼列夫斯基确信欧洲文明也不会例外,况且,上述这些文明对人类历史宝库所做的贡献绝对不逊于欧洲(日尔曼—罗曼)文化历史类型所取得的成绩。在这里,丹尼列夫斯基的论述体现出历史辩证法的思想。

因此,认为世界上只有一种文明的观点是不正确的,与欧洲文明同时存在、并独立于欧洲文明之外的还有许多其他的文明;认为只有欧洲

---

① 文化人类学的基本观点和方法,在20世纪50年代成为一种比较流行的思潮,代表作是美国人类学家赫斯科维茨的《文化人类学》(1964)。主要观点是每一种文化都有其独创性和充分的价值,每种文化都有自己的价值准则,一切文化的价值都是相对的,对各群体所起的作用都是相等的,因此文化谈不上进步或落后。

② Данилевский Н. Я. Россия и Европа. Взгляд на культурные и политические отношения славянского мира к германо-романскому. М.: Известия, 2003. С. 197.

文明最发达的观点也是不正确的,世界上还有许多文明可以与欧洲文明媲美,因为"在世界的所有区域都存在着非常善于发展、不太善于发展和完全没有发展能力的国家"①。丹尼列夫斯基以当时被普遍认为是停滞和落后的中国文明为例,有力地批驳了"欧洲中心主义"。他强调,"中国文明在很多方面都不逊于欧洲,尤其是如果不拿目前的状况做比较,而是将本世纪第一个25年中的双方情况进行比较的话"。当欧洲尚处在早期发展阶段时,"中国人就已经学会了使用火药、印刷术、指南针和纸,而且欧洲人正是从中国人那里掌握了这些技术。中国拥有独特的哲学和伟大的文学、农业、天文学。当古代希腊人对彗星还深感恐惧时,中国的天文学家们就已对天象进行过有根有据的研究了。科学和知识在世界上任何国家都没有像在中国那样受到高度的尊重并产生了深远的影响"②;因此,丹尼列夫斯基加重语气反问道:"这不是进步是什么呢?"③ 如果说欧洲文明指明了所有民族和全人类的发展道路的话,那么西罗马帝国衰落以前的中国应该如何看待呢?由此可见,"文明和进步并不是西方或欧洲的专有特权,停滞和落后也不是东方或亚洲特有的烙印。关键是要看一个民族的年龄特征,而不是看它生活在何处、它的国

---

① Данилевский Н. Я. Россия и Европа. Взгляд на культурные и политические отношения славянского мира к германо-романскому. М.: Известия, 2003. C. 94.

② Данилевский Н. Я. Россия и Европа. Взгляд на культурные и политические отношения славянского мира к германо-романскому. М.: Известия, 2003. C. 95.

③ Данилевский Н. Я. Россия и Европа. Взгляд на культурные и политические отношения славянского мира к германо-романскому. М.: Известия, 2003. C. 96.

家体制如何、它属于哪个种族等"①。

此外，丹尼列夫斯基还强调，"无论是哪一种文明都不能自夸在某一段历史时间里代表了文明发展的最高点，一种文明虽有可能在特定方向或特定领域达到最高峰，但未必能在文明发展的各个领域均达到最高的发展水平。"② 为了论证这一观点，丹尼列夫斯基将历史进程中的人类活动分成四种不同类型：宗教活动、狭义的文化活动（科学、艺术、技术）、政治活动和社会经济活动；根据这些活动类型能够确定不同文明的发展特点。丹尼列夫斯基认为，历史上还没有哪一种文明可以在这四个方面都达到高度发展，大多数都只是在一个或两个方面比较成功罢了。比如：犹太文明在宗教领域较为突出；希腊文明的文化犹为发达；罗马文明是政治和法律方面较为突出的文明；而欧洲（日尔曼—罗曼）文明相比而言是比较全面的，但它也只是在政治和科学文化方面比较有特色，虽然在社会经济领域也很有发展，但在精神、宗教方面的发展是片面的，他举出了许多基督教真理被扭曲（东正教的分离）和宗教信仰被强制（焚烧异教徒、十字军东征等）的例子作为论据。但丹尼列夫斯基预计，斯拉夫文明将可能在宗教、文化、政治、社会经济四个方面均达到发达的程度，成为最完善的一种文化历史类型。他对斯拉夫文化历史类型做出的评价是，"它第一次集合了文化这个词在广义上的所有活动，集合了在它之前的文明类型于历史舞台上所表现出来的个别或多种特征。我们可以期望，斯拉夫文化类型将成为第一个全面的、具有四重

---

① Данилевский Н. Я. Россия и Европа. Взгляд на культурные и политические отношения славянского мира к германо-романскому. М.：Известия，2003. C.97.

② Данилевский Н. Я. Россия и Европа. Взгляд на культурные и политические отношения славянского мира к германо-романскому. М.：Известия，2003. C.134.

基础的文化历史类型"①。应该承认,丹尼列夫斯基对于斯拉夫文明的定位未免有些夸大了,这在一定程度上也造成了其论述的前后矛盾。后来,索洛维约夫等人曾对丹尼列夫斯基的这一论述进行过严肃的批评,这也成为丹尼列夫斯基文化历史类型理论的缺陷之一,但是这并不影响我们肯定其理论基础的正确性。

不仅如此,丹尼列夫斯基还进一步指出,不能将特定的欧洲或日尔曼—罗曼文明的概念同普遍的或全人类的概念混为一谈。他认为,没有且不可能有全人类的文明,有的只是文明的各种不同的文化历史类型。历史并不是某一种普遍智慧、普遍文明的进步,而是各种异质文化历史类型的共同发展。丹尼列夫斯基明确地指出,当时依存于欧洲中心论的世界观,以及根据欧洲文明普遍性而得出的传统的世界历史三分法(即将世界历史划分为古代、中世纪、近代的断代方法),都是没有根据的。在他看来,人类历史生活的形式,跟艺术、语言、动物和植物世界一样,是"随着年龄的增长"而发展的,每一种文明都有自己的不同历史发展时期。因此,仅仅依据欧洲文明就把整个世界历史划分成这三种历史时期的做法站不住脚。"无论是罗马还是希腊,印度还是埃及,所有的历史民族都具有自己的过去史、中期史和新历史。也就是说,像有机体一样具有自己的发展阶段。所以没有任何必要非得把它们划分成这不多不少的三个时期。"② 历史的发展阶段应该在各种文化历史类型中加以认识,而不是在以黑格尔历史哲学为代表的普遍世界史和人类历史中加

---

① Данилевский Н. Я. Россия и Европа. Взгляд на культурные и политические отношения славянского мира к германо-романскому. М.: Известия, 2003. С. 545.

② Данилевский Н. Я. Россия и Европа. Взгляд на культурные и политические отношения славянского мира к германо-романскому. М.: Известия, 2003. С. 105.

以认识。因为各种各样的历史事件和历史现象,是在不同的文化历史类型中表现出来的。只有属于同一文化历史类型的历史事件和历史现象,才可能具有互为关联的意义;同样道理,具有互相关联意义的历史事件和历史现象,只有在同一个文化历史类型中,才能被配置在不同的历史发展阶段。后来,斯宾格勒也对这种机械的三分法提出了谴责,称其为"贫乏的和毫无意义的"①。

应该注意的是,丹尼列夫斯基所否定的只是以三个发展阶段将人类史和世界史看成是直线发展的统一体的见解,他并不否认各种文化历史类型实现自身价值的舞台,即人类史和世界史的存在。相反,他认为,构成世界史内容的正是各种文化历史类型的共同发展。按照他的观点,人类正是由许多文化历史类型通过发展和发挥自己独特的价值和原理而为整个人类的历史做出贡献的。任何单一的文化历史类型均无法发展成人类普遍的原理,更不能取代作为各种文化历史类型之总和的人类普遍原理。②

丹尼列夫斯基对"欧洲中心主义"的批判是正确的,也是有理有据的。即使是在21世纪的今天,这一立场的确立都十分有必要,也极其迫切;而在19世纪以欧洲为中心的时代里,这种独特且大胆的视角无疑是思想界的一股春风,为人们摆脱错误观念的困扰提供了理论支持。更为重要的是,丹尼列夫斯基在抨击"欧洲中心主义"这一片面世界观的同时,又进一步强调了文化多元性的思想,从而开辟了对各种文化历

---

① 转引自 Киселев С. Г., Маслин М. А. Н. Я. Данилевский о будущем российской цивилизации // Данилевский Н. Я. Россия и Европа. М., 2003. С. 10.

② 参见冯玮:《〈俄国和欧洲〉及"文化·历史类型"——比较文明论的先驱尼古拉·达尼莱夫斯基述评》,载《史学理论研究》,1999年第4期,第128页。

史类型进行比较的道路，为比较文明论的形成和文明的比较研究奠定了重要的基础。

（二）对"俄国与欧洲"问题的看法

"俄国与欧洲"的问题是俄罗斯思想界最令人关注、最令人头疼的问题，在俄罗斯思想的形成和发展过程中，这个问题始终困扰着俄国的知识分子们。整个19世纪，他们一直都在寻找这一问题的答案，讨论着应该如何对待欧洲，如何选择俄国的发展道路和方向，思考着祖国俄罗斯的命运。随着1861年亚历山大二世改革的进行，俄国国内资本主义的发展进程变得越来越快，关于俄罗斯命运的讨论也迅速地激化。俄国知识界的一部分精英逐渐认识到，资本主义虽然给西欧带来了先进的技术和发达的文明，但同时也带来了不断循环的危机和日益增长的金钱崇拜、个人主义、精神空虚；盲目地崇拜西欧文明是错误的，也是危险的。于是，关于"俄国与欧洲"问题的讨论再次被掀起了一个高潮。作为爱国知识分子的一员，丹尼列夫斯基以《俄国与欧洲》为名，创作了自己唯一的一部历史哲学著作，其中对于这一问题的思索和探讨自然是不言而喻的。

在丹尼列夫斯基看来，"俄国与欧洲"的问题不仅仅是一个地理问题，更是一个历史文化学的问题。所以，在确立了"文化历史类型"的理论体系之后，丹尼列夫斯基在众多的区域文明里面，选择了他最关心的两种作为进一步研究的对象，那就是代表欧洲的日尔曼—罗曼文明和代表俄国的斯拉夫文明。正像该书的副标题中写的那样，他对"斯拉夫世界和日尔曼—罗曼世界的文化和政治关系"展开了考察。

丹尼列夫斯基指出，要想搞清楚这两者之间的关系，首先要明确"欧洲"的概念和范围。他认为，何谓"欧洲"不能简单地从地理位置上来判断，而是要明白它的历史文化意义。这种历史文化意义的实质就在于，欧洲世界的中心是日尔曼—罗曼文明，"欧洲是日尔曼—罗曼文明生活的舞台，或者用隐喻的表达法来说，欧洲就是日尔曼—罗曼文明。这两个词是同义词"①；而作为斯拉夫文明载体的俄国，从根上来说，"没有从日尔曼民族的精神深处中吸取过任何养分，也没有像欧洲那样从古代世界的土壤中吸取过有益或有害的汁液，没有成为奠定欧洲文明根基的查理大帝②帝国统治的一部分，也没有参与过推翻整个封建体制的战争，没有反抗过基督教的虚假形式，也没有参与过新科学的发现……"③一句话，俄国与欧洲有着不同的文化根基，所以，俄国并不属于欧洲。当然，丹尼列夫斯基并不是认为俄国与欧洲一点关系都没有，他的观点是："俄国从出身上来说不属于欧洲，但是后来却加入了它，就像一个被接收的义子。"④

俄国不同于欧洲的观点并非是丹尼列夫斯基的首创，除了斯拉夫派的几位代表人物之外，著名诗人普希金早在1830年的时候就曾经指出过："俄国与剩下的欧洲部分从未有过共同之处；与基督教西方的历史

---

① Данилевский Н. Я. Россия и Европа. Взгляд на культурные и политические отношения славянского мира к германо-романскому. М.: Известия, 2003. С. 79.

② Карл Великий (742—814)，法兰克王国（768起）加洛林王朝皇帝（800起）。773—774年征服意大利的伦巴第王国，772—804年征服萨克逊人，建立一个幅员广大的帝国。查理大帝实行庇护教会、进行司法和军事改革等政策，促进了西欧封建关系的形成。

③ Данилевский Н. Я. Россия и Европа. Взгляд на культурные и политические отношения славянского мира к германо-романскому. М.: Известия, 2003. С. 80-81.

④ Данилевский Н. Я. Россия и Европа. Взгляд на культурные и политические отношения славянского мира к германо-романскому. М.: Известия, 2003. С. 81.

相比，它的历史需要另一种思想和另一种形式"①。因此，丹尼列夫斯基在指出俄国与欧洲之间有着很深的文化和文明差别的同时，更加强调的是应该如何看待和应对二者之间的这种不同。他提出"文化历史类型"思想正是基于对这一问题的思考，希望通过一种新的视角来看待这个问题，为祖国的前进和民族的觉醒找到方向。

丹尼列夫斯基对于"俄国与欧洲"关系的最大贡献在于，他不仅从文化历史类型的角度对其进行了分析，而且还指出了俄国思想界在这一问题上存在的一大误区。根据丹尼列夫斯基的"文化历史类型"理论，斯拉夫文明和欧洲文明，作为世界历史文化中存在的两种类型，彼此之间处在平等的地位上，它们都有自己的历史、组成元素和民族特色，可以走自己的道路，也可以选择自己的命运，不一定要接受其他类型的发展方式和发展途径。然而，作为斯拉夫文明代表的俄国自身并没有认识到这一点，而是从彼得一世时期开始，就染上了一种被他称之为"仿欧病"（европейничанье）的陋习。这种陋习使俄国人头脑不清，一个多世纪来始终跟随在欧洲身后，处处效仿，忽略了自己的民族特色和文化传统。随后，他详细地论述并分析了这种陋习的三种表现形式，即俄国人所患的"仿欧病"的三个症状，并指出了这种疾病可能产生的严重后果。

第一种症状是"扭曲人民的风俗习惯，代之以其他民族的异己的风俗习惯"②。丹尼列夫斯基解释道，所谓的风俗习惯包括服饰、建房、家庭用具、生活方式等等，这些看似不太重要和差别不大的外部特点，实际上与民族的内部特征紧密相联。在他看来，"这种从外部开始的扭曲

---

① 转引自 Пивоваров Ю. С. Два века русской мысли. М., 2006. С.275。
② Данилевский Н. Я. Россия и Европа. Взгляд на культурные и политические отношения славянского мира к германо-романскому. М.: Известия, 2003. С.298.

和取代不可能不渗透到社会高级阶层的概念和生活内部——也不可能不越来越深"①。所以,"模仿"别人的严重后果就是,会导致本民族在政治、文化、经济等各方面的独特性逐渐丧失。

第二种症状是"借用各种外国的机构和社会制度,并把它们移植到俄国的土壤中来,以为一个方面的提高必然可以使整体达到完善"②。当然,丹尼列夫斯基在阐述不同区域文明之间的交流时,并没有否认构成文化历史类型的非根本要素之间是可以"借用"和"移植"的,但却不能盲目地、不切实际地移植。他指出,俄国历史上曾经多次借用过德国的官僚体制、城市布局等等,他对此表示反对;同时他也强调,只有那些民族内部所需要的国家和社会生活的变化是容易被大家接受和获得成功的。比如,1861年的农奴制改革就不是"按照西方或波罗的海东岸地区的模式,而是根据自身的计划进行的,旨在给人民带来更多的幸福"③。

第三种症状,也是丹尼列夫斯基认为最有害的一种形式表现在,"总是从欧洲的角度、戴着欧洲的眼镜来看待俄国的内外关系和生活中

---

① Данилевский Н. Я. Россия и Европа. Взгляд на культурные и политические отношения славянского мира к германо-романскому. М.: Известия, 2003. C. 298.

② Данилевский Н. Я. Россия и Европа. Взгляд на культурные и политические отношения славянского мира к германо-романскому. М.: Известия, 2003. C. 308.

③ Данилевский Н. Я. Россия и Европа. Взгляд на культурные и политические отношения славянского мира к германо-романскому. М.: Известия, 2003. C. 309.

的各种现象"①，也就是说，总是从偏向欧洲的角度分析问题。丹尼列夫斯基强调，这一症状对于俄国来说最致命、最危险的地方在于，俄国的媒体和舆论在欧洲面前呈现出一种毫无尊严的"巴结"和"谄媚"，"像鹦鹉学舌一样，总是重复别人的语言和思想"②，如此下去，俄国的舆论将失去自己的立场。用丹尼列夫斯基的话说，"这种对待外国舆论的态度，即使对整个俄国不是绝对有害的，也不可能不使我们丧失思想的自由和行为的主动性。……我们把欧洲奉为自身行为的最高决策者。那种在欧洲评论面前的胆怯违背人民的意愿，成为自身行为的道德驱动力，就这样在欧洲的赞扬声中得到一种有辱尊严的虚荣的满足"③。

然而，遗憾的是，尽管俄国在这种"仿欧病"的影响下努力地靠近欧洲，但欧洲却并不把俄国当作自己的兄弟，而是看作敌人，处处表现出不友好的态度。在丹尼列夫斯基看来，表现为这三种症状的"仿欧病"会给俄罗斯民族带来极为严重的后果："这种病在总体上会阻碍俄国人民伟大命运的实现，而且，在民族精神的独特根源麻木和僵化之后，可能会使俄罗斯民族的历史生活丧失内在的创造力（虽然看上去国力强盛），从而最终导致这个民族本身的存在变得毫无意义和多余；因为失去内容的一切都将只是历史的垃圾，在历史做出审判的那一天被投

---

① Данилевский Н. Я. Россия и Европа. Взгляд на культурные и политические отношения славянского мира к германо-романскому. М.: Известия, 2003. C. 318.

② Данилевский Н. Я. Россия и Европа. Взгляд на культурные и политические отношения славянского мира к германо-романскому. М.: Известия, 2003. C. 323.

③ Данилевский Н. Я. Россия и Европа. Взгляд на культурные и политические отношения славянского мира к германо-романскому. М.: Известия, 2003. C. 324-325.

入火中。"① 可见，丹尼列夫斯基完全反对追随欧洲步伐的做法，主张回到俄国的自身特色上来，这种观点令人无法不想起此前斯拉夫派和西方派的争论。从这一角度来说，丹尼列夫斯基无疑是站在斯拉夫派的立场上的。

因此，丹尼列夫斯基认为不能让这种现象继续下去，要尽快解决这个"制约着俄国乃至整个斯拉夫民族未来和命运的问题"②。用他的话说，"此病是否呈现出良性发展的趋势，是否对机体有益，是否在不留任何后遗症的情况下痊愈，将是问题的关键"。他为此病开出的药方是，"精神的削弱只能通过提升和唤醒精神来治愈，这需要让俄国社会的所有阶层都振作起来，使他们变得积极，从而弥补那些由于模仿别人和盲目地崇敬别人而失去的东西。"③ 其实，丹尼列夫斯基在这里所指的，就是必须要增强俄罗斯民族的自觉意识。难怪历史学家别斯图热夫-留明认为，丹尼列夫斯基的这本书对于俄罗斯民族自我意识的提升具有重要的推动作用；并指出《俄国与欧洲》一书在未来是否受欢迎将取决于俄国民族自觉性的提高："我们民族的自觉性提升得越快，丹尼列夫斯基

---

① Данилевский Н. Я. Россия и Европа. Взгляд на культурные и политические отношения славянского мира к германо-романскому. М.: Известия, 2003. C. 330.

② Данилевский Н. Я. Россия и Европа. Взгляд на культурные и политические отношения славянского мира к германо-романскому. М.: Известия, 2003. C. 297.

③ Данилевский Н. Я. Россия и Европа. Взгляд на культурные и политические отношения славянского мира к германо-романскому. М.: Известия, 2003. C. 330.

的影响就越深、越广。"① 后来的历史事实也证明，在民族自我意识方面的贡献的确成为丹尼列夫斯基思想升温的一个重要原因。

不可否认的是，早在丹尼列夫斯基的著作问世之前（1861年），伊·阿克萨科夫就曾在《日报》（《День》）② 上写道，俄国的知识分子阶层"总是在寻找欧洲舆论的支持，或以放弃自己的原则，或以屈辱求和的沉默，来乞求他们的赏识"③。但是，随着丹尼列夫斯基对这一现象进行深入剖析之后，"仿欧病"首次作为一个概念出现了，而且，这种病症的表现形式、危险和后果也第一次被鲜明地呈现出来。此后，伊·阿克萨科夫在公开发表的政论文章上对这一观点的支持也更加强烈，尤其是在《罗斯报》（《Русь》）④ 上。所以，在俄国社会存在"仿欧病"及其对俄国产生有害后果的问题上，伊·阿克萨科夫完全同意丹尼列夫斯基的观点。根据当代俄罗斯学者巴鲁耶夫的研究，丹尼列夫斯基对于"仿欧病"的批判不仅得到了斯拉夫主义者的赞同，而且也引起了俄国知识界的思考和重视。虽然当时的大多数报纸和期刊都在一定程度上支持亲西方的立场，但《俄国与欧洲》问世以后，关于"仿欧病"问题的讨论却成为报刊文章上最常见的话题之一。⑤

① Бестужев-Рюмин К. Н. Николай Яковлевич Данилевский // Известия Санкт-Петербургского Славянского благотворительного общества. №10. 1885. С. 458.
② 俄国文学和政治周报。1861—1865 年在莫斯科出版。斯拉夫主义者的机关报，出版者和编辑为 И. С. Аксаков。
③ 转引自 Балуев Б. П. Споры о судьбах России: Н. Я. Данилевский и его книга 《Россия и Европа》. Тверь, 2001. С. 145.
④ 保守的斯拉夫派文学与政治性报纸。1880—1886 年在莫斯科出版，与自由主义立宪派进行论战。编辑兼发行人为 И. С. Аксаков。
⑤ 参见 Балуев Б. П. Споры о судьбах России: Н. Я. Данилевский и его книга 《Россия и Европа》. Тверь, 2001. С. 145.

丹尼列夫斯基对于俄国社会中存在"仿欧病"现象的批评是非常有道理的。虽然他在论证自己观点的过程中不免包含了一些夸大的成分，但是这种现象的存在的确不利于民族和国家的发展，不利于民族文化的繁荣，也不利于"俄罗斯思想"的独特发展。在21世纪的今天，我们不断地呼吁弘扬民族文化，发展民族经济，无疑也反对那种对国外经验的盲目"借用"和"移植"，反对不假思索的"拿来主义"，而丹尼列夫斯基在一百多年前就已经提出了这种原则，这不禁令人感叹。尽管他当时是站在俄国的立场上，是为了俄罗斯民族的利益而考虑的，但是对于别的民族和文化历史类型来说，这也是一种意义深远和有价值的启发。

三 《俄国与欧洲》一书中的地缘政治观点

在《俄国与欧洲》一书中，丹尼列夫斯基在构建自己的文化理论体系、阐述独特文化观的同时，也提出了不少地缘政治观点。这主要表现在他针对当时的欧洲政局、俄国与其他欧洲国家之间的关系等问题所做出的许多个人解读和判断，也表现在他提出的一些主观建议上，比如：俄国应该制定什么样的对外方针、应该如何处理与西欧各国的外交关系，等等。虽然这些观点并非研究的主要内容，但是为了全面认识丹尼列夫斯基及其文化思想，值得我们做些探讨。

（一）丹尼列夫斯基的政治主张

丹尼列夫斯基在《俄国与欧洲》一书中表现出来的地缘政治观点，主要体现在以下几个方面：

第一，为沙皇政府的战争和领土扩张进行辩解。

首先，在对待俄国历次战争的问题上，丹尼列夫斯基始终坚持沙皇政府的立场，认为这些战争都是正义的。例如，他认为，由于东方问题而引起的俄国对土耳其的战争是为了"保护土耳其帝国的东正教会的最高权益不受侵犯"①，俄国具有这种权利，也应该尽这种义务，因此克里木战争并非侵略性的战争，而是一种"庇护的需要"②。他指责英法两国对俄宣战，妨碍俄国对土耳其境内的斯拉夫民族进行"宗教庇护"，并最终令俄国损失惨重。

其次，在波兰问题上，丹尼列夫斯基表现出大国沙文主义立场，宣称俄国瓜分波兰是合情合理的。因为他认为"波兰境内的一些领土本来就属于俄国，物归原主是正常的"③；"对波兰的瓜分是一件完全合法和公平的事情，是为自己的子孙履行神圣的义务，不应该因为一时的激动而导致心慈手软和虚假的宽宏大量"④。他还强调，瓜分波兰并非俄国一家所为，西欧国家奥地利和普鲁士也有参与，但是最后欧洲却把全部责任都推卸给俄国，这是"不公平"⑤的。事实上，在对待俄国与波兰的

---

① Данилевский Н. Я. Россия и Европа. Взгляд на культурные и политические отношения славянского мира к германо-романскому. М.: Известия, 2003. С. 35.

② Данилевский Н. Я. Россия и Европа. Взгляд на культурные и политические отношения славянского мира к германо-романскому. М.: Известия, 2003. С. 35.

③ Данилевский Н. Я. Россия и Европа. Взгляд на культурные и политические отношения славянского мира к германо-романскому. М.: Известия, 2003. С. 50.

④ Данилевский Н. Я. Россия и Европа. Взгляд на культурные и политические отношения славянского мира к германо-романскому. М.: Известия, 2003. С. 55.

⑤ Данилевский Н. Я. Россия и Европа. Взгляд на культурные и политические отношения славянского мира к германо-романскому. М.: Известия, 2003. С. 53.

问题上，就连著名诗人普希金也曾为沙皇政府歌功颂德。他曾在《致诽谤俄罗斯的人》《波罗金诺》等诗中宣扬"斯拉夫的溪流应该泻入俄国的大海"；"我们的旗帜……在纪念华沙城的垛口上飘扬，而波兰有如那溃败的大军，血腥的旗帜委弃于尘土"。此外，很多斯拉夫派的代表人在对待波兰的问题上，也表现出沙文主义的倾向，要求在波兰推行俄罗斯化。比如：萨马林认为，波兰有发展自己民族文化的权利，但不应有独立的政治主权，不能建立国家，可以在俄罗斯人领导的国家中生活。①应该说，他们的这些观点对丹尼列夫斯基是有一定影响的。

在丹尼列夫斯基看来，这些历史现象背后所隐藏的正是欧洲对俄国根深蒂固的敌对情绪。他指出，所有这些"告诉我们……欧洲并不把我们当作自己人，它把俄国和斯拉夫民族看作异己（чуждое）"②；"一种无意识的感觉和历史的本能令欧洲不喜欢俄国"③；"无论在哪一个领域，欧洲对俄国都持有一种不友好的态度……一种不信任、幸灾乐祸、蔑视或仇恨"④。所以，丹尼列夫斯基得出的结论是，"这种政治上不平等和社会舆论上不友善的最好解释是，欧洲认为俄国和斯拉夫与自己格

---

① 参见姚勤华：《19世纪俄国斯拉夫主义思想和运动研究》，载《东欧中亚研究》，2002年第6期，第72页。
② Данилевский Н. Я. Россия и Европа. Взгляд на культурные и политические отношения славянского мира к германо-романскому. М.: Известия, 2003. С.71.
③ Данилевский Н. Я. Россия и Европа. Взгляд на культурные и политические отношения славянского мира к германо-романскому. М.: Известия, 2003. С.73.
④ Данилевский Н. Я. Россия и Европа. Взгляд на культурные и политические отношения славянского мира к германо-романскому. М.: Известия, 2003. С.74.

第三章 丹尼列夫斯基文化思想的内涵

格不入,不仅是异己的,而且还是敌对的。"① 这就是丹尼列夫斯基眼中欧洲对待俄国的态度。

事实上,关于欧洲敌视俄国的看法并非丹尼列夫斯基一人所有,俄国历史上许多社会思想界的杰出代表都曾表达过这种看法。比如:赫尔岑、丘切夫、陀斯妥耶夫斯基和伊·阿克萨科夫。不能说这种观点是完全错误的,因为 19 世纪的俄国在很多国际事务上的确受到了"不公平"的待遇,但是这些"不公平"的真正原因是,西欧各国与俄国之间存在根本利益的冲突。自从彼得一世实行改革之后,俄国开始了快速发展的步伐,到 19 世纪时已经成为欧洲列强中的一员。与此同时,俄国的军事势力迅速加强,领土不断扩大,对西欧各国的利益和安宁构成了威胁。西欧列强把俄国视为一个强劲的竞争对手,始终放心不下,加上文化传统和宗教信仰上的差异,这些国家对俄国的防备之心与日俱增。因此,一有机会,西欧国家就要对俄国进行排挤和打击。整个 19 世纪欧洲的风云变幻和列强的利益之争,与欧洲和俄国的关系问题是分不开的。从国际关系的角度来说,这是不可避免的,一个国家的强大势必会引起竞争对手的担心甚至是敌视。在这一点上,丹尼列夫斯基的理解完全正确。用他的话说:"欧洲的敌意非常明显,它并不是来自于欧洲政治的一些偶然巧合,也不是来自于哪一个政治家的野心,而是来自于那些最基本的利益。"② 当代国际关系学告诉我们,决定国与国之间是敌对还是友好的根本因素就是国家利益,也就是丹尼列夫斯基所说的"那些

---

① Данилевский Н. Я. Россия и Европа. Взгляд на культурные и политические отношения славянского мира к германо-романскому. М.: Известия, 2003. С. 74.

② Данилевский Н. Я. Россия и Европа. Взгляд на культурные и политические отношения славянского мира к германо-романскому. М.: Известия, 2003. С. 434.

最基本的利益"。但是，丹尼列夫斯基的个人局限性却使他在这种抵制欧洲敌对情绪的过程中，将俄国的所有罪责都推卸掉了。他无限制地夸大外部因素，淡化沙皇政府主观上的动机，否认其侵略性。他甚至宣称，俄国的"大部分领土都是俄罗斯人民通过自由迁徙占领的，而不是国家的侵略所为"①。无疑，丹尼列夫斯基的申辩与历史事实是不符的，他所说的那种"战争庇护论"也是站不住脚的，是一种民族自利主义的表现，力图用维护宗教和文明的假象来掩盖沙皇政府侵略和扩张的实质。

丹尼列夫斯基之所以会支持国家的扩张行为，原因在于他还是从自己的文明观来看待这种野蛮的历史现象的。他认为，扩张是文明内在本质所固有的属性，一种文明征服、统治另一种文明的渴望来自其内在的扩张力和天生的虚荣心，任何一种肯定自己的文明都会有这些特征，也必然会渴望对周围的一切打上自己的烙印。在丹尼列夫斯基看来，扩张的主要目的在于传播自己的文明，并强迫被征服的民族加以接受。这是一种自然愿望，是一种文明扩展自身影响力的需要。丹尼列夫斯基列举历史上的希腊、罗马、欧洲等文明扩张活动的例子，来证明自己的这种观点。比如，马其顿王亚历山大②不仅要用武力征服东方，还要在那里传播希腊文明；古罗马也同样是通过强制性手段传播自己的文明，等等。随后他以此类推，将俄国的对外扩张活动也纳入到这种传播文明的

---

① Данилевский Н. Я. Россия и Европа. Взгляд на культурные и политические отношения славянского мира к германо-романскому. М.: Известия, 2003. С. 44.

② Александр Македонский（公元前356—前323），336年起为马其顿国王。在格拉尼库斯（公元前334）、伊苏斯（公元前333）和高加迈拉（公元前331）战胜波斯人之后，征服阿契美尼德王朝，侵入中亚西亚（公元前329），并占领印度河前沿领土，建立了世界上最大的古代君主国。

"合理"范畴中来。毫无疑问,丹尼列夫斯基在领土扩张这个问题上的观点,完全是站在本国立场上的一种辩护,一心维护本国的"根本利益"。他只看到了俄罗斯民族的利益得失,却没有从遭受侵略的国家和民族的立场出发来考虑问题。这是一种主观、狭隘的政治思想,必须坚决批判。

第二,提倡建立泛斯拉夫主义的联盟。

由于丹尼列夫斯基坚定地认为,欧洲各国对俄国存在着敌对和仇视的情绪,而且,"从历史文化的普遍角度来看,俄国不可能成为欧洲的一个组成部分,它面临着两种可能:或者与其他的斯拉夫民族一起组成一种特殊的、独立的文化单位;或者失去所有的历史文化意义,变得什么都不是"①,因此,丹尼列夫斯基强调,俄国在对外政策上不能一味追随欧洲,不能患有盲目的"仿欧病",而应当以俄罗斯的民族利益为重,为了俄国乃至整个斯拉夫民族而奋斗。况且与此同时,斯拉夫世界也迫切需要俄国,二者之间就像"磁石"一样相互吸引,无法分离。持续了一个多世纪却依然悬而未决的"东方问题"②,虽然从表面上看只关系到俄国与几个欧洲国家之间的斗争,但实际上它"涉及整个斯拉夫世界,涉及所有居住在欧洲半岛上却不属于德意志和日耳曼—罗曼民族的人,也就是说,那些从历史文化层面来讲不属于欧洲的民族,那些没有积极参与欧洲历史生活进程,却被欧洲裹挟着、被动地为他人的目标和

---

① Данилевский Н. Я. Россия и Европа. Взгляд на культурные и политические отношения славянского мира к германо-романскому. М.: Известия, 2003. С. 430.
② 详见第二章第一节。

愿望服务的民族"①。所以，整个斯拉夫世界应该努力联合起来，与一直仇视自己的欧洲展开斗争。于是，丹尼列夫斯基便提出了在全世界实现泛斯拉夫主义联合的倡议。

丹尼列夫斯基所构想的是一个"从亚得里亚海到太平洋，从北冰洋到爱琴海的全斯拉夫联邦（всеславянская федерация）②"③。这是一种遵循"民族原则"（этнографический принцип）的政治性联合。在这个最终被定义为"全斯拉夫联盟（всеславянский союз）"的内部，大多数都是在精神和血缘上具有亲属关系的斯拉夫民族，此外也包括一些与斯拉夫民族的历史命运紧密相连的非斯拉夫民族，比如：希腊人、罗马尼亚人、马扎尔人④。丹尼列夫斯基相信这种联合是可能的，因为"只要各斯拉夫民族能够保持自己的民族特色，只要他们没有完全丧失作为斯拉夫人的意识——这种意识不会因为出现细小的民族竞争、敌对和相互戒心，或者因为受到压制，而失去顿悟和觉醒的可能性"⑤。在他看

---

① Данилевский Н. Я. Россия и Европа. Взгляд на культурные и политические отношения славянского мира к германо-романскому. М.：Известия, 2003. С. 361.

② 需要注意：丹尼列夫斯基在用词上存在变化，一开始在构想这一组织时他用了"федерация"一词，但后来在详细阐述其具体构成时一律用的是"союз"一词。这也说明，他所希望建立的事实上不是一个超级大国，而是多个国家组成的联盟。

③ Данилевский Н. Я. Россия и Европа. Взгляд на культурные и политические отношения славянского мира к германо-романскому. М.：Известия, 2003. С. 396.

④ 匈牙利人的自称。

⑤ Данилевский Н. Я. Россия и Европа. Взгляд на культурные и политические отношения славянского мира к германо-романскому. М.：Известия, 2003. С. 394.

来，决定一个政治联合体内部关系紧密程度的因素有以下两个：一是这个联合体内部各民族元素之间的血缘关系或亲属关系；二是其他国家的威胁对这个联合体所构成的危险程度。而"全斯拉夫联盟"非常符合这两个条件，所以他认为这个联盟将是牢不可破的，是一种非常明智的做法。丹尼列夫斯基还具体指出了该联盟所应包括的八个国家，并希望以"帝都"（Царьград）① 为政治中心，以俄语为统一的语言。他坚信，"这个联合体在俄国的领导下，应该是最亲近、最密切的"②。

丹尼列夫斯基之所以会产生这种想法，当然与泛斯拉夫主义思潮在俄国的兴起和高涨是分不开的。至于这种思潮在当时的俄国深受欢迎的原因，我们已经在第二章中详细交代了，此处就不再赘述了。除此以外，"全斯拉夫联盟"的形式之所以能够赢得丹尼列夫斯基的青睐，还因为它符合其"文化历史类型"理论的基本原则。他在阐释文化历史类型形成和发展的五大法则时，曾经在第四条法则中明确指出："文明的组成部分越多样、越独立，它本身就越多样、越丰富。而这些组成部分就是指构成文化历史类型的各种民族。"③ 所以，为了使斯拉夫文明能够更加完善，丹尼列夫斯基认为应当选择一种海纳百川的形式来促进斯拉夫世界的融合，即用"全斯拉夫联盟"的海洋去包容各个独具特色的斯拉夫民族。"只有依靠全斯拉夫民族联盟这种形式才能圆满解决斯拉夫世界的所有问题，如俄国、奥地利、土耳其、帝都和波兰等问题。因为

---

① 古代俄罗斯对拜占庭帝国国都君士坦丁堡的称呼。
② Данилевский Н. Я. Россия и Европа. Взгляд на культурные и политические отношения славянского мира к германо-романскому. М.: Известия, 2003. С. 396.
③ Данилевский Н. Я. Россия и Европа. Взгляд на культурные и политические отношения славянского мира к германо-романскому. М.: Известия, 2003. С. 125.

它能提供一个牢固的基础，使斯拉夫文化历史类型得到独特的发展，从而成为政治上独立且对外强大、内部多样的一种文明。"①

对于丹尼列夫斯基这种泛斯拉夫世界联合的构想，不能简单地予以否定，而应该一分为二地分析。一方面，它反映了当时欧洲列强之间既进行利益争夺、又寻求势力均衡的规律和需要。用丹尼列夫斯基的话说，当时"能够与已经统一的欧洲展开斗争的唯有统一的斯拉夫民族。整个斯拉夫民族的联合并不会威胁世界的和平，正好相反，它对于保持世界的均势是不可或缺的，这也是对欧洲主宰世界唯一可能的防御。这个联盟并不会威胁任何人，而只是一个防御性的措施，不仅仅是为了斯拉夫世界的利益，也是为了全世界的利益"②。客观地说，假如当时这种泛斯拉夫世界的联合能够成为现实，也许真的可以对其他欧洲大国起到制衡的作用，在一定程度上有利于一些弱小民族和国家的独立和发展。但另一方面，泛斯拉夫主义联盟的想法也反映了俄国称霸欧洲乃至整个世界的野心。丹尼列夫斯基呼吁建立"全斯拉夫联盟"的前提是以俄国为首和以俄国为中心，其思想的实质还是为了俄国的根本利益服务。他宣称，"作为一个从内在本质上与欧洲世界格格不入的国家，作为一个非常强大而有实力在欧洲占有一席之地的强国，俄国不得不在斯拉夫世界中占据自己应有的位置，成为这个独立的政治联合体的首领，并带领

---

① Данилевский Н. Я. Россия и Европа. Взгляд на культурные и политические отношения славянского мира к германо-романскому. М.: Известия, 2003. C. 429.

② Данилевский Н. Я. Россия и Европа. Взгляд на культурные и политические отношения славянского мира к германо-романскому. М.: Известия, 2003. C. 458.

这个整体与欧洲进行抗衡。"① 但是，丹尼列夫斯基并没有考虑到一个重要的环节，就是其他斯拉夫民族国家，还有个别非斯拉夫民族国家是否心甘情愿被联合在俄国的统治之下呢？事实并非如此。1867年在莫斯科召开的第二次泛斯拉夫大会上，捷克等斯拉夫国家拒绝派代表参加就是一个很好的证明，更不用说希腊这样的非斯拉夫国家了。可见，这种表面上的泛斯拉夫主义联合，骨子里宣扬的是俄国至上的大俄罗斯主义。

第三，宣传战争的不可避免性。

丹尼列夫斯基所谓的战争，指的是俄国与欧洲之间的战争；更准确地说，他坚信斯拉夫世界与西方世界之间必定会发生一场战争，并十分看重这场战争的重大意义。他认为，"与西方之间的战争，无论是对于医治我们的俄国文化疾病，还是对于发展斯拉夫民族的亲近感、化解斯拉夫世界内部不同民族之间的细小纷争，都是唯一的药方。不管我们是否愿意，已经成熟的东方问题使这场战争在不久的将来无法避免"②；"不管我们喜欢与否，为了解决东方问题，为了斯拉夫民族的自由和独立……或早或迟，我们与欧洲（至少和欧洲最主要部分）之间的搏斗是不可避免的"③；"只有这场战争能够使我们的思想变得清醒起来，能够

---

① Данилевский Н. Я. Россия и Европа. Взгляд на культурные и политические отношения славянского мира к германо-романскому. М.: Известия, 2003. С. 435.

② Данилевский Н. Я. Россия и Европа. Взгляд на культурные и политические отношения славянского мира к германо-романскому. М.: Известия, 2003. С. 467.

③ Данилевский Н. Я. Россия и Европа. Взгляд на культурные и политические отношения славянского мира к германо-романскому. М.: Известия, 2003. С. 469.

将所有社会阶层的民族精神提升起来"①。可见，丹尼列夫斯基盼望着这场战争的发生，并把它看作是民族振兴的希望。他狂热地把这场在未来将发生在欧洲和斯拉夫世界之间的战争称为"伟大的战争""英雄主义的"战争。

然而，遗憾的是，振兴斯拉夫民族的强烈愿望使丹尼列夫斯基忘记了战争的残酷和邪恶，无情的战争在他的笔下一股脑儿变成了正义的事业和拯救世界的灵丹妙药。正是这种战争狂想在第一次世界大战时期被沙皇政府利用，得到了广泛传播，成为帝国主义争夺世界霸权的理由。

（二）丹尼列夫斯基地缘政治观点的历史局限性

那么，究竟应该如何看待丹尼列夫斯基在《俄国与欧洲》一书中表现出来的地缘政治观点呢？

首先，历史事实已经证明，丹尼列夫斯基的这些政治主张和倡议是错误的，是经不住历史考验的。虽然有不少研究者认为，第一次世界大战在一定程度上证实了他关于斯拉夫世界与西方之间必然发生战争的预见，但是一战后纷纷取得独立的一些斯拉夫国家（波兰、捷克斯洛伐克、南斯拉夫等），并没有同苏维埃俄国组成所谓的内部联盟，反而站到苏维埃的对立面，有些国家与苏维埃俄国的矛盾还更加激化，比如：1920年爆发的苏波战争②就是一例。二战之后，出现了以苏联为首的东

---

① Данилевский Н. Я. Россия и Европа. Взгляд на культурные и политические отношения славянского мира к германо-романскому. М.: Известия, 2003. С. 470.
② 1920年4—10月苏维埃俄国与波兰之间的战争。由波兰白军首先挑起。1920年10月12日，苏波两国在里加签订停战协定，并缔结了预备和约。西乌克兰和西白俄罗斯划归波兰，双方彼此尊重国家主权，并保证不支持任何针对另一方的敌对行动。

欧社会主义国家阵营。如果说这一事实在一定程度上符合了丹尼列夫斯基关于泛斯拉夫主义联合的设想，那么当时位于巴尔干地区的南斯拉夫，作为斯拉夫世界的一个重要组成部分，非但没有加入以苏联为首的阵营，反而与之矛盾重重，产生了一种对抗性关系。90年代初，苏联最终解体，华沙条约和经互会相继解散，斯拉夫民族各奔东西。就连南斯拉夫内部也冲突不断，最终分崩离析，成为历史的一个名词。这些事实无疑推翻了丹尼列夫斯基勾画的美好蓝图，成为泛斯拉夫主义联盟无法长久的最好证明。如今，不少斯拉夫国家还加入了欧盟，与俄罗斯站在一起的斯拉夫兄弟越来越少。由此可见，斯拉夫民族之间的离心力是大于向心力的，它们之间的矛盾并非丹尼列夫斯基所说的"细小纷争"。丹尼列夫斯基只看到了斯拉夫国家彼此之间语言文化上的亲近性，却忽视了经济、政治等方面利益冲突爆发的可能性。可以断定，至少在能够预见的未来，全斯拉夫世界的统一和联合只是一个不切实际的幻想。

其次，不妨来探究一下丹尼列夫斯基思想具有这种地缘政治色彩的历史原因。丹尼列夫斯基酝酿与创作《俄国与欧洲》的时候，正值俄国经历克里木战争的失败，从上到下深受欧洲国家敌对情绪打击之时。在这次战争中所受到的重创使俄国社会思想界的民族自觉意识变得强烈起来，关于民族复兴和祖国命运的思考成为这一时期的主题。在这种历史背景下，丹尼列夫斯基作为一名忧国忧民的爱国知识分子，便尝试用今天看来有失偏颇、狭隘的论调来唤起民众对本土文化的关注。这是非常自然的，也是可以理解的。这是一种民族自救的心理。而他提出"文化历史类型"理论的目的，正是为了激起斯拉夫民族对未来的信心，希望早已取得政治独立的俄国和其他斯拉夫民族国家同心携手，共同致力于斯拉夫文化历史类型和斯拉夫文明的建设；也是为了告诫自己的同胞不能忘记自己的民族性，只有把从别人身上得来的经验加以借鉴和吸收，使之有利于自身文明的发展，才能求得自我价值的实现。这种理念在今天看来也是有现实意义的。

然而，尽管丹尼列夫斯基不是政界人士，与沙皇政府没有直接联系，纯粹是基于自己的爱国情绪为祖国的命运和道路而担忧的，但是他的政治主张却在客观上迎合了沙皇政府的统治需要，宣扬了俄罗斯至上的狭隘民族主义，为沙皇政府对外扩张的野心做了辩护；从而在一定程度上对俄国的对外政策产生了影响，成为后来沙俄政府进行对外侵略战争的一种理论依据。因此，丹尼列夫斯基的地缘政治观点带有鲜明的历史局限性，应当清醒地认识并加以批判。正是由于这个原因，丹尼列夫斯基后来被作为俄国泛斯拉夫主义思想的一个主要代表，遭到了不少思想家和研究者的猛烈抨击。特别是在苏联时期，由于当时的学术研究带有强烈的意识形态和政治色彩，再加上对与沙皇相关的一切事物进行了坚决批判和全部抛弃，所以丹尼列夫斯基提出的文化理论在这种环境下基本被忽略，而其地缘政治观点却被无限地放大。最终，他被冠以沙皇对外扩张政策的"宣传者"和"代言人"的称号，被苏联官方作为民族主义的代表人物打入了冷宫。

四 丹尼列夫斯基属于斯拉夫派吗？

由于丹尼列夫斯基在《俄国与欧洲》中阐述的许多观点和看法与传统斯拉夫派的立场较为接近，而且他在书中曾经多次批评西方派的思想，所以，对于众多研究者来说，"斯拉夫派与丹尼列夫斯基"（славянофилы и Данилевский）一直是一个难以回避的话题。"几乎所有研究过《俄国与欧洲》一书的学者，都认为讨论一下'斯拉夫派与丹尼列夫斯基'的问题是自己的一项职责"。[①] 有许多研究者努力寻找丹

---

① Пивоваров Ю. С. Два века русской мысли. М., 2006. С.227.

尼列夫斯基在斯拉夫主义传统中的位置，将其称为是某种新斯拉夫主义思潮的一个显著代表；与此同时，也有许多研究者发现丹尼列夫斯基与斯拉夫派的差别，反对将其归属为斯拉夫派。可以发现，许多百科全书和文化辞典的释义里已将丹尼列夫斯基定性为斯拉夫主义者，其实这并不严肃，也不完全符合历史事实。那么，丹尼列夫斯基究竟属不属于斯拉夫派的一员呢？在这里我们也就这一问题做些探讨。

应该承认，丹尼列夫斯基的很多观点的确与斯拉夫主义的基本思想如出一辙：他强调俄国与欧洲有着本质上的不同，认为俄国不能走欧洲的发展道路；他反对西方文明最为先进的看法，认为斯拉夫文明同样具有自己的民族特色；他推崇斯拉夫传统的村社和份地，认为斯拉夫文化的力量正在于此；他指出西方文明已经开始走下坡路，必将被最有前途的斯拉夫文明所代替；他提出在全世界建立斯拉夫联盟的想法，强调斯拉夫文化的救世意义；他认为欧洲国家与俄国格格不入，对俄国存在着敌对情绪，等等。上述这些思想使我们无法不联想到此前斯拉夫派的几位代表人物在与西方派的争论中所发表的种种看法。然而，应该看到，这些并非丹尼列夫斯基最核心的思想，也不是其文化思想的特质所在。真正令丹尼列夫斯基备受尊敬的，并不是他的这些观点，而是他的"文化历史类型"理论。正像美国学者马克·马斯特所说的那样，"丹尼列夫斯基理念中的斯拉夫主义层面是不牢固的、表面上的；……他只是用斯拉夫主义的思想将自己的各种想法联系到了一起。"[1]

事实上，丹尼列夫斯基本人在《俄国与欧洲》一书中曾经表达过自己对于斯拉夫派的态度。他的原话是这样说的："斯拉夫派的学说……具有双重来源：一是德国的哲学，二是对于俄国及整个斯拉夫世界根本特征——在宗教、历史、美学和风俗习惯方面——的理解。如果说斯拉

---

[1] MacMaster R.E. Danilevsky, *A Russian Totalitarian Philosopher*, Cambridge, Massachusetts, Harvard university press, 1967, p.182.

夫派强调的是发展民族独特性质的必然性，那么在某种程度上是因为意识到了斯拉夫民族本性的优点，而且看到了它在长期发展过程中成功表现出来的一面，以及与欧洲民族的本性不可融合的地方；并且认为，斯拉夫民族仿佛命中注定可以担负起全人类的任务，在此之前还没有哪个民族能够做到。然而，这种任务根本是不存在的，至少当它意味着要在某一时刻具体解决这个任务的时候，意味着由某一个文化历史类型在某一时刻为自己和整个人类实现这个任务的时候。"① 可见，丹尼列夫斯基并没有把自己划入斯拉夫派的行列。

更为重要的是，丹尼列夫斯基的思想理念与斯拉夫主义的传统观点并非完全相同，二者虽存在相似之处，却也有本质上的区别。第一，众所周知，斯拉夫派的基本思想带有明显的宗教色彩，是以东正教精神为重要支点的。其代表人物科舍廖夫（А. И. Кошелев）曾经说过："我们所有的生活，所有的思考和信念都是基于保存在我国东正教会中的基督教学说的基础上"②。而丹尼列夫斯基的著作却并没有涉及太多宗教内容，其文化历史类型理论与宗教更无内在联系。丹尼列夫斯基虽然也重视宗教的作用，认为"宗教与文明是不可分割的"③，但其理论建构则更侧重于文化或文明观。他曾经在《俄国与欧洲》一书中这样阐述文明与宗教的关系："文明是一个比科学、艺术、宗教、政治、公民、经济

---

① Данилевский Н. Я. Россия и Европа. Взгляд на культурные и политические отношения славянского мира к германо-романскому. М.: Известия, 2003. С. 140.
② 转引自白晓红：《俄国斯拉夫主义》，北京：商务印书馆2006年版，第86页。
③ Данилевский Н. Я. Россия и Европа. Взгляд на культурные и политические отношения славянского мира к германо-романскому. М.: Известия, 2003. С. 153.

和社会都更宽泛的概念，因为文明包括所有这些。"① 由此可见，以文明为重，还是以宗教为重，这是丹尼列夫斯基与斯拉夫主义者的最大区别。

第二，丹尼列夫斯基是一个深受实证主义影响的自然科学家，他的身上找不到斯拉夫主义者的那种神秘主义和浪漫主义，所能发现的则是自然主义和对现实的重视。所以，"遵循自然科学的立场使丹尼列夫斯基成为与斯拉夫主义者本质上截然不同的另外一种思想体系的人：由于自然科学家的出身，他在自己的历史哲学著作中很大程度上依然是经验论者。丹尼列夫斯基构建和论证文化历史类型及其发展的规律时，就像他论证动物王国里的物种一样是自然主义的"②。也正因为如此，别尔嘉耶夫曾经在《俄罗斯思想》一书中写道："比起斯拉夫主义者，丹尼列夫斯基——《俄国与欧洲》一书的作者——已经完全是另一种思想体系的人。旧的斯拉夫主义者在思想上受教于德国的唯心主义，受教于黑格尔和谢林，他们主要从哲学上论证自己的思想。丹尼列夫斯基是自然科学家、现实主义者和经验主义者。他自然主义地论证自己关于俄罗斯的思想。在他那里，斯拉夫派的普济主义已经消失殆尽。"③ 可见，别尔嘉耶夫认为，丹尼列夫斯基的这种思想倾向完全不符合斯拉夫派关于俄罗斯思想的传统看法。此外，哲学家罗扎诺夫也曾在给斯特拉霍夫的信中写道，丹尼列夫斯基的理论具有一种"惊人的敏锐性"和"吸引力"，

---

① Данилевский Н. Я. Россия и Европа. Взгляд на культурные и политические отношения славянского мира к германо-романскому. М.: Известия, 2003. С. 153.

② Новикова Л. И., Сиземская И. Н. Русская философия истории. М., 1999. С. 141.

③ [俄] 尼·亚·别尔嘉耶夫：《俄罗斯思想》，雷永生、邱守娟等译，北京：生活·读书·新知三联书店2004年版，第64页。

"这是令人惊讶的清醒而明确的头脑。跟其他的斯拉夫主义者相比,他具有极大的优越性,完全不同于任何的神秘主义。也许这让他比起他们来不那么深刻,但是对于全社会的读者来说,却更有说服力,我认为,这种说服力是无可争辩的。"① 因此,思想体系和论证方法上的显著差异,也是丹尼列夫斯基有别于斯拉夫派的一个重要标志。

第三,丹尼列夫斯基反对将任何文明类型等同于统治世界的全人类文化,他认为世界是由各种不同的文化类型共同组成的,任何形式的全人类文化的出现都会违背历史进步的真谛。可见,在他的体系中,无法找到斯拉夫主义那种向往整个基督教世界达到统一的"普世主义"思想。也正因为如此,丹尼列夫斯基与索洛维约夫之间才出现了关于东西方基督教统一问题的不同看法之争,并在后来遭到了索洛维约夫的猛烈批判和抨击。著名哲学家津科夫斯基曾精辟地分析过丹尼列夫斯基与斯拉夫派的异同:"丹尼列夫斯基在某种意义上可以被列入斯拉夫派的范畴;的确,他在很多方面与斯拉夫派有着内在的联系,他论证和维护了斯拉夫派的许多观点。但是,与此同时,丹尼列夫斯基又与早期斯拉夫派所迷恋的理念格格不入,也就是将西方与俄国相融合的任务,以及陀思妥耶夫斯基满怀热情提出的'全人类'文化的理念。丹尼列夫斯基不但不相信这种任务,而且这对于他来说简直是不可能的、不需要的;他丝毫不担心西方文化的危机会到来,他更担心的是,俄罗斯的知识分子们患上那种'仿欧'的顽疾而感觉不到斯拉夫世界的独特性,只是把欧洲当作'唯一的拯救力量',将欧洲文化看作是全人类的文化。"②

根据以上分析可以发现,丹尼列夫斯基一方面吸收、借鉴了传统斯

---

① Розанов В. В. Литературные изгнанники. Н. Н. Страхов. К. Н. Леонтьев. М.: Республика, 2001. С. 161.

② Зеньковский В. В. Русские мыслители и Европа (Мыслители XX века). М.: Республика, 2005. С. 70.

拉夫派的主要思想，另一方面又融合了实证主义和自然主义的现代科学理念，从而创立了一种独具特色的新型理论。用斯特拉霍夫下面的这番话来解释丹尼列夫斯基与斯拉夫主义之间的联系与区别最为到位："丹尼列夫斯基的书中从头至尾都是新颖的内容，它不是什么别人观点的重复和总结，它只包含作者本人的独特思想，这种思想此前还没人提出过，所以他才认为有必要把它说出来。《俄国与欧洲》是一本非常独特的书，绝对不是斯拉夫派在狭窄的文学历史意义上的产物，也不是他们已提出思想的进一步发展。正好相反，这是一本开创新思想、使用新方法、达到更广泛的新成果的书，其中的斯拉夫主义思想只不过是一种个别情况的体现。当我们说《俄国与欧洲》中的学说是斯拉夫主义的学说时，我们指的是抽象的、一般的、理想意义上的斯拉夫主义；事实上，这已经不是斯拉夫主义了，而是丹尼列夫斯基的独特学说，应该叫做'丹氏理论'（данилевщина）。这种理论包括斯拉夫派的思想，但是反之却不成立。"① 在斯特拉霍夫看来，丹尼列夫斯基与斯拉夫派的相似之处在于那些实际的结论上，丹尼列夫斯基在分析俄国的具体情况和发展趋势时，与此前的斯拉夫派在一定程度上是吻合的，因为"那些切实关心着祖国利益的人们，会深入地思考她的历史命运，他们永远都不会在应当热爱和应当期望的问题上产生太大分歧"②；而不同之处则可以这样来解释，"假如每一个俄国人实质上都是斯拉夫主义者，假如最执著的西方主义者偶尔也会与他们观点一致，最后，假如先前的斯拉夫主义者们正确地理解了自己民族的利益和精神，那么丹尼列夫斯基则为这些意向提供了最严格的理论，为它们找到了普通而深刻、但却没有人曾经指

① Страхов Н. Н. Жизнь и труды Н. Я. Данилевского // Данилевский Н. Я. Россия и Европа. М., 1883. С.12.

② Страхов Н. Н. Жизнь и труды Н. Я. Данилевского // Данилевский Н. Я. Россия и Европа. М., 1883. С.13.

出过的根源。这就是《俄国与欧洲》的独创之处。"①

不能不承认，丹尼列夫斯基对斯拉夫主义思想的深入发展也起到了一定的作用。社会活动家和政论家米留可夫曾经写过一篇题为《斯拉夫派的分化》（《Разложение славянофильства》）的文章。在这篇文章中，他对丹尼列夫斯基在斯拉夫学说史中所发挥的作用做出了这样的评价："丹尼列夫斯基第一次尝试为斯拉夫派的空中楼阁打下了一定程度上坚实的科学基础"②；"可以将其看作是老一代斯拉夫派和新的社会科学之间的纽带"③。

丹尼列夫斯基与斯拉夫派的关系问题至今仍引起不少俄罗斯学者的关注，其中比较有代表性的是巴若夫（С. И. Бажов）和钦巴耶夫（Н. И. Цимбаев）。巴若夫在《丹尼列夫斯基的历史哲学》专著中强调，丹尼列夫斯基与斯拉夫派的主要区别，也就是《俄国与欧洲》一书的主要特色在于："如果之前的斯拉夫主义者们正确地理解了自己民族的利益和精神实质，那么丹尼列夫斯基则为这些意向和想法构建了一个最严格的理论，为它们找到了之前从未有人指出过的共同原则。在丹尼列夫斯基的学说中，斯拉夫主义的主要观点都是建立在严谨而科学的文化历史类型理论上的，这就是丹尼列夫斯基作为一个遵循斯拉夫主义传统的思想家的独到之处。"④

---

① Страхов Н. Н. Жизнь и труды Н. Я. Данилевского // Данилевский Н. Я. Россия и Европа. М., 1883. С. 13.

② 转引自 Волошина А. С. Теория культурно - исторических типов Н. Я. Данилевского: история и современность. Дис. канд. филос. наук. Ростов-на-Дону, 2004. С. 69。

③ Милюков П. Н. Очерки по истории русской культуры. Т. 1. М., 1993. С. 42-43.

④ Бажов С. И. Философия истории Н. Я. Данилевского. М., 1997. С. 88.

作为研究斯拉夫派专家的钦巴耶夫也不赞成将丹尼列夫斯基划入斯拉夫派的范畴。他从四个方面详细地论证了自己的观点：第一，从狭义的小组层面来说，丹尼列夫斯基从未参加过斯拉夫派的活动，他年轻时是彼得拉舍夫斯基小组的成员，与斯拉夫主义者伊·阿克萨科夫的个人联系也是偶然的、时间不长；第二，从历史哲学的层面来说，丹尼列夫斯基理论构建的哲学基础是实证主义，霍米亚科夫等人的宗教哲学思想并未对他产生多大影响，而且，他是一个反对世界历史进程统一性和连续性的反黑格尔主义者，这使他的历史哲学与斯拉夫主义思想相悖；第三，从社会政治层面来说，丹尼列夫斯基是19世纪60年代改革的反对者，他站在保守派的立场上，反对资产阶级的自由和自由主义的内部政治；第四，从社会经济层面来说，丹尼列夫斯基推崇"村社和农民的份地"，这似乎接近斯拉夫派的社会经济思想，但根据可靠资料证明，创作《俄国与欧洲》时的丹尼列夫斯基依然是傅立叶经济观点的支持者。所以，钦巴耶夫的结论是："19世纪60年代前后，丹尼列夫斯基的历史哲学和社会政治观，以及他的社会立场，总的来说不符合晚期斯拉夫派的见解。……在研究斯拉夫主义历程时，把丹尼列夫斯基的思想体系也包括进去是不合情理的。"[①]

总之，丹尼列夫斯基的思想具有斯拉夫主义的根源，但又与斯拉夫派有着许多本质上的差别，他的思想代表了当时社会历史科学中的一种新的倾向。不能将之与斯拉夫主义思想完全等同，故而也不能将丹尼列夫斯基与传统的斯拉夫派划上等号。

---

① Цимбаев Н. И. Славянофильство. Из истории русской общественной мысли XIX в. М., 1986. С. 90.

本章小结

丹尼列夫斯基文化思想的核心是围绕"文化历史类型"这一概念阐释出来的历史哲学观点，这是一套系统的理论，包括"文化历史类型"的概念内涵、表现形式、表现类别、内部要素、形成和发展的五条法则、变迁的原因和规律、各种类型之间碰撞和传播的方式、各种类型之间的地位差异、"进步"的内涵、民族与全人类的关系，等等。丹尼列夫斯基在构建文化理论的过程中明确表达了自己反对欧洲中心主义的立场，强烈呼吁放下对欧洲和欧洲文明的崇拜，也对俄罗斯民族应如何处理与欧洲的关系问题提出了自己的理解和建议。诚然，由于自身的民族局限性，丹尼列夫斯基在书中阐述的地缘政治观点不乏偏激，表现出狭隘民族主义和泛斯拉夫主义的情绪，但是这丝毫无法撼动其文化思考的深度和意义，若因此而否定其"文化历史类型"理论的价值，毫无疑问是错误的。

针对丹尼列夫斯基是否属于斯拉夫派的问题，对进一步认识和理解"文化历史类型"理论的构建不无裨益，有必要进行思考。加之学术界一直存在一种观点，即将他归入晚期斯拉夫派的阵营，所以我们尝试对此问题进行探讨。根据丹尼列夫斯基本人的表述及几位俄罗斯研究者的发现可以肯定，尽管丹尼列夫斯基吸收了斯拉夫主义的许多思想观念，但在不少方面他跟后者也存在明显差异，因此将丹尼列夫斯基彻底视为斯拉夫派的一员是不客观的，我们认为，还是应该将二者区别对待。

第四章 丹尼列夫斯基文化思想在国内外的影响和延续

丹尼列夫斯基的《俄国与欧洲》一书为历史哲学和史学研究方法论带来了一股新鲜空气。正如当代俄罗斯学者巴鲁耶夫所说,"它第一次阐述并奠定了历史进程多线条发展的观念,第一次总结出人类历史中出现过的主要文化历史类型,描绘出它们发展和互动的规律,并揭示出许多区域文明的特征和标志。丹尼列夫斯基首次没有从现成的刻板模式出发来看待历史进程,而是从一种宇宙的高度来审视人类几千年来的生活状况"①。这本书既是丹尼列夫斯基对俄国社会思想界所关心的"俄罗斯命运"问题的回答,也是他对世界历史进程和历史研究的独特看法。虽然他将书名定为《俄国与欧洲——斯拉夫世界与日尔曼—罗曼世界的文化和政治关系一瞥》,然而,书中所包含的丰富内容却远远超出了书名的范围。在这本历史哲学著作中,他不仅对俄国与欧洲的关系进行了深入分析,而且还推出了"文化历史类型"的独特理论。这种新的文化思想具有广泛而深远的意义,不仅在俄国内部引起了激烈的争论,而且受到了西方学术界的关注和重视,成为后人进行文化研究的一个重要领域。

---

① Балуев Б. П. Споры о судьбах России: Н. Я. Данилевский и его книга 《Россия и Европа》. Тверь, 2001. С. 59.

一　俄罗斯国内的认识和评价

《俄国与欧洲》一书问世以后，俄罗斯国内对于丹尼列夫斯基的"文化历史类型"理论众说纷纭，一时之间难以达成共识；对丹尼列夫斯基本人的评价也经历了一个较长的历史过程，由否定到肯定、由肯定到否定、又由否定再次回到肯定。虽然几经波折，但这符合人们接受新事物的客观规律。总的来说，根据俄罗斯国内对丹尼列夫斯基及其文化思想的不同看法，可以将这个历史过程分为以下几个阶段：（1）19世纪70年代——关注面较小，少数人予以肯定，反对者占上风；（2）19世纪80—90年代——关注面扩大，争论逐渐升温，最后演化成激烈的论战；（3）19世纪末——争论以基本肯定而告终，出现了丹尼列夫斯基思想的继承者；（4）20世纪20—80年代——在苏联遭到彻底批判和否定，但在境外侨民知识分子中继续受到重视；（5）20世纪80年代末—21世纪——俄罗斯国内的看法发生彻底转变，重新兴起了关注和研究丹尼列夫斯基的潮流。

（一）19世纪70年代：问世之初遇到的不同反应

19世纪70年代，当丹尼列夫斯基的《俄国与欧洲》正式跟读者见面以后，首先遇到的并非普遍的接受和欢迎，而是来自当时比较活跃的自由主义和革命民主主义两大阵营的抨击和批判。这两种思潮是此前与斯拉夫派对立的西方派思想的延续，彼此之间虽然政见不同，但是在历史文化观上却是一致的。因此，《俄国与欧洲》这一醒目的书名及其与西方对立的情绪，使他们一下子就联想到传统的斯拉夫派观点，于是将丹尼列夫斯基视为又一个斯拉夫主义者。在这一时期，大多数知识分子只是看到了丹尼列夫斯基作品中体现出来的斯拉夫主义色彩，而没太注意到他在书中所阐述的历史观和文明论。

最初在杂志上刊登的《俄国与欧洲》几乎是没有被大家注意到的。1869 年当这部作品在《曙光》上连载的时候,只有少数公开站在亲西方派立场上的自由主义报刊做出过一些反应,立即对丹尼列夫斯基关于"欧洲文明"的观点表示反对。当时有个名为谢巴利斯基(П. К. Щебальский)的历史学家,在《俄国通报》上发表了一篇评论文章,强调以西方世界为核心发展统一的全人类文化,并批判丹尼列夫斯基是一个孤立主义者。

后来,《俄国与欧洲》的第一版成书问世以后,关注的人逐渐多了一些。当时比较有名的自由主义西方派代表别佐布拉佐夫(В. П. Безобразов)① 坚决反对书中的观点。他认为,整个世界是严格按照西欧文明的道路前进的,全部处于西方自由主义学说的轨道之中,俄国应该仿效西方的经济模式和社会政治制度。他拒不接受丹尼列夫斯基关于西欧世界和斯拉夫世界是两种不同文明类型的观点,坚持认为二者同属一种文明。虽然别佐布拉佐夫对丹尼列夫斯基的"文化历史类型"理论表示怀疑,但同时,他却又有些自相矛盾,承认每一个欧洲国家的文明都是与众不同的,尤其是"日耳曼和罗曼世界不同国家的文化几乎是反差极大的"②。可见,他在文明论的问题上与丹尼列夫斯基有着某种一致的认识,但是他的西方派立场却决定了他对丹尼列夫斯基的总体态度。

---

① Владимир Павлович Безобразов(1828—1889),19 世纪 50—60 年代俄国地理协会的活动家,曾根据实地考察收集的资料写出了一系列关于个别地区经济地理方面的著作,尤其是关于中央区的工业状况。其社会政治观点属于贵族自由主义的代表,反对农奴制,支持资产阶级改革,许多著作文章均建立在资产阶级政治经济学的基础上。
② 转引自 Балуев Б. П. Споры о судьбах России: Н. Я. Данилевский и его книга 《Россия и Европа》. Тверь, 2001. С. 61。

值得注意的是，别佐布拉佐夫在自己的《战争与革命》（《Война и революция》）一书中曾承认丹尼列夫斯基是一个"学识渊博、才气出众"的人，并指出丹尼列夫斯基的这本书"值得大家深深的尊重和关注"①。

与此同时，《俄国与欧洲》在革命民主主义阵营里也遭到了批评。1871 年第四期的《事业》（《Дело》）② 杂志刊有一篇针对此书的匿名长篇评论。其作者以一种否定的口气将丹尼列夫斯基称为"斯拉夫派中最充满自由思想的人"，而将丹尼列夫斯基的文化观点讽刺为"具有自由思想倾向的虚无主义"③。该文章对此书的指责主要是认为它激起了国家之间的对立，会导致俄国与西方的战争。

1877 年，著名政论家米哈伊洛夫斯基在《祖国纪事》上刊出《门外汉笔记》（《Записки профана》）一文，批判《俄国与欧洲》一书中包含的思想是一种"民族主义的自我吹嘘"④。他以讽刺的口吻写道："斯拉夫人丹尼列夫斯基认为历史将结束于建立在四重基础上的斯拉夫文化历史类型，而德国人黑格尔则认为历史将终结于绝对精神的最后一

---

① 转引自 Балуев Б. П. Споры о судьбах России: Н. Я. Данилевский и его книга 《Россия и Европа》. Тверь, 2001. С. 61。

② 俄国学术性文艺刊物，1866—1888 年在彼得堡出版。1868 年起为文艺政治性刊物。它继承《俄罗斯言论》月刊，保持民主倾向直至 1884 年。

③ 转引自 Волошина А. С. Теория культурно-исторических типов Н. Я. Данилевского: история и современность. Дис. канд. филос. наук. Ростов-на-Дону, 2004. С. 76。

④ 转引自 Волошина А. С. Теория культурно-исторических типов Н. Я. Данилевского: история и современность. Дис. канд. филос. наук. Ростов-на-Дону, 2004. С. 75。

个发展阶段——日耳曼文明"。① 他认为，二人在这一问题上都犯了过分夸大本民族自身优点而无视其不足之处的错误。米哈伊洛夫斯基的政治立场决定了他不能接受丹尼列夫斯基肯定和推崇俄国文化优越性的观点。然而，米哈伊洛夫斯基同时又表示，自己可以接受丹尼列夫斯基理论中的那些关于文化历史类型、发展程度以及文明相继替代的基本观点；并且，他也承认欧洲文明的缺陷，指出欧洲文明只是由少数欧洲民族参与的一种文明类型，只存在于狭窄的民族框架之内。尽管在学术观点上不能完全苟同，但米哈伊洛夫斯基对丹尼列夫斯基本人还是持尊敬的态度，他认为丹尼列夫斯基是一位有才智的、学识渊博的人。

然而，丹尼列夫斯基的《俄国与欧洲》一书在这一时期得到了俄国19世纪杰出作家陀斯妥耶夫斯基的肯定。其实，陀斯妥耶夫斯基与丹尼列夫斯基早在年轻时就已经认识了，两人都曾经是彼得拉舍夫斯基小组中的积极成员。当初在小组的定期活动中，丹尼列夫斯基介绍傅立叶的学说思想，陀斯妥耶夫斯基则朗读自己的文艺作品。后来，他们同时被捕，一起经历了审判和假死刑，并一起被流放。但是，自从流放结束到《俄国与欧洲》问世期间，两人一直没见过面，因为丹尼列夫斯基很少去彼得堡，他除了将大部分时间花费在科学考察上面，就是自己呆在黑海沿岸的家里进行学术创作。在19世纪60年代末，陀斯妥耶夫斯基已经成为俄国读者心目中最优秀的作家之一。他在流放归来之后发表的《死屋手记》（1860—1862）、《被侮辱的与被损害的》（1866）、《白痴》（1868）等几部作品大大提升了他的威望和地位。所以，能够得到他的大力赞赏，对丹尼列夫斯基来说是非常珍贵的。1869年3月，当《俄国与欧洲》的部分章节刚刚在杂志上刊登出来的时候，陀斯妥耶夫斯基就

---

① 转引自 Волошина А. С. Теория культурно‑исторических типов Н. Я. Данилевского: история и современность. Дис. канд. филос. наук. Ростов-на-Дону, 2004. С. 75。

在写给斯特拉霍夫的信中说道:"这简直就是所有俄罗斯人未来的案头必备之书;很多方面可以促使它成就这一点,虽然它具有较强的学术性,但是它的语言优美,逻辑合理,同时又很大众化……这本书的内容跟我自己的想法是那么的一致,我甚至非常惊讶,自己怎么会跟别人得出的结论相似;我脑子里早就有许多念头,已经两年了,我一直在记录,正准备写一篇东西,差不多跟这本书是同样题目、同样内容和结论的。现在却看到了一篇跟我自己未来渴望的几乎完全一样的文章,而且它是如此严谨、和谐、有条理、富有逻辑性和科学性,我真是既惊讶又高兴啊!因为我自己是无论如何也达不到这种水平的。"① 针对当时亲西方派人士对此书的攻击,陀思妥耶夫斯基对斯特拉霍夫说道:"让他们说吧,骂吧!您应该像我一样坚信,真理总是掌握在少数人手中,而这个少数人就是我们……丹尼列夫斯基的这部作品是大有前途的,尽管现在还没有显露出来,然而这种文章是不会被人们遗忘的。"② 虽然陀思妥耶夫斯基后来无法同意丹尼列夫斯基反对"普世文化"的观点,但至少他对"文化历史类型"理论本身的评价是肯定的。

《俄国与欧洲》及其思想内容还很快就获得了那个时代最优秀的历史学家之一别斯图热夫-留明的赞同。别斯图热夫-留明是一个很有修养、知识渊博的人,他曾写过一系列关于俄国历史的著作,既是一个史料研究学家、又是一个历史编纂学家,而且精通国外的历史文献。他在对别人做出评价的时候向来是非常慎重、非常有分寸的,丹尼列夫斯基的这本书恰恰赢得了他的高度评价。别斯图热夫-留明第一次表达自己

---

① Достоевский Ф. М. Полн. собр. соч. в 30-и томах. Т. XXIX. Кн. 1. Л., 1986. С. 30.

② 转引自 Волошина А. С. Теория культурно-исторических типов Н. Я. Данилевского: история и современность. Дис. канд. филос. наук. Ростов-на-Дону, 2004. С. 28.

的这种看法是在其 1872 年由彼得堡出版的《俄国史》(《Русская история》)一书中,他认为丹尼列夫斯基对于历史的理解比那些德国人的观点更接近真相,因为所有发达文明的代表都会对其他民族表现出傲慢的态度,所以接受丹尼列夫斯基的思想就意味着摒弃以前那种"伟大的假象"①。这是对丹尼列夫斯基批判欧洲中心论、主张历史研究应该遵循自然规律等看法的大力支持。后来,在丹尼列夫斯基突然去世以后,别斯图热夫-留明曾专门写文章致以哀悼。他认为:丹尼列夫斯基是一位"思想深刻和有独创见解的学者",其智慧的头脑是"非凡而罕见的……简单地说——这是一个天才"②;虽然《俄国与欧洲》一书暂时受到"冷遇或敌视",但是将来一定会被认可,因为"它的涵义和价值会随着时间的流逝而逐渐清晰……书中的文化历史类型理论也注定会在历史哲学领域占据重要地位"③。别斯图热夫-留明是很有远见的,他是第一时间发现丹尼列夫斯基文化思想具有学术价值的少数学者之一。

(二) 19 世纪 80—90 年代: 斯特拉霍夫与索洛维约夫的论战

到了 19 世纪 80—90 年代,俄国国内对丹尼列夫斯基的这部作品产生了新的认识,不再集中关注他那些接近于斯拉夫派立场的政治观点,而是把眼光投向了该书的文化内容。不少思想家和哲学家开始从不同的角度讨论丹尼列夫斯基的"文化历史类型"理论和他看待世界历史进程

---

① 转引自 Балуев Б. П. Споры о судьбах России: Н. Я. Данилевский и его книга 《Россия и Европа》. Тверь, 2001. С. 67。

② Бестужев-Рюмин К. Н. Николай Яковлевич Данилевский // Известия Санкт-Петербургского Славянского благотворительного общества. №10. 1885. С. 457.

③ 转引自 Балуев Б. П. Споры о судьбах России: Н. Я. Данилевский и его книга 《Россия и Европа》. Тверь, 2001. С. 67。

的新观点。

在丹尼列夫斯基的众多支持者中，贡献最大的当属斯特拉霍夫，他既是丹尼列夫斯基最忠实的朋友，也是其思想理论的极力维护者。斯特拉霍夫对丹尼列夫斯基在《俄国与欧洲》中表达的思想和观点给予了高度评价，指出"他用自然主义的体系取代了长久以来在历史学中占主导地位的人为体系"①，并将他的文化历史类型思想誉为历史科学中的"转折点"。斯特拉霍夫是第一个整理出丹尼列夫斯基传记及其作品目录的人，他曾多次组织《俄国与欧洲》一书的再版以及丹尼列夫斯基其他作品的发表，并为其作序。因此，可以说，这位俄国思想家的著作能够流传至今并受到读者们的关注，在很大程度上正是得益于斯特拉霍夫的努力。

斯特拉霍夫认为："丹尼列夫斯基的基本思想是十分独特、十分有趣的。他为历史的形成给出了一种新的公式，做出了一种更具有普遍性质的定义，他的这种新的定义无疑比以前的更加公正、更加科学、更加有利于抓住事物的真相。正是他推翻了人类发展过程具有统一线路的说法，否定了历史是某种普遍智慧、普遍文明进步的思想。丹尼列夫斯基明确指出，这种普遍文明是不存在的，只存在许多个体的文明，存在个别文化历史类型的发展。"② 他对《俄国与欧洲》做出的评价是，虽然书中极力宣扬了斯拉夫派的某些片面观点，但这丝毫不能掩盖它的重要意义，因为此书的主要价值在于他所提出的文化多样性思想和世界通史新理论，写斯拉夫派和俄国与欧洲之间的关系只不过是用来解释这种历史进程新理念的一个个例。

---

① Страхов Н. Н. О книге Н. Я. Данилевского "Россия и Европа" // Известия Санкт - Петербургского Славянского благотворительного общества. №12, 1886. С. 3.

② Страхов Н. Н. Жизнь и труды Н. Я. Данилевского // Данилевский Н. Я. Россия и Европа. М., 1883. С. 13.

斯特拉霍夫提醒读者们注意，丹尼列夫斯基理论的独特之处首先在于它的"简单"和"清晰"①。在丹尼列夫斯基的理论中，世界是由不同民族所构成的各种文化历史类型组成的，它们没有高低贵贱之分，却各具自身特色，斯拉夫文明就是其中之一，"斯拉夫人的使命不是复兴世界，为整个人类找到历史任务的解决方式；他们的本质是一种特殊的文化历史类型，在它的身边可以有其他类型的存在或发展"。② 斯特拉霍夫认为，丹尼列夫斯基在书中用中国文明的例子来强调每一种民族文化的自我价值，这体现了其理论的与众不同之处。因为在当时的大多数西方历史学家的眼中，"中国代表的是某种错误和空白，是一种毫不需要的无意义的东西。所以在当时的历史教科书上一般不会讲到中国，它被抛弃在历史的框架之外。但是根据丹尼列夫斯基的理论，中国是一种合理的、值得尊敬的现象，就像希腊—罗马世界或高傲的欧洲一样"。③ 此外，斯特拉霍夫还否定了那种认为丹尼列夫斯基的理论缺乏创新性的看法。他认为，虽然丹尼列夫斯基之前的历史思想中也出现过这种理论的萌芽，但是任何形式的天才性突破产生之前都会存在这种情况，即使是普希金也有自己的先驱者，而丹尼列夫斯基的创新性在于他提出了一整套系统和完整的文化历史类型理论，并运用充足的论据阐释了自己的思想体系。在斯特拉霍夫看来，即使是摆在每个人面前的事物一模一样，

---

① Страхов Н. Н. О книге Н. Я. Данилевского "Россия и Европа" // Известия Санкт‑Петербургского Славянского благотворительного общества. №12, 1886. С. 4.

② Страхов Н. Н. О книге Н. Я. Данилевского "Россия и Европа" // Известия Санкт‑Петербургского Славянского благотворительного общества. №12, 1886. С. 4.

③ Страхов Н. Н. О книге Н. Я. Данилевского "Россия и Европа" // Известия Санкт‑Петербургского Славянского благотворительного общества. №12, 1886. С. 3.

也并不是每个人都能发现其中的新东西，只有个别人能从中发现新的元素并用生动的语言描述出来，但大多数人却不愿意承认别人的新发现，用他的话说，"有的怀疑论者会认为他第一次见到的那座漂亮房子没有任何新意，仅仅是因为他早就已经见过盖房子用的那堆砖了。"①

然而，与此同时，丹尼列夫斯基的理论和观点却受到了19世纪下半叶最有影响力的宗教哲学家索洛维约夫的猛烈批判。索洛维约夫之所以不接受丹尼列夫斯基的"文化历史类型"理论，主要是因为该理论与他自己所坚信的具有普世性、超民族性的基督教文化理念背道而驰。索洛维约夫认为，人类历史上从古罗马时期开始就存在着各种文化不断融合的过程，最先出现的是全欧洲的统一文化，将来是全人类的统一文化，而且这种统一的超民族文化实质上就是基督教文化。索洛维约夫的观点实际上是否定民族文化的存在，主张全世界的基督教普世化。因此，他希望在丹尼列夫斯基的书中找到使各种独立的文化历史类型顺应统一的基督教文化的方法，然而他却没有发现一处这方面的暗示。虽然丹尼列夫斯基也是一个东正教徒，像索洛维约夫一样相信基督教"应该随着时间的推移渐渐地拥抱整个人类"②，但他并不是以宗教原则为基础来划分各种文化历史类型的，也并不排除拥有同一种信仰的许多民族可以分属各种不同的文化历史类型。所以，丹尼列夫斯基提倡的文化多样性原则与索洛维约夫在全世界实现统一的基督教文化的理念是格格不入的。这就是两人产生分歧的焦点所在。

---

① Страхов Н. Н. О книге Н. Я. Данилевского "Россия и Европа" // Известия Санкт‐Петербургского Славянского благотворительного общества. №12, 1886. С. 2.

② Данилевский Н. Я. Россия и Европа. Взгляд на культурные и политические отношения славянского мира к германо‐романскому. М.: Известия, 2003. С. 103.

事实上，索洛维约夫并不是从一开始就完全否定丹尼列夫斯基的，他对后者的态度经过了一个由最初的各抒己见到最终的猛烈抨击的巨大转变，这与他本人的思想发展进程是密切相关的。第一章中已提到，丹尼列夫斯基曾经在 1885 年发表过一篇针对索洛维约夫的批评文章——《弗拉基米尔·索洛维约夫论东正教和天主教》；随后，索洛维约夫立即在同一本杂志上刊登了《对丹尼列夫斯基的回答》一文。应该说，两人在这次交锋中的态度完全是互相尊重的，尤其是索洛维约夫。从其"回答"中可以看出，他对丹尼列夫斯基的尊敬不仅仅是因为后者比自己年长三十岁，更重要的是丹尼列夫斯基提出的反对意见是"中肯的和有道理的"①。索洛维约夫认为，自己与丹尼列夫斯基在神学问题上的争论"最终可以在对天主教的进一步认识中找到答案"②，而且，他非常友好地表示："我完全同意丹尼列夫斯基提出的这些优秀的评论，也很高兴他能把它们都说出来。"③ 丹尼列夫斯基在批评索洛维约夫的基督教文化观时，也表达了自己的文化历史类型思想。对此，索洛维约夫做出的回答是："我完全承认丹尼列夫斯基所说的各种文化历史类型的存在，但是它们因类型不同而产生的差别并不能阻止我坚持历史上东方与西方相互对立的观点，也不能阻止我认定世界历史是连续继承的，而不是简单地按照时间顺序排列的。"④ 由此可见，当时的索洛维约夫还是怀着一种

① 转引自 Балуев Б. П. Споры о судьбах России: Н. Я. Данилевский и его книга 《Россия и Европа》. Тверь, 2001. С. 69。
② 转引自 Балуев Б. П. Споры о судьбах России: Н. Я. Данилевский и его книга 《Россия и Европа》. Тверь, 2001. С. 70。
③ 转引自 Балуев Б. П. Споры о судьбах России: Н. Я. Данилевский и его книга 《Россия и Европа》. Тверь, 2001. С. 70。
④ 转引自 Балуев Б. П. Споры о судьбах России: Н. Я. Данилевский и его книга 《Россия и Европа》. Тверь, 2001. С. 70。

较为谦虚和平和的心态来对待丹尼列夫斯基的批评的。

可是，丹尼列夫斯基去世以后，索洛维约夫却开始对丹尼列夫斯基的文化思想进行全力批判。他在1888年第二期和第四期的《欧洲通报》(《Вестник Европы》)① 上发表同名文章《俄国与欧洲》，对丹尼列夫斯基的著作和思想做出了许多否定的评论。他的这一举动令斯特拉霍夫深感震惊，因为就在此事发生半年多之前，斯特拉霍夫曾发表《论丹尼列夫斯基的书》(《О книге Н. Я. Данилевского》)一文，当时的索洛维约夫并没有对于他为《俄国与欧洲》所做出的高度评价产生任何疑义。所以，索洛维约夫的这篇文章拉开了他与斯特拉霍夫围绕丹尼列夫斯基思想公开论战的序幕。很快，斯特拉霍夫便在第六期的《俄国通报》(《Русский Вестник》)② 上发表《我们的文化和全世界的统一》(《Наша культура и всемирное единство》) 一文以回应索洛维约夫。此后，他们之间的激烈辩论一直持续了六年。

在1888年的这篇文章里，索洛维约夫几乎通篇表述出自己与丹尼列夫斯基相对立的观点。他认为丹尼列夫斯基以语言为基础将各种历史类型进行自然划分的做法是没有科学性的，很容易产生误解。比如：还有一种文化类型没有被包括进去，那就是日本。而且，他认为希腊和罗马属于同一种文化类型，不应该划分开来。应该说，索洛维约夫的这些指责存在一定的合理性。但是，他对丹尼列夫斯基在书中充分肯定中国文化和中国文明的地位也持反对态度。虽然他不否定古代中国人民的发

---

① 俄国资产阶级自由派文学与政治月刊，1866—1918年在彼得堡出版（1866—1867年每年出4卷）。第一任编辑出版者是M.M.斯塔修列维奇（至1908年）。

② 文学和政治杂志，1856年起由M.H.卡特科夫在莫斯科出版。1862年起成为保守派集团的喉舌。1887—1906年先后由不同人士在莫斯科和彼得堡出版。

明创造，却武断地指出"庞大的中国，尽管丹尼列夫斯基对之表现出同情，却并没有赋予、也不会赋予人类世界任何伟大的思想和功绩；这个国家在人类精神的领域里没有过，也不会做出什么伟大的贡献……从根本上说，中国呈现出一种反面的、有缺陷的状态"①。索洛维约夫的这些评价显然带有鲜明的个人主观倾向，是不能令人信服的。最后，索洛维约夫将攻击的重点放在了丹尼列夫斯基对于斯拉夫文化的论述和评价上。他认为丹尼列夫斯基对于斯拉夫文明的评价和定位过高了，并指出丹尼列夫斯基所推崇的"村社和农民的份地"不能作为新的社会经济发展的基础，而恰恰说明了俄国社会的落后。与此同时，他还认为"俄国的科学已经发展到最高点，即将开始走下坡路"②，文学和艺术领域也没有什么"新文化类型的优秀资质"③，整个俄罗斯文化已经停留在格林卡和早期托尔斯泰的时代了。因此，索洛维约夫得出的结论是，丹尼列夫斯基的文化历史类型理论只不过是一种"任意的虚构"④，是鼓吹民族特殊，容易导致极端的民族主义倾向。

索洛维约夫的态度之所以会激烈起来，是因为他在这一时期已经形成了自己的"全世界神权政治"（вселенная теократия）理念，即基督教的全人类普世化思想。在他看来，基督教的神权政治就是上帝对整个人类的统治，以罗马教皇为首的天主教会对全人类实施高于任何民族的权利，是"全世界神权政治"的最理想形式。于是，他向信奉东正教的俄国国民提出了这样的任务："首先我们应该意识到自己的真实身份：是伟大的基督教躯体的一部分，所以我们应该与那些西方弟兄紧密地团

---

① Соловьев В. С. Сочинения в 2-х томах. Т. 1. М.，Правда. 1989. С. 353.
② Соловьев В. С. Собр. соч. Т. 5. СПб.，1911—13. 6. г. С. 87.
③ Соловьев В. С. Собр. соч. Т. 5. СПб.，1911—13. 6. г. С. 87.
④ Бажов С. И. Философия истории Н. Я. Данилевского. М.，1997. С. 99.

结起来，他们在中心机构的领导下，而我们却还没有。"① 在这种神权政治思想的基础上，索洛维约夫眼中的人类文化同样带有鲜明的基督教色彩。他坚持认为没有什么文化历史类型之别，而只有基督教文化的统一发展进程。按照他的理论，人类历史上所有的民族都会慢慢地进入到基督教的光芒普照之下。显然，索洛维约夫的这种理念是经不起推敲的，他的这种观点也并未得到大家的一致赞同。别尔嘉耶夫在1925年就曾经写道："索洛维约夫的全世界神权政治思想是一种纯粹的乌托邦"②；津科夫斯基也认为："索洛维约夫对天主教的厚爱和他的乌托邦计划，将他与整个俄国社会完全隔离开来，至今他的这些愿望也没有激起任何人的兴趣。"③

斯特拉霍夫一针见血地指出，在这种理念的指导下，最令索洛维约夫感到头疼的就是，是否有一种文化能够存在于基督教的普世统治之外。而丹尼列夫斯基在论证文化理论的过程中恰恰使用了中国文明的例子证实了这一点，所以，索洛维约夫并不希望看到任何程度的中国文化历史类型。索洛维约夫对于中国的认识实在是非常片面，对中国文化的发展史也知之甚少，他在这一问题上的反驳显然不堪一击。此外，索洛维约夫在这篇文章中对本国民族文化的抨击也不能令人信服。丹尼列夫斯基在《俄国与欧洲》中对于斯拉夫文化历史类型的定位和评价的确增加了不少夸大的成分，但是，并不能因此就断定他对俄罗斯文化的论述都是不切实际的。诚然，将村社和份地视为民族文化的独特性，是一种狭隘的保守主义观点，是丹尼列夫斯基本人局限性的体现；但19世纪

---

① Соловьев В. С. Россия и вселенская Церковь. М., 1991. С. 169.
② Бердяев Н. А. Типы религиозной мысли в России. Собр. соч. Т. 3. Париж, 1989. С. 211.
③ Зеньковский В. В. Русские мыслители и Европа (Мыслители XX века). М.: Республика, 2005. С. 130.

是俄罗斯文化发展的黄金时期，文学、音乐、美术、科学等各个领域均人才辈出，众多大家都是在这一时期完成自己的创作并一举成名的，况且此后俄罗斯又迎来了白银时代和20世纪的文化成就，怎么能说俄罗斯文化毫无特色、已经停止发展了呢？这种偏激的说法自然引起了当时俄国知识界人士的强烈不满，于是，便有了斯特拉霍夫后来的《我们的文化和全世界的统一》。用斯特拉霍夫的话说，"所有的人大概可以一致承认，他的这种说法不能说是机智和准确的，而更多的是不友善；可以肯定，没有人会到索洛维约夫的这篇文章中来了解俄罗斯科学和艺术的状况"①。由此可见，虽然索洛维约夫的批评在许多地方不无道理，确实指出了丹尼列夫斯基文化理论中的一些不足之处，但是他从中得出的结论却令人无法苟同。值得注意的是，在1888年的这篇文章中，索洛维约夫还是在一定程度上对丹尼列夫斯基个人给予了肯定。比如：他在文中写道，丹尼列夫斯基"拥有大智慧的天赋和无可指摘的道德品质，他属于斯拉夫派最优秀的代表，完全不同于如今那种粗俗的爱国主义和民族主义"②。

许多研究者都认为，索洛维约夫之所以极力否定丹尼列夫斯基的"文化历史类型"理论，就是因为后者与他自己在这一阶段所坚信的"全世界的神权政治"理念背道而驰。当代学者巴鲁耶夫就非常肯定地说："索洛维约夫进行争论的主要动机就是他的新理论观点，丹尼列夫斯基的书阻碍了它的传播——这是不争的事实。"③ 这种说法的确是有

---

① 转引自 Балуев Б.П. Споры о судьбах России: Н.Я. Данилевский и его книга 《Россия и Европа》. Тверь, 2001. С.89。

② 转引自 Балуев Б.П. Споры о судьбах России: Н.Я. Данилевский и его книга 《Россия и Европа》. Тверь, 2001. С.82。

③ Балуев Б.П. Споры о судьбах России: Н.Я. Данилевский и его книга 《Россия и Европа》. Тверь, 2001. С.88.

一定依据的。有资料显示，索洛维约夫的侄子在一本叫作《弗·索洛维约夫的生活和创作历程》(Жизнь и творческая эволюция Владимира Соловьева）的书中曾经承认："当然，他反对斯拉夫派'古兰经'（指《俄国与欧洲》一书——作者注）的主要原因是，如果那样来理解历史的话，教会的统一在原则上就是不可能的了。"① 而且，索洛维约夫本人也曾经表达过自己批评丹尼列夫斯基的这种动机。他在1887年11月10日写给斯特拉霍夫的信中坦白地说道："丹尼列夫斯基在我的道路上设置了一座拙劣的建筑物……只有弄清楚这本书，才有可能继续宣传全世界的教会和与罗马教皇的和谐。"②

继这次交锋之后，索洛维约夫和斯特拉霍夫相继又公开发表了一系列针锋相对的文章，两人之间的争论愈演愈烈。据资料显示，接下来的文章有索洛维约夫的《罪恶和病症》(《О грехах и болезнях》)(《欧洲通报》，1889年№1)——斯特拉霍夫的《对索洛维约夫的最后回答》(《Последний ответ Вл. С. Соловьеву》)（《俄国通报》，1889年№2)；索洛维约夫的《给编辑部的信》(《Письмо в редакцию》)（《欧洲通报》，1889年№3)——斯特拉霍夫的《丹尼列夫斯基之书引起的争论》(《Спор из-за книг Н. Я. Данилевского》)（《俄国通报》，1889年№12)；索洛维约夫的《与西方的假想战争》(《Мнимая борьба с Западом》)(《俄国思想》(《Русская мысль》)③，1890年№8)——斯特

---

① 转引自 Балуев Б. П. Споры о судьбах России: Н. Я. Данилевский и его книга《Россия и Европа》. Тверь, 2001. С. 80。

② 转引自 Балуев Б. П. Споры о судьбах России: Н. Я. Данилевский и его книга《Россия и Европа》. Тверь, 2001. С. 80。

③ 学术、文学、政治刊物。1880—1918年在莫斯科出版。创办人В. М. 拉普罗夫。1885年以前为斯拉夫派观点，后来转向温和自由派立场。1905年以后为立宪民主党机关刊物。

拉霍夫的《反对丹尼列夫斯基之书的新举动》(《Новая выходка против книги Н. Я. Данилевского》) (《新时报》(《Новое время》)①, 1890年9月21日和11月20日), 等等。从刊登时间上来看, 这些文章的间隔都比较短, 可见当时的争论是非常激烈的。

1890年, 索洛维约夫在第七期《欧洲通报》上又发表了一篇叫作《德国原著和俄国抄本》(《Немецкий подлинник и русский список》)的文章。如果说在前面的《俄国与欧洲》一文中, 索洛维约夫的目的是为了弄清丹尼列夫斯基的学说有多少合理性, 那么这一篇则是为了证明其思想理论并非自己创造, 而是从别人那里抄袭来的。被索洛维约夫称为是丹尼列夫斯基"思想先驱"的, 是一个没有名气的德国历史学家, 叫做留凯尔特 (Г. Рюккерт), 此人曾在1857年出版了一本很少有人知道的普通历史课本②, 这本书从未被译成过俄文。但是索洛维约夫却认定, 丹尼列夫斯基的文化历史类型理论"几乎逐字逐句"都是从这个三流的德国学者那里抄袭来的, 并且下定结论, 认为其理论全部为"空洞的虚构"③。对此, 斯特拉霍夫在1894年第十期的《俄国通报》上发表《留凯尔特和丹尼列夫斯基的历史观》(《Исторические взгляды Г. Рюккерта и Н. Я. Данилевского》) 一文予以回击。这是双方论战的最后一个回合, 斯特拉霍夫在这篇文章发表半年之后便去世了。

---

① 俄国最大的报纸之一。1868—1917年在彼得堡出版 (1869年起改为日报)。原为自由主义报纸, 1876年改由 А. С. 苏沃林发行后, 成为保守报纸。1905年起为黑帮分子喉舌, 十月革命后被查封。
② 书名为 Учебник всеобщей истории в органической изображении, 1857年在莱比锡出版。
③ Соловьев В. С. Немецкий подлинник и русский список // Вестник Европы. №12, 1890. С. 568.

与先前的众多文章不同的是,在《德国原著和俄国抄本》中,已经感觉不到索洛维约夫对丹尼列夫斯基及其作品的尊重了,可以肯定的是,索洛维约夫写这篇文章更多的是出于论战的目的,其中含有很多对丹尼列夫斯基的恶意攻击。就连曾经高度评价过他许多宗教哲学著作的列昂季耶夫(К. Н. Леонтьев)也在后来写给朋友的信中禁不住发出以下感慨:"我对他最近三年来的表现非常不满……自从他迷上这个批判斯拉夫主义的激烈、而且经常是不诚实的辩论之后……我对他这种幸灾乐祸和恶毒的语调、厚颜无耻的歪曲非常不满。"① 当然,索洛维约夫并非直接与丹尼列夫斯基,而是与其思想的拥护者斯特拉霍夫在辩论,所以,他的一些尖锐批评在某种程度上其实也是针对斯特拉霍夫及其著作的。然而,无论如何,他在文章中的矛头都是直指丹尼列夫斯基的。甚至索洛维约夫本人也曾经承认,他在对丹尼列夫斯基思想的评论中并不总是得体和有分寸的,他曾在写给编辑部的信中说道:"我非常遗憾,我们的争论在某种程度上其实是一种'个人的争吵',为此我愿意收回自己先前所说的所有粗鲁的话。"② 可是,在后来发表的文章中索洛维约夫的基调并未有任何改变。

事实上,斯特拉霍夫与索洛维约夫在此之前一直保持着长期的友好关系。早在索洛维约夫进行硕士论文答辩的时候,斯特拉霍夫就曾在杂志上对其做出过高度评价。后来,索洛维约夫的博士论文《抽象原理批判》(《Критика отвлеченных начал》)在1881年得以出版成书,他又专门在杂志上撰文称赞。可以说,几乎所有索洛维约夫的早期作品,在还没有表现出亲西方和亲基督教立场时,都曾得到过斯特拉霍夫的积极

---

① Леонтьев К. Н. О Владимире Соловьеве и эстетике его жизни (По двум письмам). М., 1912. С. 5.
② 转引自 Балуев Б. П. Споры о судьбах России: Н. Я. Данилевский и его книга 《Россия и Европа》. Тверь, 2001. С. 87。

肯定。同样，索洛维约夫在早期支持斯拉夫派观点的时候，也非常尊敬这位比自己年长许多的学者，他经常与斯特拉霍夫通信、见面，一起讨论相互感兴趣的问题。只是到了后来，两人因为丹尼列夫斯基的思想展开公开辩论以后，索洛维约夫才开始对自己的忘年之交表现出令人遗憾的不真诚和两面性，甚至到最后发展成了敌对的情绪。

在《留凯尔特和丹尼列夫斯基的历史观》一文中，斯特拉霍夫通过详细的论证维护了丹尼列夫斯基作为"文化历史类型"理论创始人的地位。他指出，索洛维约夫在借用留凯尔特的原话引证"抄袭"观点时，添加了许多自己的解释，从表面上看，他是在介绍留凯尔特的理论，而实际上却已经为其增加了不少额外的意思。这样一来，绝大多数根本没有读过留凯尔特作品的人们，自然而然地就把其当作"文化历史类型"理论的第一创造者了。根据斯特拉霍夫的了解，虽然留凯尔特在书中曾经三次使用"文化历史的"（культурно-исторический）和二十次使用"类型"（тип）一词，但是文中却从未出现过"文化历史类型"这种说法，他在描述人类历史进程时使用的术语是"文化队列"（культурные ряды）。而且，与丹尼列夫斯基完全不同，他认为历史上的这些"文化队列"是呈直线发展的，它们构成一条统一的历史线路。所以，留凯尔特解决人类历史命运这一问题的钥匙还是传统的西方历史观，即认为西欧文化的发展是历史的主要轨迹，它实现了人类存在的最高追求，其他所有文化的发展都应该从属于这种轨迹。而这恰恰是丹尼列夫斯基在《俄国与欧洲》中极力批评的"人为的历史体系"，是带有"欧洲中心主义"色彩的世界观和历史观，怎么能说丹尼列夫斯基的观点是来自于此的呢？最重要的是，丹尼列夫斯基的书中"没有一个术语、一个措词或是一种表达方法能够说明，他曾经了解过留凯尔特的观点"[1]。此外，

---

[1] Страхов Н. Н. Борьба с Западом в нашей литературе. Кн. 3. Киев, 1897. С. 158.

凭借自己跟丹尼列夫斯基多年的友谊和交情，斯特拉霍夫断定后者没有读过、也不晓得留凯尔特的作品。他回忆道，以前与丹尼列夫斯基见面的时候，两人经常在一起讨论一些有意思的书，而且还会互相给对方展示自己手头的有趣资料，但是他却从来没有听丹尼列夫斯基提起过"留凯尔特"这个名字。而且，索洛维约夫所说的那本德语书籍，他也从来没有在丹尼列夫斯基家的图书馆里见过。所以，斯特拉霍夫坚信，索洛维约夫在《德国原著和俄国抄本》中对于丹尼列夫斯基文化历史类型理论的抨击，表现出很强的个人偏见，是经不起仔细推敲的。后来，美国学者马克·马斯特曾专门致力于这方面的研究，通过有力的证据推翻了索洛维约夫的"抄袭论"①。如今，"几乎已经没有人再公开地维护弗·索洛维约夫关于丹尼列夫斯基的文化历史类型理论是从留凯尔特那里抄袭而来的这种说法了"②。

然而，正好在这一时期，索洛维约夫被邀请主持著名的《布罗克豪斯-艾弗隆百科词典》③（《Энциклопедический словарь Брокгауза и Ефрона》）哲学册的编纂，既是编辑又是作者的他拥有很大的权力，其中有31篇关于哲学史、24篇关于神学和宗教史，以及一系列关于俄国文学史的词条都是由他撰写的。所以，当他在1891年评价丹尼列夫斯基及其思想时自然增加了不少负面的色彩。对此列昂杰耶夫曾经在写给

---

① 见《尼·雅·丹尼列夫斯基——一个俄国极权思想家》（Н. Я. Данилевский-русский тоталитарный мыслитель. Гарвард, 1967）一书。
② Балуев Б. П. Споры о судьбах России: Н. Я. Данилевский и его книга 《Россия и Европа》. Тверь, 2001. С. 234.
③ 是俄罗斯帝国时代刊印的俄文版百科全书，1890—1907年由俄国印刷业者艾弗隆与德国著名布罗克豪斯出版社合作推出，共有41卷和2卷补编、82卷和4卷补编两种版本。全书共有121240个词条，7800个插图和235幅地图。自1987年起该词典成为国家公共财产。

朋友的信中提到：索洛维约夫带给读者的完全是一个被扭曲了的丹尼列夫斯基，虽然肯定他是一个不错的植物学家和鱼类学家，但却最终将他定性为"矫揉造作"的思想家和"不良作品"《俄国与欧洲》的作者，认定其书中的"虚假"和"有害"思想均来自德国历史学家留凯尔特，并认为他试图隐瞒这一事实。① 由于这本《百科辞典》是1917年革命前最普及的一本，再加上索洛维约夫在当时的哲学界享有很高的威望，所以其中对于丹尼列夫斯基的非客观评价在很长一段时间里广泛传播，一直影响到后来的苏联时期。

在这场持续了六年的公开论战中，很难说斯特拉霍夫和索洛维约夫二人孰胜孰负，但可以肯定，他们代表了两种对立的思想倾向，其针锋相对的根本原因还是由于历史文化观的不同。然而，争论本身对于大家认识和理解丹尼列夫斯基的"文化历史类型"理论是很有意义的，至少人们对丹尼列夫斯基和《俄国与欧洲》一书更加关注了，仅从此书于1888年、1889年和1895年连续三次再版的事实就可以看出这一点。

（三）19世纪末：俄国思想界产生的共鸣

斯特拉霍夫和索洛维约夫的这场辩论并不是孤单的，俄国知识界的许多著名学者都曾积极参与其中，在报刊和杂志上发表自己的看法和观点，形成了两种截然不同的立场：支持丹尼列夫斯基的一方以斯特拉霍夫、列昂季耶夫、别斯图热夫-留明、罗扎诺夫为代表，反对的一方则主要是索洛维约夫和卡列耶夫（Н.И. Кареев）。围绕《俄国与欧洲》一书展开的这场针锋相对的大讨论，对当时的俄国社会产生了不容忽视的影响。

---

① 参见 Балуев Б. П. Споры о судьбах России: Н. Я. Данилевский и его книга《Россия и Европа》. Тверь, 2001. С.94.

19世纪末的哲学家、政论家和文学评论家列昂季耶夫（1831—1891）也是丹尼列夫斯基文化历史类型思想的大力赞赏者之一。早在《曙光》杂志首次刊登《俄国与欧洲》时，他就阅读并肯定了这本书中的独特思想。所以，1888年索洛维约夫开始对丹尼列夫斯基进行批评的时候，他迅速反应，于《公民报》（《Гражданин》）① 上发表了一篇题为《弗拉基米尔·索洛维约夫反对丹尼列夫斯基》(《Владимир Соловьев против Данилевского》) 的文章。同斯特拉霍夫一样，列昂季耶夫毫不犹豫地投入到维护丹尼列夫斯基思想的队伍中去，他也认为索洛维约夫抨击丹尼列夫斯基的一个重要原因，是其"文化历史类型"理论妨碍了"全世界神权政治"和基督教会统一思想的推广。虽然他不赞成丹尼列夫斯基在书中发表的一些政治观点，但是却肯定地指出："文化类型的理论和它们相互替换的看法在历史思想领域迈出了意义重大的一步，是一个伟大的发现。"② 在强调这一理论的光辉未来时，列昂季耶夫认为，丹尼列夫斯基的功绩在于"为我们今后选择独特的历史道路，或至少是独特的历史思维，提供了一种类似科学基础的东西"③。尽管如此，列昂季耶夫对丹尼列夫斯基的理论并非采取绝对辩护的态度。他在俄国哲学界和社会思想界一向以一个独立自主的思想家著称，从来不因某些权威或舆论的压力而放弃自己的原则。1884年，列昂季耶夫就曾公开表示不同意丹尼列夫斯基对于斯拉夫世界的评价，不认同斯拉夫文化历史类型必将成为最完善文明的观点。他认为，这种看法虽然令俄国人

---

① 俄国政治与文学报刊，1872—1914年在彼得堡出版。创办人 В. П. 梅谢尔斯基。1873—1874年 Ф. М. 陀思妥耶夫斯基曾任此报编辑。
② 转引自 Балуев Б. П. Споры о судьбах России：Н. Я. Данилевский и его книга 《Россия и Европа》.Тверь，2001. С.96.
③ 转引自 Балуев Б. П. Споры о судьбах России：Н. Я. Данилевский и его книга 《Россия и Европа》.Тверь，2001. С.96.

引以为荣，但却不符合实际。列昂季耶夫对斯拉夫民族形成一种新的文化历史类型的可能性表示怀疑，并确信这种使命将有可能由中国或印度来完成。

尽管有一些意见分歧，但列昂季耶夫一直积极支持"文化历史类型"理论，把丹尼列夫斯基看作自己的老师，并根据自己的理解对其论述做了进一步的发展和补充。因此，列昂季耶夫通常被视为丹尼列夫斯基思想的后继者。1875年，列昂季耶夫完成了专著《拜占庭和斯拉夫》(《Византия и славянство》)。在这本书中，他在承袭丹尼列夫斯基理论的基础上，阐述了自己关于历史进程的思想，进一步揭示出文化历史类型发展的合理性。根据列昂季耶夫的观点，自然界和人类社会的所有现象，包括各种文化和文明，都要经历三个发展阶段：(1)原始的简单阶段(первоначальной простоты)；(2)融合和繁荣的复杂阶段(цветущей объединения и сложности)；(3)再次简化的阶段(вторичного смесительного упрощения)。他认为，人类历史上的所有文化历史类型都经历了这三个阶段，其中，第二个阶段是文明开花结果的最好时期，第三个阶段则是其不断衰落、并走向消亡的时期。丹尼列夫斯基在阐述文化历史类型形成和发展的五个原则时，也表达了类似的观点。然而，列昂季耶夫理论中所阐述的三个阶段却更加形象、具体，尤其是他认为当文化历史类型经过了开花结果的繁盛时期之后，不是简单地走向衰亡，而是要经过第二次的简化才会结束自己的生命。这是丹尼列夫斯基理论中所没有的内容。列昂季耶夫为自己的发挥感到自豪，他写道："发现文化类型的殊荣属于丹尼列夫斯基，而提出它们在灭亡前要经历第二次混合的设想则属于我。"①

---

① 转引自 Балуев Б. П. Споры о судьбах России: Н. Я. Данилевский и его книга 《Россия и Европа》. Тверь, 2001. С. 98.

除了列昂季耶夫之外，前文已提到过的历史学家别斯图热夫-留明也是大力支持斯特拉霍夫的一员。1888年，当《俄国与欧洲》第二次以成书的形式出版的时候，别斯图热夫-留明为它写了一篇评论，将丹尼列夫斯基建构的关于历史进程的"自然体系"与哥白尼在天文学中的伟大发现相媲美，并向读者们大力推荐这本书。同年，他又在《俄国通报》上发表《文化历史类型理论》（《Теория культурно-исторических типов》）一文，再次强调了丹尼列夫斯基这本书的丰富内容及其理论思想的说服力。别斯图热夫-留明坚决反驳对于丹尼列夫斯基的种种攻击，认为丹尼列夫斯基的论述触犯了那些一直宣扬欧洲为世界文化主宰者的人。他解释道："丹尼列夫斯基没有否认欧洲民族的文化继续发展下去的可能性，也没有否认一种属于新类型的民族借鉴其文化成果的可能性，他指出的是，一种新的文明要想达到进一步的发展，就必须不断地改变方向，找到新的活动目标，这是一种新的文化类型存在的必要条件。"① 别斯图热夫-留明高度评价了《俄国与欧洲》一书，认为这"应该是俄罗斯民族自觉性发展过程中的一个转折点，俄国的思想者们最终都会明白这一点，并毫无成见地对其进行研究"②。

杰出的哲学家罗扎诺夫也称赞丹尼列夫斯基是有超前思维能力的优秀思想家。他在1890年的《哲学和心理学问题》（《Вопросы философии и психологии》）杂志上写道，《俄国与欧洲》一书中阐述出来的思想"远远高于我们社会的生产力"③，并相信，随着人们一代又一代的成长，丹

---

① Бестужев-Рюмин К. Н. Теория культурно-исторических типов // Русский вестник. №5, 1888. С.14.

② Бестужев-Рюмин К. Н. Теория культурно-исторических типов // Русский вестник. №5, 1888. С.3.

③ Розанов В. В. Литературные изгнанники. Н. Н. Страхов. К. Н. Леонтьев. М.: Республика, 2001. С.229.

尼列夫斯基"所试图构建的智慧大厦的特征，将会越来越清晰地显现出来"①。当1894年斯特拉霍夫发表《留凯尔特和丹尼列夫斯基的历史观》反驳索洛维约夫的"抄袭"论时，罗扎诺夫也立即发表文章予以支持。他写道，"索洛维约夫应该理解，丹尼列夫斯基的真正智慧并非编纂书籍，如果他没有跟随达尔文的脚步，那么很难想象，他会抄袭一个不知名的留凯尔特。丹尼列夫斯基根本没有这样做，也不会这样做。编纂和抄袭的才能……是一种非常细腻、精确的才能，身为反达尔文主义者、植物学家和鱼类学家的丹尼列夫斯基完全没有这种天赋。"②

著名历史学家卡列耶夫③曾经在1889年写过一篇题为《文化历史类型理论》（《Теория культурно-исторических типов》）的文章。虽然他也站在反对文化历史类型理论的立场上，但与索洛维约夫不同的是，卡列耶夫并没有全盘否定丹尼列夫斯基，而是做出了比较客观的评价。他指出丹尼列夫斯基的理论建构是不够严密的，存在一定的极端性和片面性，比如书中出现了前后矛盾，不能自圆其说。他认为，既然在理论上肯定各种文化历史类型都是相互平等的，那么就不应该将斯拉夫文明视为最完美、最有前途的历史类型。与此同时，卡列耶夫对丹尼列夫斯基关于世界历史进程的观点表示赞赏，认为"他用非常充分的理由反驳了

---

① Розанов В. В. Литературные изгнанники Н. Н. Страхов. К. Н. Леонтьев. М.: Республика, 2001. С. 229.

② Розанов В. В. Литературные изгнанники. Н. Н. Страхов. К. Н. Леонтьев. М.: Республика, 2001. С. 367.

③ Николай Иванович Кареев (1850—1931)，俄国历史学家，俄国科学院通讯院士（1910年起为彼得堡科学院通讯院士），苏联科学院名誉院士（1929）。有法国18世纪后半叶农业史、法国大革命史方面的著作；著有西欧近代史教程。

传统的世界历史观,并提出了许多正确的意见"①。他也完全赞同丹尼列夫斯基对"欧洲中心主义"的批判,指出后者"非常准确地发现了西欧国家在理解人类历史上的一个误区——这在很多历史学家和历史哲学家那里都有所体现(比如黑格尔或孔德),即把欧洲的命运等同于整个人类的命运,并且很到位地分析了这种现象存在的原因"②。

19世纪末,这场围绕丹尼列夫斯基及《俄国与欧洲》的争论宣告结束。从表面上看,这次争论只不过是丹尼列夫斯基思想的支持者与反对者之间的较量,但实际上,争论的内容已经涉及俄罗斯的国家命运、俄罗斯文化的发展道路和发展方向等重要问题,因为丹尼列夫斯基的文化观和历史哲学思想恰恰涵盖了对这些问题的解读。所以,从某种程度上说,这场争论可以被看作是此前斯拉夫派和西方派斗争的延续。由于参与这次争论的均为俄国当时优秀的思想家和杰出的社会精英代表,所以争论推动了一批知识分子的思想进步趋向成熟,加深了他们对许多关键问题的理解和认识,对俄国社会思想的发展产生了较为深远的影响,是"俄罗斯思想"形成过程中不可缺少的一个组成部分。

(四)苏联时期:从彻底批判到开始研究

苏联时期,针对丹尼列夫斯基及其思想的态度,与此前相比有着很大的不同,经历了一个从彻底批判到重新开始研究的过程。

随着1917年革命的胜利,沙皇政府的统治被彻底推翻,十月革命又使整个国家发生了翻天覆地的变化。此时的苏联努力与过去划清界

---

① Кареев Н. И. Теория культурно-исторических типов // Философия истории в русской литературе. Т. 2. СПб. , 1912. С. 90.

② Кареев Н. И. Теория культурно-исторических типов // Философия истории в русской литературе. Т. 2. СПб. , 1912. С. 81.

线，不仅对沙皇时期进行尖锐批评，而且还要坚决摒弃过去的一切。意识形态的彻底转变也导致了高度政治化局面的产生，对任何事物的评价都首先从政治角度入手。在这种政治取向占统治地位的情况下，苏联国内对于丹尼列夫斯基的认识也被打上了明显的政治烙印，只看到了他的政治观点，而忽视了他的文化思想，对其进行了猛烈的抨击和批判。所以，从十月革命之后到20世纪70年代的近六十年里，丹尼列夫斯基被彻底打入了冷宫，其思想和理论成为学术研究的禁区，他的名字只能在一个很窄的专业领域中见到——只有那些专门批判非马克思主义社会学的专家才会提及他。而这些人力图先入为主地证明，丹尼列夫斯基的"文化历史类型"理论与世界历史进程是自相矛盾的、站不住脚的。

在20世纪20—50年代的苏联辞书中，丹尼列夫斯基被定性为"反动思想家"，民族主义、沙文主义、泛斯拉夫主义甚至是帝国主义的鼓吹手。比如：在第一版《苏联大百科全书》（《Большая советская энциклопедия》. М., 1930. Т. 20.）的匿名评论中，对丹尼列夫斯基的界定是"反动的大国民族主义思想家"，其代表作品体现了"1861年改革后时期的俄罗斯贵族与农民之间的阶级世界观，以及他们面对资产阶级民主革命所产生的恐惧"[①]。

20世纪的60—80年代，随着苏联社会所发生的变化，对丹尼列夫斯基的评价不再带有那么尖锐的"阶级性"了，而是悄然地趋向中性。比如：在《历史百科全书》（《Историческая энциклопедия》. М., 1963. Т. 4.）中，丹尼列夫斯基被定义为"俄国政论家、自然科学家，俄国地理协

---

① Данилевский Н. Я. Россия и Европа. Взгляд на культурные и политические отношения славянского мира к германо-романскому. М.: Известия, 2003. С. 325.

会成员，改革（1861）后时期的斯拉夫主义和泛斯拉夫主义思想家"①；第二版的《苏联大百科全书》(《Большая советская энциклопедия》. М., 1972. Т.7.)中，对丹尼列夫斯基的评价也与之非常相近："俄国政论家、社会学家、自然科学家，泛斯拉夫主义思想家"②。

20世纪80年代后半期和90年代初期，在思想开放进程的推动下，苏联境内开始出现一些专门研究丹尼列夫斯基的著作，这无疑是当时学界的一个新现象。与此同时，这一时期的研究者逐渐开始以较为客观的态度来评价丹尼列夫斯基的思想贡献，将他对于历史哲学领域的独特创新功绩提升到了首位。

（五）当代俄罗斯：重新关注，格外重视

20世纪90年代，随着苏联的解体和新国家的成立，俄罗斯国内重新兴起了关注丹尼列夫斯基及其文化思想的潮流。1991年，在莫斯科出现了简化版的《俄国与欧洲》；1995年，《俄国与欧洲》一书在彼得堡正式出版。这是该书自1895年之后，时隔整整一百年，再次跟广大俄罗斯读者见面，它意味着丹尼列夫斯基的理论和观点重新回到了俄罗斯人的视野之中。虽然该书诞生于一个多世纪以前，但是书中所阐述的许多思想却在此时获得了新的现实意义。一时间，俄罗斯国内涌现出大量研究丹尼列夫斯基的文章、专著、博士论文等，致力于这一课题的学者更是层出不穷。

---

① Данилевский Н. Я. Россия и Европа. Взгляд на культурные и политические отношения славянского мира к германо-романскому. М.: Известия, 2003. С. 970.

② Данилевский Н. Я. Россия и Европа. Взгляд на культурные и политические отношения славянского мира к германо-романскому. М.: Известия, 2003. С. 527.

为什么俄罗斯学术界对待丹尼列夫斯基的态度会由以前的冷淡变为现在的重视？又为什么这种转变会发生在20世纪90年代这个特殊的历史时期呢？这看似简单的社会现象背后隐藏着深刻的历史背景和文化内涵。

从一定程度上来说，世纪之交的俄罗斯与150多年前的俄国有些相似之处，苏联的解体、新体制的建立使俄罗斯民族迈入一个新的历史发展阶段；而与此同时，政治和经济领域的变革无疑对社会的思想和文化状况产生了巨大影响，也给人民群众的心态带来了复杂和矛盾的变化。转型阶段的震荡，使俄罗斯民族又一次在历史的发展道路上迷失了方向，原本以为在十月革命之后就已经彻底解决的诸多疑问重新摆在了他们的面前。在自我认同和价值观念出现严重危机的情况下，关于俄罗斯思想和俄罗斯命运的思考重新受到广大爱国知识分子乃至国民大众的关注，也成为这个国家复兴和前进所面临的一次新的考验。于是，寻找走向未来之路、重新评价民族文化、明确俄罗斯在世界民族之林中的地位等等，成为这一时期亟待解决的一系列现实问题。然而，"转型时期的社会动荡没有割断俄罗斯民族的历史记忆，也没有破坏其连续性和继承性"[①]。文化自觉、民族的自我意识、俄罗斯的文化属性等困扰知识分子几百年的重要问题在此时变得更加迫切。与之前的历史阶段相比，这些问题不仅变得十分尖锐，而且以一种新的形式表现出来。此时的俄罗斯急需一批能够帮助自己理清思绪、明确任务、走出困境的指引者。于是，丹尼列夫斯基作为本国思想、文化和哲学史上的重要人物之一，再次登上了俄罗斯思想的历史舞台，《俄国与欧洲》一书也重新成为时代的宠儿。

在当代俄罗斯，丹尼列夫斯基及其主要思想受到了学术界的普遍关

[①] 李英男：《转型时期的俄罗斯民族意识》，载《俄罗斯研究》，2002年第1期，第61页。

注，包括文化学、历史学、社会学、哲学在内的许多领域都在进行着对他的研究。其中，文化学界对丹尼列夫斯基的重视则尤为突出，近年来，以他为研究对象的论文和专著屡见不鲜。

俄罗斯的文化学发展起步较晚，文化学作为一门正式的学科是从20世纪90年代初才从哲学中独立出来的，但是它一经形成便蓬勃地发展起来。目前在俄罗斯国内，文化学这个新兴的学科已经由最初的稚嫩走向逐步的成熟。全国各大高等院校纷纷设立了文化学教研室，展开了系统、全面的教学活动，深受学生们的欢迎；在众多书店和图书馆中，文化学方面的教科书和专业文献种类丰富、数量繁多，优秀作品层出不穷；与此同时，文化学领域的学术研究也在逐渐地发展壮大，不仅有越来越多的人投身到文化学研究的队伍中来，而且该学科研究的内容、方法、现实意义以及存在的问题等等，也越来越受到人们的关注。

当代俄罗斯的文化学研究体现出明显的民族性特色，特别强调对本民族自身文化的重视。这是由于经历了苏联解体的动荡和意识形态的转变之后，"俄罗斯的民族自我意识开始复苏，学术界掀起了寻找民族本色、民族文化传统、民族自我意识的热潮。一切带有'俄罗斯的'都被认为是有价值的，整个学术研究被'俄罗斯化'了"①。于是，在21世纪的时代背景下，俄罗斯文化学界一方面以借鉴西方文化学研究的成果和经验为方式，另一方面则把为自己的文化学寻根作为主要任务，他们不再把眼光固定在西方的学术理论上，而是转为研究在俄罗斯本土上所出现的独特思想，因此，俄罗斯文化发展史中的一些重要观点和代表人物都成为他们日益关注的对象。19世纪下半叶的丹尼列夫斯基尤其受到当代俄罗斯文化学界的青睐。这不仅仅是因为他早于斯宾格勒、汤因比等人半个多世纪就提出了用文明的方法研究世界历史和文化的观点，以

---

① 张百春：《文化学研究在俄罗斯》，载《国外社会科学》，1998年第6期，第15页。

独特的视角批判了欧洲中心论，否认了欧洲文化的唯一性，提倡世界文化的多元化，是俄罗斯思想界的杰出代表。更为重要的是，丹尼列夫斯基的"文化历史类型"概念中最牢固和最根本的就是文化的民族性本质，在他的文化思想中蕴含着对于俄国自身问题和俄罗斯民族自我意识的关注和重视，他对本民族未来命运的阐释紧紧地追随着那条贯穿整个俄罗斯历史文化发展的精神主线——"俄罗斯思想"，直到今天仍具有重要的现实意义。因此，他的理论与当代俄罗斯文化学研究的主题和社会思想的发展趋势极为吻合。这就是当代俄罗斯文化学界重视丹尼列夫斯基的根本原因。

由于俄罗斯所处地理位置的特殊性，与西方近邻之间的关系问题自古以来就是俄罗斯哲学和文化学思想的关键之所在。丹尼列夫斯基当初把自己的著作命名为《俄国与欧洲》也并非偶然，他正是从这个问题入手提出了独特的"文化历史类型"思想，用自己的方式对世界文明史的发展进行了阐释，并重点研究了俄罗斯人最关心的欧洲文明和斯拉夫文明之间的关系。一百多年前的丹尼列夫斯基并没有像大多数同时代人那样，一味地纠缠于这两种文明孰优孰劣的争论，而是明确地指出，由于俄国与欧洲之间的历史渊源和价值观念不同，二者有着很深的文化差别，分属两种不同的文化历史类型。因此，俄国与欧洲的问题不只是一个地理问题，更是一个历史文化学的问题。欧洲文明有自己的优势，斯拉夫文明更有自己的特色，那种把欧洲奉为神圣和最佳的思想是错误的，欧洲文明固然发达，但它并非唯一的发展模式，俄罗斯不应一味地效仿欧洲文化、盲目地学习欧洲的一切，而应该寻找自己的独特性，发扬自己的民族特色，探索一条适合自己的发展道路。这就是丹尼列夫斯基的文化思想对俄罗斯民族最大的指导意义。

进入21世纪以后，《俄国与欧洲》作为俄罗斯历史哲学的经典著作被频繁再版，丹尼列夫斯基本人也成为俄罗斯哲学、历史学和文化学领域一位公认的重要人物。俄罗斯科学院哲学所所长、哲学和语文学双料博士古列维奇（П. С. Гуревич）在他的《文化学》（《Культурология》）一书中写道："许多文化哲学家为各种文化相互平等的思想奠定了基础，其中包括俄罗斯的尼·雅·丹尼列夫斯基，德国的奥·斯宾格勒、瓦·舒巴尔特①"。② 莫斯科大学国家管理系教授、哲学博士、国际俄罗斯学科学院院士沙波瓦洛夫（В. Ф. Шаповалов）在自己的《俄罗斯学》（《Россиеведение》）一书中写道："区域文明理论的奠基人是尼·丹尼列夫斯基、马·韦伯、奥·斯宾格勒、皮·索罗金、阿·汤因比。后来，到了 20 世纪下半叶，很多西方思想家才纷纷从事区域文明问题的研究"。③

21 世纪的俄罗斯，在回顾自身历史和理解世界文化发展法则的同时，更加明确了在现阶段解决文明认同问题的迫切性。当代俄罗斯思想界已经清楚地认识到，如今国家的社会文化所面临的主题已经不再是传统的定位问题，不再是历史上介于东西方之间的"斯芬克斯之谜"了，而是俄罗斯应该如何发挥自己的文化独特性，在当今世界文明的大框架下学会自我生存的问题。尽管当代俄罗斯的社会思想还没有完全克服过去斯拉夫派和西方派争论的传统模式，但是有越来越多的人已经意识到，俄罗斯究竟属于东方还是西方并不那么重要了；今天所面临的"主

---

① Вальтер Шубарт（1897—1942），德国哲学家。曾写过《欧洲与东方的灵魂》（《Европа и душа Востока》）一书，阐述了西方文明所面临的种种灾难和俄罗斯的历史使命，并确信只能靠东正教的斯拉夫思想才能拯救欧洲和全世界。由于持有强烈的亲斯拉夫观点，舒巴尔特从德国移民至拉脱维亚，但他于 1941 年被捕，后来消失在集中营中。

② Гуревич П. С. Культурология：Учебник. М.：Гардарики, 1999. С. 184.

③ Шаповалов В. Ф. Россиеведение：Учебное пособие для вузов. М.：ФАИР - Пресс, 2001. С. 12.

要任务是认识自我,是摆脱 19 世纪争论孰优孰劣的陈旧理念,摒弃 20 世纪'赶上并超过'西方文明的不良心态,停止对西欧文明的过度崇拜,不再盲目地将它移植到俄罗斯的土壤上来,从而认真研究自身的现实状况,深入分析自身存在的问题和需要,充分认识自身的优势和特色,不断吸取他人的经验和教训,并在可能的情况下利用他人的成就为自己服务"①。而丹尼列夫斯基思想的独创性和现实性,恰恰在于强调对俄罗斯自身文化独特性的关注和民族意识的觉醒,读他的书可以明确一点——俄罗斯不应忘记自己的民族文化和自身的独特优势,盲目崇拜无法拯救自我,而只会导致精神危机和文化没落。所以,丹尼列夫斯基的文化思想在"俄罗斯与 21 世纪"的时代主题下显得尤为迫切和需要。"他的书中充满了对祖国的信任和对光辉未来的希望;这本书不只是一种科学的理论,还是一个爱国人士信心的象征,以及让民族意识回归到精神层面的呼吁,俄国的历史正是建立在这种精神基础上的……正是这一点使我们重视热爱自己祖国的丹尼列夫斯基,并对这位杰出的俄国学者的思想深感兴趣。"②

也许,俄罗斯学者皮沃瓦罗夫(Ю. С. Пивоваров)③的一番话做出了更加圆满的解释:"丹尼列夫斯基的创造性遗产对于俄罗斯的自我意识,

---

① Волошина А. С. Теория культурно-исторических типов Н. Я. Данилевского: история и современность. Дис. канд. филос. наук. Ростов‐на‐Дону, 2004. С. 82.

② Волошина А. С. Теория культурно-исторических типов Н. Я. Данилевского: история и современность. Дис. канд. филос. наук. Ростов‐на‐Дону, 2004. С. 102–103.

③ Юрий Сергеевич Пивоваров 是俄罗斯科学院通讯院士、俄科学院社会科学信息研究所(ИНИОН РАН)所长。他在自己的专著《两个世纪的俄罗斯思想》(《Два века русской мысли》)一书中,专门用了一章的篇幅来介绍丹尼列夫斯基的文化思想,以及俄国与西方对他的研究历史。

对于弄清俄罗斯的历史使命，弄清我们的政权和文化的本质及特点，都具有根本上的意义。……在西方，我们之中从来没有人（不包括作家）像丹尼列夫斯基那样，被长期地、热烈地争论过；也从来没有人获得过那么大量的研究。而且，在过去一百年的俄罗斯国内，也没有一本书像他的《俄国与欧洲》那样，引起过如此激烈而持久的争论。可以说，丹尼列夫斯基思想遗产的历史就是一部围绕该遗产的争论史，而且，这部争论史早就已经成为研究和分析的对象了。它在很大程度上反映了俄罗斯的思想和西方世界对它的认识与接受。"①

如今，丹尼列夫斯基的那些政治主张早已落空、过时，而其理论的文化内涵在当代俄罗斯社会的发展形势下却获得了新生。

著名学者德拉奇在自己编写的《文化学》（《Культурология》）一书中写道："1871 年尼·雅·丹尼列夫斯基的著名作品《俄国与欧洲》问世。其中所阐述的文化学理论为 20 世纪西欧知识界最受关注的'封闭文化'和'区域文明'理论奠定了基础。"② 在他主编的另一本名为《世界文化百题》（《Культурология в вопросах и ответах》）的书中，他详细地解释了丹尼列夫斯基"文化历史类型"理论的意义："丹尼列夫斯基的主要理论归结为：历史是由多种文化历史类型的存在和发展构成的，这些类型互不依附，权利平等，都像活生生的机体那样发展并发挥着作用。《俄国与欧洲》的许多观点和理论领先于斯宾格勒的《西方的没落》。丹尼列夫斯基的理论对现代西方哲学和文学有很大的影响，他被西方誉为人类文化异质多样性理论的奠基人。他之所以被称为先驱者，正是因为他给西方普遍采取的对文化现象进行时空封锁的立场打下了基础。大批思想家如斯宾格勒、汤因比、诺尔特洛普和索罗金，在他

---

① Пивоваров Ю. С. Два века русской мысли. М., 2006. С. 205–206.
② Драч Г. В. Культурология. Учебное пособие для студентов высших учебных заведений. Ростов-на-Дону: Феникс, 1998. С. 349.

们的现代文化学著作中首先提到的人总是尼古拉·丹尼列夫斯基。"①

此外，由斯克沃尔佐娃（Л. В. Скворцова）、列维特（С. Я. Левит）、古列维奇、孔达科夫（И. В. Кондаков）等诸多知名学者集体编撰的《二十世纪文化学词典》（《Культурология. XX век. Словарь》），被视为文化学专业辞书中的经典代表作品，它集合了俄罗斯文化学理论的精华，体现了最新的学术成果。在这本词典中，有多个词条提到丹尼列夫斯基的名字，其中对他做出评价的有以下几条：（1）"丹尼列夫斯基的类型学为三个主要结论的得出奠定了基础：第一，每一种伟大的文明都代表了一种与众不同的原型；第二，文明的生命有自己的期限，一种文明会替换另一种文明；第三，将文明的共性和个性进行比较研究，可以从整体上更加深入地理解历史。"（出自词条"Историческая типология культуры"，p. 169）（2）"在当代史料研究和文化科学中，尼·雅·丹尼列夫斯基成为循环论和周期论的奠基人。在他之后又有斯宾格勒、汤因比、索罗金、列夫·古米廖夫。"（出自词条"Парадигма"，p. 337）（3）"尼·雅·丹尼列夫斯基在《俄国与欧洲》一书中，为后来的关于在有限的生命形式与文化之间可以进行直接类比的思想奠定了基础。"（出自词条"Философия культуры"，p. 498）（4）"在诠释历史文化的进程时，拒绝线性的发展观、坚持文明的方法论，导致了文化形态学思想的产生……这种方法论框架里的经典理论是由丹尼列夫斯基、斯宾格勒和汤因比构建的。"（出自词条"Цивилизационные концепции"，p. 525）

透过这些有代表性的文化学专著可以发现，丹尼列夫斯基令当代俄罗斯学者尤为看中的是：一方面，他的文化思想为后来新学科的诞生奠定了理论基础；另一方面，丹尼列夫斯基在区域文明论领域足以与欧洲

---

① ［俄］盖·弗·德拉奇：《世界文化百题》，王亚民等译，兰州：敦煌文艺出版社2004年版，第211页。

的斯宾格勒和汤因比相提并论。由此可见，当代俄罗斯文化学界对丹尼列夫斯基及其文化思想是评价极高的，也是非常重视的。这不仅是 21 世纪俄罗斯人文明认同感深化的结果，也是俄罗斯国内文化学研究和发展的需要。了解这种社会和学术的现实状况，也使我们进一步明确，对丹尼列夫斯基文化思想的研究是具有现实意义和学术价值的。

二 侨民知识分子：吸收借鉴，高度评价

在 20 世纪的苏联时期，丹尼列夫斯基在自己的祖国遭到了无情的批判和抨击，甚至已经被人们所淡忘。然而，就是在这一时期，他的学说和理论却依然得到那些身处异国他乡、密切关注祖国命运的侨民知识分子们的关注和重视。他们为西方学术界搭建了一座沟通的桥梁，推动了欧美国家对丹尼列夫斯基及其思想的了解与认识，为双方的学术交流做出了很大的贡献。侨民知识分子对丹尼列夫斯基思想的重视和传承主要体现在欧亚主义者，以及其他一些权威学者（津科夫斯基、索罗金等人）的思想上。

（一）欧亚主义对丹尼列夫斯基的思想继承

20 世纪 20 年代，在俄罗斯流亡知识分子中产生了一个重要的社会思想流派——欧亚主义（евразийство），其主要代表为特鲁别茨科伊（Н. С. Трубецкой）、萨维茨基（П. Н. Савицкий）、卡尔萨文（Л. П. Карсавин）、维尔纳茨基（Г. В. Вернадский）等人。欧亚主义的基本观点是：横跨欧亚大陆的俄罗斯既不属于欧洲，也不属于亚洲，是一个独特的欧亚世界，居住在这个世界上的是非欧非亚的欧亚人，俄罗斯的文化也是非欧非亚的欧亚文化；因此，俄罗斯不能盲目地追随西方，而应该寻找和坚持自己独特的发展道路，把建立独特的欧亚俄罗斯作为自己

的历史使命。欧亚主义强调，俄罗斯文化不仅从西方，而且更多的是从东方吸取了不少养分，俄罗斯的潜意识更接近东方。欧亚主义思想的涌起再次使"东方与西方""亚洲与欧洲"的问题成为俄罗斯思想界关注的焦点。

欧亚主义不是凭空产生的，而是19世纪"俄罗斯思想"的自然延续，其中，丹尼列夫斯基的文化思想也对其产生了重要影响。根据众多俄罗斯学者的研究，很多欧亚主义者继承和吸收了丹尼列夫斯基的思想，其中有老一代的特鲁别茨科伊、萨维茨基、维尔纳茨基和新一代的列夫·古米廖夫(Л. Гумилев)。

总的来说，欧亚主义者对丹尼列夫斯基思想的吸收和继承主要体现在以下几个方面：

首先，肯定俄罗斯不属于欧洲。丹尼列夫斯基在自己的文化思想中曾明确阐述了这一观点，他侧重于将俄罗斯文明与欧洲文明区别开来，强调后者只是少数日尔曼—罗曼民族构成的文化历史类型，前者与之具有本质的区别。多年之后，欧亚主义者进一步指出："俄罗斯文化既不属于欧洲文化，也不属于亚洲文化，更不是这两种文化与其他文化的简单相加和堆砌……与欧洲文化和亚洲文化相比，它应是一种中间文化"①，即一种新的文化类型——欧亚文化。因俄罗斯位于欧洲和亚洲的交界处，兼有西方和东方的特点，故具有与众不同的文化独特性，应该沿着一条具有自我特色的道路发展下去。从这一角度来说，欧亚主义者不仅继承了丹尼列夫斯基的文化历史类型理念，还在其基础上加以拓展，对俄罗斯文明的定位重新进行了核定。

其次，反对西方文化中心论。欧亚主义者完全赞同丹尼列夫斯基对于"欧洲中心主义"的批驳。特鲁别茨科伊公爵在这一点上尤为突出，

---

① 转引自 Новикова Л. И., Сиземская И. Н. Русская философия истории. М., 1999. C. 337。

他依据的正是丹尼列夫斯基对于"全人类"概念的否定和各种文化历史类型相互平等的观点。他认为:"欧洲文明并不是全人类的文化,而只是一种特定的日耳曼—罗曼民族的文化形态……世界上存在的所有民族和个人都是平等的"①;他批评欧洲文明是自我和个性的过分膨胀,总想把自己的思维方式和价值观放置到一个绝对的高度,并要求其他文化类型的思想观念都必须为它让步。因此,特鲁别茨科伊呼吁所有非日耳曼—罗曼的民族摆脱欧洲中心论的桎梏,把自己从"全人类文化"的骗局中解救出来,认识到自身文化的价值,并重视和发扬本民族文化的独特性。无疑,这些观点和理念与丹尼列夫斯基对欧洲中心论的批判及民族文化的重视是非常一致的。

再者,欧亚主义者在阐述自己的主要观点时,也表现出与丹尼列夫斯基极为相近的自然主义理念。1926 年在巴黎出版的《欧亚主义:系统阐述的尝试》(《Евразийство: Опыт систематического изложения》) 中这样写道:"文化是一种有机的、独特的统一,是一种活的机体。它需要首先存在于某个可以自我实现的主体中,需要某种特殊的交响乐式的个体。而这种文化的主体,就像所有个体那样,会经历产生、发展和消亡的过程。"② 可见,欧亚主义者也把文化看作一种特殊的有机体,具有从出生到灭亡的生命历程,这种观点无疑与丹尼列夫斯基文化历史类型理论中的自然主义理念极为相符。不仅如此,欧亚主义者们所提出的"交响乐式的个体"(симфоническая личность) 这一概念,也体现了丹尼列夫斯基所推崇的文化多样性思想。

---

① 转引自 Белошапко А. В. Социокультурная концепция русского евразийства: зарождение и эволюция доктрины. Дис. канд. филос. наук. Москва, 2005. С. 59-60。

② 转引自 Новикова Л. И., Сиземская И. Н. Русская философия истории. М., 1999. С. 339。

当然，欧亚主义者并没有全盘接受丹尼列夫斯基的思想，就像卡尔萨文曾经说过的那样："欧亚主义与丹尼列夫斯基的不同在于它非常强烈地强调宗教"。① 此外，欧亚主义思想中其他一些观点，如：俄国应该脱离斯拉夫世界而独立发展，俄国的斯拉夫根基上渗透着东方的因素，鞑靼蒙古统治时期的国家制度对罗斯产生了巨大的影响等等，都距离丹尼列夫斯基的观点较远，而更接近于列昂季耶夫的思想。

然而，尽管欧亚主义者对于丹尼列夫斯基思想的吸收是有限的，但丹尼列夫斯基在坚持民族文化独特性方面对欧亚主义思潮的影响依然不可低估。当代俄罗斯学者巴鲁耶夫对此做出了恰当的解释："若是没有丹尼列夫斯基的理论，就不会有列昂季耶夫的理论；而没有列昂季耶夫的理论，就不会有欧亚主义的思想。"② 目前，我国学术界研究欧亚主义的许多学者也都把丹尼列夫斯基思想作为其理论的来源之一，并且已有研究者提出："欧亚主义思想的鼻祖在一定程度上可以说是尼古拉·丹尼列夫斯基"③。在这一点上，我们是完全赞同的。

（二）津科夫斯基对丹尼列夫斯基的解读和评价

瓦西里·瓦西里耶维奇·津科夫斯基（Василий Васильевич Зеньковский，1881—1962）在西方学术界享有很高的盛誉，他是20世纪著名的俄国宗教哲学家和哲学思想史学家，是俄罗斯侨民知识分子中

---

① 转引自伍宇星：《俄国欧亚主义思潮及其思想先驱与后继者》，载《中共济南市委党校、济南市行政学院、济南市社会主义学院学报》，2002年第2期，第46页。

② Балуев Б. П. Споры о судьбах России: Н. Я. Данилевский и его книга 《Россия и Европа》. Тверь, 2001. С. 107.

③ 张建华、唐艳：《近10年来我国学术界关于欧亚主义问题研究综述》，载《俄罗斯中亚东欧研究》，2005年第6期，第79页。

的杰出代表之一。他出生在乌克兰，大学毕业后曾在基辅大学任教。1919年侨居国外，先后到过南斯拉夫、捷克斯洛伐克，最后在法国定居。自1926年起任巴黎圣谢尔盖神学院的教授，1942年接受神职，1962年在巴黎逝世。

尽管津科夫斯基一生的大部分时间都放在对神学和宗教的追求上，但是他的两卷本著作《俄国哲学史》(《История русской философии》)在很长一段时间里，曾是西欧和美国研究俄罗斯哲学文化的主要依据。在这本书中，他指出了丹尼列夫斯基对俄罗斯思想的主要贡献——将自然科学的原则引入到了社会学和历史学的领域。津科夫斯基写道："丹尼列夫斯基是俄罗斯哲学中第一个触及历史存在会遵循那些自然界（在有限范围内）所遵循的规律这一主题的人；这一突破的意义及其对俄罗斯历史哲学所产生的无可争辩的影响，不仅仅体现在他的'文化历史类型'学说上，还体现在自然规律和历史规律相统一的问题上。"① 津科夫斯基的这一评价非常到位，丹尼列夫斯基身为植物学家的个人经历，决定了其历史哲学思想中具有与众不同的自然科学风格。也正是因为丹尼列夫斯基思想中的这种独特性，使我们不能将他等同于以往的斯拉夫主义者。

在1955年首次于巴黎问世的《俄国思想家与欧洲》(《Русские мыслители и Европа》)一书中，津科夫斯基曾经对丹尼列夫斯基及其《俄国与欧洲》进行过详细的分析和评价。他的这些观点对于西方国家认识这位杰出的俄国学者起到了不可忽视的作用。津科夫斯基对《俄国与欧洲》一书的总体评价是："在这本书里我们不仅能够看到对'俄国与欧洲'这一基本问题的深入分析，而且能够欣赏到一部完整的历史哲

---

① Зеньковский В.В. История русской философии. В 2 томах. Ленинград: ЭГО, 1991, Т.I., Ч.2, С.262.

学和独特而成熟的文化历史类型学说"①；"丹尼列夫斯基的这本书在俄国的自我意识、甚至是整个斯拉夫民族自我意识的发展史上占有非常重要的地位。我们必须指出的是，对于西方文化的批评在俄国思想界从来都不是由于敌对和疏远的动机而决定的，它一直以来都只是了解和弄清俄罗斯（斯拉夫）文化类型独特之处的一种途径。这一点丹尼列夫斯基尤为清楚：与其说他是在批评欧洲文化，不如说他是要尽量弄清斯拉夫世界与西欧世界之间的实质差别。对于丹尼列夫斯基来说，最最重要的就是把欧洲妄想成为'全人类文化'的企图给揭示出来，因为这种'全人类文化'在理论上是不成立的，根本就不存在，也不可能存在"。②

对于丹尼列夫斯基本人，津科夫斯基也给予了较高的评价。他认为："如果说其他的思想家们在自己反对欧洲的过程中侧重于分析欧洲文化的基本特征，强调它的矛盾性、薄弱性和绝境，那么丹尼列夫斯基则完全是站在另外一种立场上的。他很少关心欧洲文化的不足和阴暗面，甚至很少进行所谓的'内在'批评，因为他感觉到自己是站在与欧洲不同的另外一种文化的土壤上。正是由于意识到了俄罗斯文化的特性，更宽泛地说，是意识到了整个斯拉夫文化类型的特性，使丹尼列夫斯基获得了一种力量，使他的认识更加清晰，仿佛他是从岸的另外一边去看欧洲的。这不仅给了他力量，而且给了他内在的精神平衡；读者之所以喜欢这本书的内在原因之关键也许就在于此。"③

---

① Зеньковский В. В. Русские мыслители и Европа (Мыслители XX века). М.: Республика, 2005. С. 69.

② Зеньковский В. В. Русские мыслители и Европа (Мыслители XX века). М.: Республика, 2005. С. 74.

③ Зеньковский В. В. Русские мыслители и Европа (Мыслители XX века). М.: Республика, 2005. С. 70.

然而，令这位著名的俄国社会思想史学家深深感叹的是，丹尼列夫斯基撰写《俄国与欧洲》的主要目的在当时却没有得到正确的理解，多数人以为他只是为了论证一种新的斯拉夫文化和斯拉夫世界的救世使命产生的可能性和必然性，而将他视为反西方派的一员。显然，那个时代的社会政治氛围本身也呈现出这样的特点，因此津科夫斯基遗憾地指出，丹尼列夫斯基的"文化历史类型"理论没有得到同时代人的客观评价，也没有在应有的水平上被接受；相反，"丹尼列夫斯基的思想主要被那些热情和激烈的反西方派人士所接受，对于他们的论证和'辩解'来说，这些思想有很大的帮助"①。可见，津科夫斯基反对为丹尼列夫斯基的思想平添过多的政治色彩，反对夸大他的地缘政治观点，而忽略他的精华思想——"文化历史类型"理论。

津科夫斯基的最大贡献在于，他指出了前人在评价丹尼列夫斯基时无法达成一致的根本原因——没有将丹尼列夫斯基的文化思想与他的政治观点一分为二地来看。他在《俄国思想家与欧洲》一书中说道："丹尼列夫斯基的文化历史类型学说具有独立于《俄国与欧洲》的客观价值，不管他撰写这本著作的主观意图如何……他的这一理论，即使和通常被联系在一起考虑的'和西欧的战斗'脱钩，也是意义巨大的。"②也就是说，他主张把"文化历史类型"理论作为一个单独的部分来考察，脱离开"俄国与欧洲"相互关系的地缘政治问题，从文明的角度对其进行详细的研究和认识。与那些带有鲜明时代色彩的政治观点相比，津科夫斯基更看重丹尼列夫斯基的文化思想。在这一点上，我们完全赞同津科夫斯基的看法。尤其是在21世纪的今天，丹尼列夫斯基的那些

---

① Зеньковский В. В. Русские мыслители и Европа (Мыслители XX века). М.: Республика, 2005. С. 75.

② Зеньковский В. В. Русские мыслители и Европа (Мыслители XX века). М.: Республика, 2005. С. 74.

地缘政治观点已经失去了时代意义,而他的文化理论和思想却还有许多精华之处在等待后人挖掘。

(三) 索罗金对丹尼列夫斯基的高度赞赏和大力宣传

在侨民知识分子中,对于丹尼列夫斯基思想在西方国家的传播做出巨大贡献的,是一位美籍俄裔社会学家——皮季里姆·亚历山大洛维奇·索罗金(П. А. Сорокин,1889—1968)①。他是世界闻名的社会学家,被列为20世纪与斯宾格勒、罗素、汤因比等大师齐名的杰出人物。他出生于俄国,曾任彼得格勒大学教授,自1922年起侨居美国,是第一批被逐出苏联的侨民成员之一。1930年加入美国国籍后,成为哈佛大学社会学系的始创者和美国社会学界的领军人物。从1930年起,他一直担任哈佛大学社会学系主任,直到1959年退休。他所领导的社会学系吸引了大批优秀人才,成立时间不长就成为美国社会学界的学术中心之一。由于索罗金的出身经历以及他的学术地位,所以他对丹尼列夫斯基思想的看法和评价相对比较特殊,值得思考和研究。

索罗金最初接触丹尼列夫斯基的思想是在1913年的大学课堂上,当时的他受到主讲老师卡列耶夫(对文化历史类型持否定态度)的影响,并没有对丹尼列夫斯基的文化历史类型思想产生过多的兴趣。后来,随着"一战"后斯宾格勒的成名,以及别尔嘉耶夫等人在《斯宾格

---

① Питирим Александрович Сорокин (1889—1968),社会学家。他认为历史过程是以价值和符号的综合体系为基础的主要文化类型的循环起伏。断言现代文化正经历普遍危机,并认为这种危机的产生同唯物主义与科学的发展有关,而出路则在于发展宗教的"唯心主义"文化。资产阶级社会层次论和社会变动理论的创始人之一。

勒与欧洲的末日》(《Освальд Шпенглер и Конец Европы》)① 一书中将《西方的没落》视为丹尼列夫斯基思想的再现，索罗金才开始重读《俄国与欧洲》，并对它做出了高度评价。侨居国外以后，索罗金依然不断回顾丹尼列夫斯基的这本著作，仔细地思考他的特色与不足，并经常与一些优秀的哲学家、社会学家和文化学家（包括洛斯基、汤因比等人）讨论丹尼列夫斯基提出的文化历史类型思想。20 世纪 30 年代末，索罗金成为哈佛大学教授之后，曾多次在社会学系开设阐释区域文化类型和区域文明论的历史哲学课，而他的这门课程就是以丹尼列夫斯基的文化思想为开端的。

索罗金对《俄国与欧洲》一书做了具体分析，将其政治内容和历史文化内容予以分开。他这样写道："刚开始是一部高水平的政治性讽刺作品，它揭示了一场暴露社会问题的政治辩论，后来变成了一部优秀的历史哲学和文化社会学的学术论文，最后成为一个不同寻常的极具洞察力和可靠的政治预测和宣传的典范。"② 他对丹尼列夫斯基本人也经常透露出毫不掩饰的欣赏："他的思想表达清楚，逻辑连贯，自然科学家的专业知识在写作手法、思维方式和论证过程中都体现得非常明显。他的全部理论都具有自然科学的特色；也许，这是运用分类原则和自然科学（尤其是植物学和动物学）的其他方法进行社会和历史现象研究的一个最好例子。"③ 此外，索罗金指出《俄国与欧洲》还有一个更重要的特点，那就是丹尼列夫斯基的文化思想比后来西方学者提出的区域文明论早了 50—70 年，因此，他将这个《俄国与欧洲》的作者称为"斯宾格

---

① 1922 年在莫斯科出版的一本文集，收集了别尔嘉耶夫、Ф. А. 斯捷蓬、С. Л. 弗兰克、Я. М. 布克施潘四人的文章。
② Sorokin P. A., *Social Philosophies of an Age of Crisis*, Boston, 1950, p. 71.
③ Sorokin P. A., *Social Philosophies of an Age of Crisis*, Boston, 1950, p. 59.

勒和汤因比的真正先驱"①。值得注意的是，索罗金是对丹尼列夫斯基做出这一高度评价的第一人，在他之后，西方学术界的许多学者也纷纷认同了这一观点。最终，世界文明比较研究协会（Международное общество сравнительного изучения цивилизаций）于 1964 年正式承认丹尼列夫斯基为用文明的方法诠释历史进程做出了巨大贡献，并宣布他在文明的比较研究方面可以被称为"先锋人物（пионер）"②。

当代俄罗斯学者皮沃瓦罗夫指出，"索罗金是俄国侨民（津科夫斯基、洛斯基、别尔嘉耶夫等）中描写丹尼列夫斯基思想最多的一个，他为使西方世界了解《俄国与欧洲》的内容做了很多"③；"俄罗斯和国外的研究者里，没有一个像索罗金那样，为了使丹尼列夫斯基的思想能成为世界科学的财产而付出那么多"④。的确，除去一些讨论丹尼列夫斯基思想的文章之外，索罗金的不少大部头著作中都有几章是涉及丹尼列夫斯基的。其中，最主要的是 1950 年在波士顿出版的《危机时代的社会哲学》（Social Philosophies of an Age of Crisis），此书于 1964 年完成了增订和重新印刷；1966 年他出版了最后一部大作《今天的社会学理论》（Sociological Theories of Today），书中也着重关注了丹尼列夫斯基，称之为 19 世纪伟大的哲学家和文化学家；在索罗金的许多被译成西班牙语、德语、意大利语的作品中，他还将丹尼列夫斯基视为"区域文明的宏观社会学理论"的奠基人。⑤ 难怪美国著名俄罗斯学研究者塔登说道：

---

① Sorokin P. A., *Social Philosophies of an Age of Crisis*, Boston, 1950, p. 9.
② 参见 Киселев С. Г., Маслин М. А. Н. Я. Данилевский о будущем российской цивилизации // Данилевский Н. Я. Россия и Европа. М., 2003. С. 9.
③ Пивоваров Ю. С. Два века русской мысли. М., 2006. С. 215.
④ Пивоваров Ю. С. Два века русской мысли. М., 2006. С. 217.
⑤ 参见 Султанов К. В. Социальная философия Н. Я. Данилевского: конфликт интерпретаций. СПб., 2001. С. 103.

"在社会和文化发展问题的研究领域，丹尼列夫斯基被认为是一位杰出的创始人。这种观点是由皮季里姆·索罗金确切表述出来的"。①

但是，对丹尼列夫斯基的欣赏和尊敬并不代表索罗金对其思想全盘接受。正像当代俄罗斯学者苏尔丹诺夫所说的那样，"索罗金既不是索洛维约夫、卡列耶夫、米哈伊洛夫斯基那样的'文化历史类型'理论的坚决否定者，也不是斯特拉霍夫、罗扎诺夫那样的极力赞颂者"②。他在从整体上对丹尼列夫斯基的文化思想做出肯定的评价之后，也指出了其理论阐述中所存在的缺陷。比如：关于俄国在世界历史进程中的地位问题，索罗金与丹尼列夫斯基的看法完全不同。他认为，丹尼列夫斯基对这一问题的看法处于一种理想化的状态，把幻想当作了现实，而且其论证的依据也非常薄弱。此外，索罗金还针对整个区域文明论所体现出来的不足之处发表了自己的观点。

首先，索罗金指出，无论是丹尼列夫斯基，还是斯宾格勒和汤因比，都以世界历史是一个整体为前提，把"文化历史类型"或"高级文化"或"文明"作为衡量它的通用单位，这种观点是令人怀疑的。因为他认为，在这些文化或文明的内部还存在着各种不同的"亚系统"（подсистемы），不管是社会学还是历史学，都不能忽视对它们的分析。而且，他还指出，不只是各种文化历史类型或文明之间存在相互影响，它们内部的亚系统之间也是相互作用、相互影响的。所以，如果说世界上出现过的各种伟大文明（中国、埃及、古希腊罗马）都是各具特色、独一无二的，那么在这每一种文明的内部也都存在着各种规模不同却不

---

① 转引自 Пивоваров Ю. С. Два века русской мысли. М., 2006. С.215。
② Султанов К. В. Социальная философия Н. Я. Данилевского: конфликт интерпретаций. СПб., 2001. С.103.

断重复的社会文化元素。也就是说，情况是非常复杂的，不应该一概而论。①

其次，索罗金认为，丹尼列夫斯基、斯宾格勒和汤因比在对世界文化的划分上也存在问题。无论是"文化历史类型"，还是"高级文化"和"文明"，都是以语言或族群的相似、地域或国家群体的原则为基础而确立的，这样的概念基础是经不起仔细推敲的，因为它们不能保证、也不总能解释出很多文化价值观在风格上的一体化（丹尼列夫斯基理论的这一缺陷，索洛维约夫和卡列耶夫也曾指出过）。比如：被斯宾格勒称为玛雅文化的那种文明，在丹尼列夫斯基的理论中被分属为伊朗和阿拉伯两种不同的类型，到了汤因比的笔下又变成了伊朗、叙利亚、阿拉伯和正统的拜占庭文化四种类型。索罗金指出，这是由于丹尼列夫斯基等人混淆了社会学的概念"群体"（группы）、"制度"（институты）与文化学的概念（不同种、属及其联合体的）"价值观"（ценности）而导致的，他们没能在现实的社会文化统一体中找到核心元素——价值观。

索罗金对于区域文明论的这些看法是否完全正确，在此不做过多研究。然而事实上，尽管索罗金没有完全接受丹尼列夫斯基的文化历史类型理论，但他仍然将其作为伟大的科学发现来广泛宣传。同时，在丹尼

---

① 根据索罗金的观点，应该通过三种"超系统"（суперсистемы）来认识世界历史上存在的各种文明，这三种被他称为"超系统"的元素是：感性文化（чувственная культура）、理性文化（умозрительная культура）、灵性文化（идеалистическая культура），这三种文化产生的基础就是感觉（чувство）、理智（разум）、直觉（интуиция）。索罗金认为，正如任何一个健康的人在自己的生命旅程中都具有感觉、理智和直觉的活动一样，这三个价值观的超系统可以在世界历史上循环起伏变化着的大多数文明内部发现，问题只是在于各种不同文明的发展时间、发达程度和联合状况都不一样，因此比较复杂。

列夫斯基思想的影响下，索罗金从社会学的角度出发，创建了自己的文化学理论。

早在1920年，31岁的索罗金获得彼得格勒大学社会学博士学位的时候，他就出版了两卷本著作《社会学体系》（《Система социологии》），在这部书中他首次阐述了自己的文化观。索罗金断言现代的人类文化正在经历着普遍的危机，这主要表现在道德沦丧、叛逆宗教和社会机能的退化上。"世间的和平、安宁和信念都消失殆尽。在许多国家中人们已经忘记繁荣和幸福为何物了，自由成了神话，西方文明的太阳陨落了，全人类陷入了腥风血雨之灾。"① 不难发现，这种对文化的认识和评价与当时震惊世界的斯宾格勒的"西方没落"观点非常相似。然而，索罗金却比斯宾格勒乐观得多，他认为全人类文化的危机并非不可避免，社会变化有其周期性。每一种新的文化周期都起落于各种规范的骤变时期，都酝酿着新的价值体系。在这一点上，他更像丹尼列夫斯基。后来，随着哈佛大学社会学系的发展，索罗金又历时四年创作了著名的《社会与文化动态学》（Social and Cultural Dynamics），更加系统、深刻地阐释了自己的文化学理念。他将历史现实看成是各种不同的文化体系的统一体，历史过程是以价值和符号的综合体系为基础的主要文化类型的循环起伏。在强调每一种文化具有自身特色的同时，索罗金提醒人们不要只是关注这些文化类型在历史命运上的相同点，还要关注那些在文化发展过程中恒定不变的传统、观念、问题，关注那些决定着每一种文化的内涵并表达出其主要价值的组成部分，因为他确信，价值（ценности）是所有文化的基础。

经过长期的思考和研究，索罗金把对文化的理解与社会学理论结合在一起，提出了一种独特的文化社会学（социология культуры）理念。

---

① Сорокин П. А. Человек · Цивилизация · Общество. М.: издательство политической литературы. 1992. С. 428.

他认为，社会（或某种类型的人类共同体）能够保持正常发展的原因和条件正是价值世界的存在。人是价值体系的载体，这也就意味着，人是某种特定的文化类型。根据他的理论，每一种文化类型都是由社会体系、社会的文化体系和作为文化载体的人所决定的。文化类型表现在人对现实世界的本质、对人类需求的本质和满足这些需求的各种可能性方法的认识上。这种认识可以通过三种主要的文化类型来进行描述，也就是说，索罗金将人类历史上出现的各种文化分成三种类型：感性文化、灵性文化、理性文化。

根据索罗金的文化社会学理论，感性文化（чувственный тип культуры）是基于人类对世界的感性理解和经验主义认识。这种文化追求的是轻松和享受，被索罗金称为"感觉的真理（истина чувств）"。这种文化对现实的评价主要是从实用主义和享乐主义的角度出发，其中的艺术游离于一切象征主义之外，是绝对的自然主义。索罗金指出，感性文化曾存在于旧石器时代、古代亚述国家、古希腊和罗马，起源于15世纪，后在西欧世界达到鼎盛，但在当时却处于不可避免的崩溃和危机中。灵性文化（идеациональный тип культуры）中占主导地位的是超感性和精神的价值观，是对上帝和某个神的敬仰和崇拜，因此在这种文化中得以蓬勃发展的不是科学和哲学，而是艺术和宗教。这种文化的艺术风格更加侧重象征主义和形式主义，而且多为以上帝和诸神为中心的宗教题材。索罗金将这种文化称为"信仰的真理（истина веры）"，在他看来，这种文化类型曾经存在于古印度、古中国（公元前8—6世纪）、古希腊（公元前9—6世纪）和中世纪的西欧国家（5—12世纪）。而理性文化（идеалистический тип культуры）则介于感性文化和灵性文化之间，是靠直觉对世界加以认识。根据索罗金的理论，理性文化的主要构成要素是艺术、真理、道德、权力。在这种文化中有一个根本原则，那就是现实是多种多样的，其中既有感性和超感性的一面，也包含着理性和敏感的因素。索罗金认为，这种类型的文化包括古希腊罗马时期（公元前5—4世纪）和文艺复兴前期（12—14世纪）的文化，而在前者时达到鼎盛。

索罗金根据自己的分析和研究得出结论：语言、伦理、宗教、艺术、科学等文化的构成要素与上述三种文化一起构成了一个超体系，即文明体系。在人类的发展史中，这个文明的超体系内部一直处于不稳定的状态，感性文化、灵性文化和理性文化一直在经历着循环更替的变化。确切地说，这个文明的超体系具有一种内在的生命动力，它经历着起源—生长—成熟—衰退—败落—瓦解的过程。这位社会学家还指出，文化的"死亡"并不具有全面和不可逆转的特性，这种"臆造的濒死状态不是别的，正是另一种新型文化诞生的剧痛，与这种痛苦相伴的是新的创造力的释放"①。显然，在对文化的理解和认识这一点上，索罗金与斯宾格勒等人的文化形态学有许多相似之处。而他之所以不那么悲观的原因，就是在他的文化社会学理念中各种文化类型是一个循环发展的过程，一种文化没落之后必然会有另一种文化的兴起和繁荣，从整体上看全人类文明的发展之路是不断进步的。

索罗金的文化学观点与社会学紧密地联系在一起，他使丹尼列夫斯基的影响扩大到了一个新的领域。他继承了丹尼列夫斯基的文化思想，而对文化的思考更为深入，对文化分类的认识也更为细致。客观地说，他的观点在一定程度上扩大了文化形态学的理论依据，也推动了区域文明论的进一步发展。

由于索罗金是美国社会学研究的创始人和整个社会学派的组织者，所以他对丹尼列夫斯基的态度和评价可想而知在学术界具有相当的分量。根据美国学者马克-马斯特的描述，索罗金经常鼓励自己的美国和

---

① Сорокин П. А. Человек · Цивилизация · Общество. М.: издательство политической литературы. 1992. С. 433.

西欧同事研究这个俄国学者的思想,而马克-马斯特本人正是在他的推动下,才写出了后来的《丹尼列夫斯基——一个俄国极权思想家》(*Danilevsky. A Russian Totalitarian Philosopher*, 1967)一书。而且,索罗金也承认,他自己和身边的不少社会学家、政治学家都从丹尼列夫斯基那里学到和借鉴了很多东西。1966 年英文版的《俄国与欧洲》在美国问世,这与索罗金的大力支持是分不开的。难怪德国学者米勒说道,"索罗金在自己的作品中不止一次地叙述过这本书的内容——正是他让英文读者认识了《俄国与欧洲》。"①

三 西方:比较文明论思想后继有人

从 20 世纪初开始,在侨民知识分子的影响和推动下,西方学术界对于丹尼列夫斯基的关注越来越多,以至于后来出现了一大批研究其思想观点的学者和文章(见绪论)。西方学术界之所以会对丹尼列夫斯基兴趣深厚,除了他本身的特色和吸引力之外,还与两个重要人物息息相关,那就是大名鼎鼎的德国哲学家斯宾格勒和英国历史学家汤因比。原因自然不言而喻——他们二人在各自的成名作中提出的基本观点,与大约半个世纪之前丹尼列夫斯基的文化理论颇为相似。尤其是斯宾格勒,在他凭借《西方的没落》一书风靡欧洲的同时,也引起了人们关于他是否读过《俄国与欧洲》的猜想和验证。

(一) 斯宾格勒与丹尼列夫斯基

奥斯瓦尔德·斯宾格勒(Освальд Шпенглер,1880—1936)是德国著名的哲学家、历史学家,也是生命哲学的代表人物。他的著作《西方

---

① 转引自 Пивоваров Ю. С. Два века русской мысли. М., 2006. С.215.

的没落》(《Закат Европы》)问世于第一次世界大战之后的1918年，出版后一时之间震撼了整个欧洲的文化界，使他一夜成名。斯宾格勒在该书中提出的"文化形态史观"（亦称"历史形态学""文化形态学"）与丹尼列夫斯基的"文化历史类型"思想具有许多相似之处，但前者却更受世人的青睐，直到今天在学术界仍有一定的影响，不断成为人们讨论和研究的对象。

在20世纪20年代初期，欧洲曾发生过两件值得注意的事情。一件是：1920年，德译本的《俄国与欧洲》在柏林问世，它使广大西欧读者知道了丹尼列夫斯基的名字。虽然后人的研究表明，这一版本的翻译水平不太高，也出现了不少错误，但无论如何，这件事情发生之后，《俄国与欧洲》一书在哲学历史悠久且传统深厚的德国得以公开亮相，西欧（至少是德国）的学者们纷纷开始注意这本书。另一件是：继1918年首卷问世以后，斯宾格勒的两卷本著作《西方的没落》修订版于1922年正式出炉。这本书在整个欧洲引起了巨大轰动，这不仅仅是因为斯宾格勒对欧洲文明进行了指责并断言其正在走向没落，而且书中许多观点与丹尼列夫斯基思想的惊人相似也使俄国和西方的学者们都无法无动于衷。很多西欧人，尤其是德国的读者们，对丹尼列夫斯基的兴趣变得高涨起来，于是，西方学术界逐渐出现了一股研究二者联系的热潮和认为丹尼列夫斯基是斯宾格勒先驱者的看法。

关于斯宾格勒在撰写《西方的没落》之前是否读过《俄国与欧洲》的问题，俄罗斯和西方学术界有许多不同的说法。一些学者认为，由于无法在斯宾格勒的书中找到引用丹尼列夫斯基原话的地方，所以"至今仍未明确，斯宾格勒是否研究过丹尼列夫斯基的著作，那位德国思想家独立得出与丹尼列夫斯基相同或相似的论断也是完全可能的"[①]。但是也

---

① Киселев С. Г., Маслин М. А. Н. Я. Данилевский о будущем российской цивилизации // Данилевский Н. Я. Россия и Европа. М., 2003. С.12.

有资料显示，在斯宾格勒的图书馆里摆有俄文原版和法语译本的《俄国与欧洲》①；况且，丹尼列夫斯基的确曾在《俄国与欧洲》一书中提出过"西方正在衰败"②的观点，所以很难得出斯宾格勒没有读过丹尼列夫斯基著作的结论。目前，至少有一点是明确的，那就是斯宾格勒熟悉19世纪俄国斯拉夫派和乡土派的思想观点，还曾在自己的作品中引用过阿克萨科夫兄弟和其他斯拉夫主义者的话。于是，以索罗金为首的一派认为，斯宾格勒至少是大体上了解《俄国与欧洲》这本书的。③

然而，对于我们来说，问题的关键不在于此，而在于二者究竟在哪些问题上所见略同，又在哪些问题上各抒己见。通过初步的分析和研究，我们认为斯宾格勒与丹尼列夫斯基理论体系的相似之处主要体现在以下几个方面：

第一，二者都将文化或文明作为历史研究的单位。同丹尼列夫斯基一样，斯宾格勒也认为人类没有普遍的历史，有的只是各自的文化，所以他采用历史形态学的方法对文明进行了考察。斯宾格勒强调，历史形态学的研究对象不是孤立的政治和经济现象，也不是民族和国家，而是无所不包的文化，世界历史就是文化、文明的历史。用他的原话说就是，"世界历史，是各大文化的历史"；"各大文化才是主体、是始因、是起源"。④ 他将全世界的文化分为八种类型，它们是埃及文化、巴比伦文化、印度文化、中国文化、古典文化（希腊罗马文化）、西欧文化、

---

① 参见 Пивоваров Ю. С. Два века русской мысли. М., 2006. С. 214。
② Данилевский Н. Я. Россия и Европа. Взгляд на культурные и политические отношения славянского мира к германо-романскому. М.: Известия, 2003. С. 191.
③ 参见 Sorokın P. A., *Social Philosophies of an Age of Crisis*, Boston, 1950, p. 329。
④ ［德］斯宾格勒：《西方的没落》，陈晓林译，哈尔滨：黑龙江教育出版社1988年版，第378页。

阿拉伯文化和玛雅文化。由此可见，斯宾格勒在以文明为单位进行历史研究的基本理念上与丹尼列夫斯基是一致的，只是他所划分出来的文化种类比丹尼列夫斯基略少一些罢了。

第二，二者都反对直线发展的历史观，以及"古代——中古代——现代"的传统历史模式。斯宾格勒在《西方的没落》中写道："由于那个把历史分割为'古代——中古——现代'的不可信、空洞而又毫无意义的架构，完全统治了我们的历史思考，以致我们这个从日耳曼—罗马帝国时代起才在西欧的土地上发展起来的文化，竟不能觉察到，自己在高级人类的历史中的真正地位，也不能判断出，自己的相对重要性如何？也不能估计出自己的方向何在？将来的各文化将很难相信这一历史架构的真实性，它那直线进化的观念、那毫无意义的对比，越来越显得荒谬不堪……这一架构，不惟限制了历史的领域，更坏的是它还支配了历史的阶段。"① 无疑，在这一点上，斯宾格勒与丹尼列夫斯基是观点一致的。

第三，二者都抨击欧洲中心论，主张文化多元论。斯宾格勒虽然身为欧洲文明的成员，却并没有从狭隘的"欧洲中心主义"立场出发，而是清醒地认识到，任何一种文化类型——即使是最优越、最强大的文化类型都无法最终将自己的模式强加于它种文化之上。他说，"在这一流行的西欧历史架构中，我们成为所有世界事件假想的中心。各伟大的文化，皆环绕于我们为中心的轨道上运行着……在我的系统中，不承认古典文化或西欧文化，相对于印度、巴比伦、中国、埃及、阿拉伯及墨西哥文化而言，有何特殊地位。因这些分别存在的文化，从物质的观点来看，并不弱于古典文化，而且经常在精神的伟大及力量的飞腾方面，超

---

① ［德］斯宾格勒：《西方的没落》，陈晓林译，哈尔滨：黑龙江教育出版社1988年版，第13页。

越了古典文化"①;"每一种文化都有其各自的自我发展形式……世上并不只有一种雕塑、一种绘画、一种数学、一种动物学,而是有许多种,每一种的清纯之处皆迥异于其他"②。所以说,同丹尼列夫斯基一样,斯宾格勒也抛弃了以欧洲为中心的历史观,主张以多元的眼光来看待世界上存在的各种文化。

第四,二者都采用有机理论的观点,把文化的形成比作一种自然变化,认为世界上各种文化的发展是一个起伏不平的循环过程。斯宾格勒也认为文化是一个有生有灭的"有机体","它像植物一样,在一块有确定风景的土地上开花结果"③;每一种文化"就如同每一种植物,各有其独特的花蕊或果实,各有其独特生长与凋落的方式;每一个文化都要经过如同个人那样的生命阶段,每一个文化各有它的孩提、青年、成年与老年时期"④。在斯宾格勒的理论中,他"把世界历史视作一幅漫无终止的形成与转变的图像,一幅有机生物的奇妙的成长与萎缩的图像"⑤。这无疑与丹尼列夫斯基的自然主义观点如出一辙。

由此可见,斯宾格勒的一系列基本观点的确都与48年前丹尼列夫斯基所阐述的理论惊人地吻合,这充分说明了二者之间存在着一定程度上的思想继承。因此,别尔嘉耶夫也肯定地说道:"丹尼列夫斯基是施

---

① [德] 斯宾格勒:《西方的没落》,陈晓林译,哈尔滨:黑龙江教育出版社1988年版,第14—15页。
② [德] 斯宾格勒:《西方的没落》,陈晓林译,哈尔滨:黑龙江教育出版社1988年版,第20页。
③ [德] 斯宾格勒:《西方的没落》,陈晓林译,哈尔滨:黑龙江教育出版社1988年版,第96页。
④ [德] 斯宾格勒:《西方的没落》,陈晓林译,哈尔滨:黑龙江教育出版社1988年版,第97页。
⑤ [德] 斯宾格勒:《西方的没落》,陈晓林译,哈尔滨:黑龙江教育出版社1988年版,第20页。

本格勒①的前驱，他表述了与施本格勒十分近似的思想。"②

可是，虽然如此，二者的思想又各具特色，存在着许多不同之处，其差别主要有以下几个方面：

第一，在理论构建中使用的核心术语不同。丹尼列夫斯基在自己的理论中，创造了"文化历史类型"的概念，而斯宾格勒在自己的文化形态学理论中，运用的术语是"高级文化"（высокие культуры）。他把文化区分为原始文化和高级文化，认为前者并非真正的文化，而只是后者出现的一种背景，高级文化就是在这种背景中产生的。他对这一术语的解释是："高级文化乃是一个单独的巨大有机体的觉醒存在；它不但使习俗、神话、技术、艺术都从属于它，而且使附着于它本身的民族和属类，都成为一个单独的形式语言和单独的历史之容器。"③ 虽然如此，但是这种语言用词上的差异并不影响他们在理念上的相通性。

第二，在对待不同文化之间的相互关系上，两人有着不太相同的看法。斯宾格勒认为每一种文化都是封闭的、独立的，构成文化整体的各种要素，无论从横向上还是纵向上都不具有内在的联系，即使发生联系，也只是表面的交往。换句话说，斯宾格勒基本上否定各文化之间存在的内在联系。而丹尼列夫斯基在自己的文化历史类型理论中，并没有否认不同文化之间的交往和碰撞，虽然他也强调构成文化类型的根本要素是不可传达的（在这一点上他们看法一致），但是他并不否认构成文明的其他文化要素可以在不同文明类型之间进行传达的可能性，以及作为整体的一种文明对其他文明产生影响的可能性。丹尼列夫斯基非常具

---

① 人名的译法不同。
② ［俄］尼·亚·别尔嘉耶夫：《俄罗斯思想》，雷永生、邱守娟等译，北京：生活·读书·新知三联书店2004年版，第64页。
③ ［德］斯宾格勒：《西方的没落》，陈晓林译，哈尔滨：黑龙江教育出版社1988年版，第333页。

体地论述了人类历史上不同文明之间相互接触和传播的三种表现形态，并明确表示，异质文化之间的接触和交往对文明的发展和变迁具有重要的影响作用。不可否认，斯宾格勒的理论中有合理的成分，但他过分夸大了文化的差异性，丹尼列夫斯基在这方面的看法要比斯宾格勒更为合理一些。

第三，在预测人类文明前景的问题上，两人的态度也不相同。丹尼列夫斯基是相信历史不断进步的乐观主义者，而斯宾格勒则具有典型的悲观主义情绪。丹尼列夫斯基在文化历史类型理论中专门阐述了自己独特的进步观，指出进步的内涵就是各种不同的民族和文化类型沿着各个方向走遍人类历史活动的全部领域，走向人类历史发展的高级阶段，虽然一种文明可能灭亡，但人类共有的"宝库"将不断得以充实。而在斯宾格勒的理论中，历史根本不存在进步或进化的可能性，他认为"人不但在文化诞生之前是无历史的，而且一旦当文化的活生生发展已经终结，文化的生命中最后潜力已经用尽，而文明已完全塑成了自身的最终形式的时候，人又再次回返于无历史的状态"①。由此可见，斯宾格勒对历史进步观是反对的。原因在于，一战的爆发极大地震动了斯宾格勒，受世界大战的影响，他对人类的命运感到悲观失望，认为文化的命运完全是由有机体自身决定的，等待着每种文化的只能是僵化、死亡，等待着西方文化的也只能是没落。但是，在针对西方文明没落的细节上，斯宾格勒与丹尼列夫斯基是一致的。

第四，在文明的起源问题上，斯宾格勒的理论较丹尼列夫斯基有所欠缺。在斯宾格勒看来，文化起源纯属神秘的东西，文化是在乡土中形成的，文化的产生是突然的。他认为任何一种文化都是因人们无法解释的原因突然涌现出来的，文化特征不是由那种文化的人们通过努力和行

---

① ［德］斯宾格勒：《西方的没落》，陈晓林译，哈尔滨：黑龙江教育出版社1988年版，第347—348页。

动所创造出来的，而是作为一种自然禀赋存在的。而丹尼列夫斯基对此的观点是：文明的形成是一个漫长的历史发展过程；当一个民族从漫长的无意识、纯民族性的状态中走出来以后，政治上获得了独立，并把长期积蓄的精神力量用于各个方面，最后便形成了一种独立的文化历史类型，即文明；在这个积蓄力量的阶段，聚集了形成该种文化历史类型所必需的各种因素，它们表现在语言、世界观、风俗习惯等诸多方面。然而，在文化历史类型理论中，丹尼列夫斯基对于文明的起源问题也没有过多的表述，而是后来的汤因比对此做出了系统而明确的阐释。

第五，在对"文化"与"文明"的理解上，既有相似又有不同。在《俄国与欧洲》中，丹尼列夫斯基并没有明确地区别这两个概念，他在自己的理论中运用的主要是"文化历史类型"和"文明"，而且，他更加侧重对"类型"的强调。根据丹尼列夫斯基的观点，广义的"文明"就是"文化历史类型"，而狭义上的"文明"则指的是各种文化历史类型发展的最终阶段，是一个高级的历史单位。后来，斯宾格勒在自己的历史形态学里明确提出了"文化"与"文明"的概念，并表述了自己对二者关系的认识。他首先将文化分为原始文化和高级文化，认为世界历史上可以划分出八大高级文化。在此基础上，他指出"每一文化皆有它自己的文明。……文明是文化不可避免的最终命运……文明，即是文化的结论。文明到来时，已经生成的事物替代了生成变化的过程，死亡跟随着原来的生命，僵化替代了原来的扩张。……文明即是最终局，不可避免的终局，文化，由于其内在的必然，都将逐一会走到这一终局"①。可见，两人对"文明"的内涵有相似的看法，对"文化"的理解则各有深浅。这也与文化学理论的历史发展过程是相辅相成的。

以上就是通过对比分析而得出的斯宾格勒与丹尼列夫斯基的异同之

---

① [德]斯宾格勒：《西方的没落》，陈晓林译，哈尔滨：黑龙江教育出版社1988年版，第29页。

处。如今，我国通常把斯宾格勒视为比较文明论和文化形态学的创始人，对他的关注和重视始终有增无减，但却很少有人知道丹尼列夫斯基与之存在的这些内在的联系，也还很少有人将丹尼列夫斯基与之进行比较。因此，这是一个新的研究领域，值得继续探索。

（二）汤因比与丹尼列夫斯基

英国著名历史学家阿诺尔德·汤因比（Арнольд Тойнби, 1899—1975）也是文化形态学的代表人物，他的成名比斯宾格勒还要晚十几年。他是在阅读《西方的没落》的基础上，于1934—1961年陆续创做出自己的12卷鸿篇巨制《历史研究》（《Постижение истории》），从而进一步完善了文化形态学的理论，为历史科学的发展做出了卓越的贡献。

客观地说，丹尼列夫斯基并没有对汤因比产生直接的影响，他不懂俄语，无法阅读原版的《俄国与欧洲》；而且，《历史研究》问世和盛行的时候，俄国内部正处在抨击和遗忘丹尼列夫斯基的时候，这也使20世纪30—40年代的欧洲经历了一段讨论丹尼利夫斯基的空白期。所以，在《历史研究》中找不到任何一处对于丹尼列夫斯基的引用。一般情况下，汤因比被认为是斯宾格勒的后继者，因为许多研究者发现，他所阐述的文化形态理论基本上是斯宾格勒思想的继承和发展，而且，他在书中也经常提到斯宾格勒的名字。然而，汤因比对丹尼列夫斯基及其文化历史类型思想也是了解的，因为他的好友索罗金经常跟他讨论这个19世纪末的俄国历史哲学家，并多次在自己的著作中阐述其主要观点[①]。因此，西方学术界认为，丹尼列夫斯基至少对几十年之后的汤因比产生

[①] 参见 Султанов К. В. Социальная философия Н. Я. Данилевского: конфликт интерпретаций. СПб., 2001. С. 108。

过间接的影响。

在此，我们试着将二者的主要观点进行对比，找出汤因比与丹尼列夫斯基的异同之处。

第一，汤因比也把历史的研究定位于文明形态的考察上，把文明作为历史研究的单位。他在自己的著作中说道："历史研究的可以自行说明问题的单位既不是一个民族国家，也不是另一极端上的人类全体，而是我们称之为社会的某一群人类。……用'社会'这个名称不如用'文明'，因为还有许多在很久以前存在的原始社会或'不文明的'社会。"① 也就是说，在汤因比的概念里，某一群人类就是一个社会或一个文明。这一理论基础无疑与丹尼列夫斯基是一致的，而且他同样将进入文明时期之后的人类历史划分为多种不同的文明类型。但是，与丹尼列夫斯基和斯宾格勒不同的是，汤因比视野中的文明划分较细、数量较多，一共是21个（到晚年他又增加到26个）。然而，汤因比理论中的核心概念就是"文明"（цивилизации），他不再游离于"文化历史类型"与"文明""文化"与"文明"之间，在这一点上，他比丹尼列夫斯基和斯宾格勒又成熟了一步。

第二，汤因比也反对直线发展的历史观，认为文明的发展是起伏不平、生死相间的循环过程。汤因比反对历史进程的单线论，并指出"直线进步"是西方社会中存在的一种错觉："把进步看成是直线发展的错觉，可以说是把人类的复杂的精神活动处理得太简单化了。"② 我们知道，丹尼列夫斯基之所以提出"文化历史类型"理论，就是因为对当时已有的直线历史观和传统的历史三分法非常不满，而且斯宾格勒也表达

---

① ［英］阿诺尔德·汤因比：《历史研究》，石础缩编，杭州：浙江人民出版社1989年版，第4页。

② ［英］阿诺尔德·汤因比：《历史研究》，石础缩编，杭州：浙江人民出版社1989年版，第7页。

过这种观点，可见，在这一问题上，三人的观点是一致的。

第三，汤因比也反对欧洲中心论。在这一问题上，汤因比同丹尼列夫斯基的立场一致，然而其论证的理由却有所不同。他像斯宾格勒那样把人类历史区分为原始社会和文明社会，认为原始社会已经产生了30万年了，而文明社会只有6000年的历史，它只占人类全部时间的2%，所以他得出结论：文明时代的21个社会是属于同一时代的，在哲学上是价值相等的。根据这种文明形态的同时代性理论，汤因比反对"欧洲中心主义"的观点。他曾说道："统一文明论是一个错误的概念，它将西方社会认作唯一的文明社会。这种错误认识来自三方面的错觉：自我中心、东方不变、直线进步。"① 应该说，斯宾格勒和汤因比身为欧洲社会的一员，能够认识到这种误区的存在是非常可贵的，这也是他们的著作得以流芳百世的原因之一。值得一提的是，汤因比在对西方文明予以尖刻批评的同时，认为俄罗斯才是全世界和西方精神更新的典范，在这个国度里众多的民族群体在文化、政治、社会和经济各个领域都能紧密地团结在一起。

第四，同丹尼列夫斯基一样，汤因比认为文明之间不是彼此孤立的，而是在时间上和空间上都有所接触。首先，他论述了子体社会与母体社会的关系以及文明在时间上的接触，接着又论述了文明在空间上的接触，认为文明之间存在着交流与碰撞，他用了很多具体事例来说明文明之间各种各样的交往及其后果。汤因比的独特之处在于，他既看到了不同文明生长中的差异，又看到了不同文明的共同点。他说："近代有些西方作者，尤其是斯宾格勒，把各种文明里的这种'个性'夸大到了难以理解的怪诞的程度。我的意见是说在某种程度上的差别是存在的，但是如果我们不看到同样确定的和更重要的地方，那么我们就要失去平

---

① ［英］阿诺尔德·汤因比：《历史研究》，石础缩编，杭州：浙江人民出版社1989年版，第7页。

衡，因为事实上在人类生活和制度上所表现的不同情况只是表面现象，在这表面现象的下面还有统一性的存在。"① 在这一点上，丹尼列夫斯基和汤因比都比斯宾格勒要更加科学。

第五，汤因比也把文明的生命分为起源、生长、衰落、解体四个过程。但是，与文化历史类型理论中的自然主义观点相比，他在这一问题上的阐述比丹尼列夫斯基更加系统和成熟。汤因比详细分析了每一个发展阶段的特点和决定因素：认为文明起源于环境（包括自然环境和人文环境）的挑战和人的应战；文明的生长在于人对一系列挑战的成功应战，在于人的自决能力，在于超人的退隐与复出；文明的衰落在于自决能力的丧失；文明的解体则表现为社会体和灵魂体的分裂。正如索罗金所指出的："在现在所有的历史哲学著作里，这大概是一部材料考证最为翔实的了。再重复一遍，这部著作就其整体来说，乃是对于历史的综合研究的一个真正的贡献。"② 其中，汤因比提出的"挑战与应战"的观点非常具有现实意义，它启示大家不能向面临的挑战低头，而应正视它们并进行成功的应战，只有这样才能抓住发展的机遇。

第六，在对待人类文明的前景问题上，汤因比是绝对的乐观主义者，这一点他表现得比丹尼列夫斯基更加明显。虽然他也论述了文明的停滞、衰落、解体，但他并不认为这是文明的必然结局，"避免死亡的可能性也同样存在……为此，必须研究文明史的各种证据"③。他指出，只要人们不丧失自决能力，不"坐下来休息"，不对凡人、制度、技能

---

① 转引自李庆霞、姜华：《汤因比的文化形态学及其启示》，载《理论探讨》，2003年第2期，第41页。
② 转引自李庆霞、姜华：《汤因比的文化形态学及其启示》，载《理论探讨》，2003年第2期，第42页。
③ [英]阿诺尔德·汤因比：《历史研究》，石础缩编，杭州：浙江人民出版社1989年版，第127页。

盲目崇拜，对各种挑战有应战的能力，那么文明会不断地生长，也就是说，文明的命运掌握在人类的手中。当然，他对西方文明的态度也是这样。而丹尼列夫斯基虽然在对待人类文明的前景上比较乐观，但是却认为欧洲文明已经在走下坡路了，未来取而代之的将是斯拉夫文明（在这一问题上，汤因比和斯宾格勒与其都不完全一致）。应该说，汤因比的观点对人类社会的发展更有积极的推动作用。

当然，在《历史研究》中，汤因比还独创了许多值得思考和借鉴的理论观点，但由于我们的研究重点不在于此，所以在这里就不一一介绍了。

（三）丹尼列夫斯基、斯宾格勒、汤因比三者之比较

众所周知，斯宾格勒和汤因比是"文化形态学"（亦称"文化形态史观""历史形态学"）的主要代表人物。前者是德国著名哲学家、历史学家，其著作《西方的没落》问世于第一次世界大战之后的1918年，出版后立即震撼了整个欧洲的文化界；后者是英国著名历史学家，于1934—1961年陆续推出了12卷本的鸿篇巨制《历史研究》，进一步完善了文化形态学的理论，为历史科学的发展做出了卓越贡献。二人对世界文明史的独到见解，直到今天仍在学术界保持着经久不衰的影响，成为学者们讨论和研究的对象。然而，很少有人知道，早在斯宾格勒成名50年前，丹尼列夫斯基就在自己的著作中提出了文化形态学的理论雏形，对世界文化的发展和欧洲的命运表达了独到而深刻的见解，也不可否认地影响了后来的两位历史哲学家。

那么，丹尼列夫斯基与后来闻名遐迩的斯宾格勒、汤因比究竟在哪些问题上殊途同归，又在哪些问题上各有千秋呢？通过对"文化历史类型"与"文化形态史观"的比较研究，笔者发现这三位文化学者理论体系的相通之处主要体现在以下几个方面：

第一，三人都将一种文化或文明作为历史研究的单位。丹尼列夫斯基认为，历史不仅仅是各国家和民族从产生到消亡的发展过程，更宽泛地说，它还是许多区域文明出现、形成、发展、灭亡的过程；五彩缤纷的世界历史是不同时间、不同地点的多种文明和文化类型共同发展的结果。所以，不仅存在着发展程度的概念，而且存在着人类社会群体的不同发展类型。"历史的自然体系应该建立在对发展过程中的各种文化历史类型的区分上，它们是划分出不同发展程度的主要基础，根据发展程度的不同也只能得出这些文化历史类型，而不是历史现象的总和。"① 同丹尼列夫斯基一样，斯宾格勒也认为人类没有普遍的历史，有的只是各自的文化，所以他采用历史形态学的方法对文明进行了考察。斯宾格勒强调，历史形态学的研究对象不是孤立的政治和经济现象，也不是民族和国家，而是无所不包的文化，世界历史就是文化、文明的历史。用他的话说就是，"世界历史，是各大文化的历史"；"各大文化才是主体、是始因、是起源"。② 汤因比也把历史的研究定位于文明形态的考察上，把文明作为历史研究的单位。他在自己的著作中说道："历史研究的可以自行说明问题的单位既不是一个民族国家，也不是另一极端上的人类全体，而是我们称之为社会的某一群人类。……用'社会'这个名称不如用'文明'，因为还有许多在很久以前存在的原始社会或'不文明的'社会。"③ 也就是说，在汤因比的概念里，某一群人类就是一个社会或一

---

① Данилевский Н. Я. Россия и Европа. Взгляд на культурные и политические отношения славянского мира к германо-романскому. М.: Известия, 2003. С. 111.

② [德] 斯宾格勒：《西方的没落》，陈晓林译，哈尔滨：黑龙江教育出版社1988年版，第378页。

③ [英] 阿诺尔德·汤因比：《历史研究》，石础缩编，杭州：浙江人民出版社1989年版，第4页。

个文明。这一理论基础与丹尼列夫斯基是一致的。在上述基础上,丹尼列夫斯基、斯宾格勒和汤因比三人都将世界历史划分为若干种文明类型来研究,丹尼列夫斯基划分出了13种,斯宾格勒划分出了8种,而汤因比视野中的文明划分较细、数量较多,一共是21种(到晚年他又增加到26种)。由此可见,三人以文明为单位进行历史研究的基本理念是一致的,只是他们所划分出来的文化种类略有不同罢了。

第二,三人都反对线性历史观,及"古代—中古代—现代"的传统历史模式。丹尼列夫斯基认为,已有的线性历史观和传统的世界历史三分法都是不符合历史事实的。因为,世界历史上从来没有出现过一件具有绝对性质的全人类事件,以至于可以将整个人类的历史划分成不同的部分。这种研究体系是对历史轨迹多样化的绝对扭曲,完全是由某些历史学家杜撰出来的一种"人造体系"。提出这种划分方法的那些欧洲历史学家,在把这种思路引入到历史科学的时候并没有考虑到其他民族的状况,他们只是基于一点——人类的文明史是从欧洲史开始的。这种傲慢自大的态度使他们将产生于欧洲之前的所有文明统统归入到最初的古代史中,而将后面的两个历史时期都纳入到欧洲文明的发展轨道中。他的观点是,无论是罗马、希腊、中国、印度、埃及,还是欧洲和俄罗斯,都具有自己的古代史、中世纪史和近代史。"将历史分为古代、中世纪和现代三个部分,即使加上最古老时期和最近时期,或者干脆根据发展阶段来划分,也不能包含它所有的丰富内容。……事实上只有在某一种类型或文明的内部才能区分历史运动的不同形式,也就是古代史、中世纪史和现代史这些词所表示的意义。这种划分法只从属于那些各种各样的文化历史类型。"[①] 斯宾格勒也在《西方的没落》中写道:"由于

---

① Данилевский Н. Я. Россия и Европа. Взгляд на культурные и политические отношения славянского мира к германо-романскому. М.: Известия, 2003. С.108.

那个把历史分割为'古代—中古—现代'的不可信、空洞而又毫无意义的架构，完全统治了我们的历史思考，以致我们这个从日耳曼—罗马帝国时代起才在西欧的土地上发展起来的文化，竟不能觉察到，自己在高级人类的历史中的真正地位，也不能判断出，自己的相对重要性如何？也不能估计出自己的方向何在？将来的各文化将很难相信这一历史架构的真实性，它那直线进化的观念、那毫无意义的对比，越来越显得荒谬不堪……这一架构，不惟限制了历史的领域，更坏的是它还支配了历史的阶段。"① 汤因比也反对直线发展的历史观，认为文明的发展是起伏不平、生死相间的循环过程。他指出历史进程单线论是西方社会中存在的一种错觉："把进步看成是直线发展的错觉，可以说是把人类的复杂的精神活动处理得太简单化了。"② 无疑，在这一点上，斯、汤二人与丹尼列夫斯基是观点一致的。

第三，三人都抨击欧洲中心论，主张文化多元论。丹尼列夫斯基运用"文化历史类型"理论对当时盛行的"欧洲中心主义"进行了有力的批判。他认为，世界万物存在的多样化法则决定了，无论哪一种文化历史类型都只是人类精神的独特表现形式之一。各种文化历史类型都是平等的。"应该反对一种文明或一种文化来统治世界，否则，人类社会就会丧失走向成功和完善的最重要的一个条件——多样化。"③ 属于日尔曼—罗曼文化历史类型的欧洲文明，只不过是世界历史上存在的多种文化

---

① [德] 斯宾格勒：《西方的没落》，陈晓林译，哈尔滨：黑龙江教育出版社1988年版，第13页。
② [英] 阿诺尔德·汤因比：《历史研究》，石础缩编，杭州：浙江人民出版社1989年版，第7页。
③ Данилевский Н. Я. Россия и Европа. Взгляд на культурные и политические отношения славянского мира к германо-романскому. М.: Известия, 2003. С.460.

历史类型中的一种。斯宾格勒认为,任何一种文化类型——即使是最优越、最强大的文化类型都无法最终将自己的模式强加于它种文化之上。他说,"在这一流行的西欧历史架构中,我们成为所有世界事件假想的中心。各伟大的文化,皆环绕于我们为中心的轨道上运行着……在我的系统中,不承认古典文化或西欧文化,相对于印度、巴比伦、中国、埃及、阿拉伯及墨西哥文化而言,有何特殊地位。因这些分别存在的文化,从物质的观点来看,并不弱于古典文化,而且经常在精神的伟大及力量的飞腾方面,超越了古典文化"①;"每一种文化都有其各自的自我发展形式……世界上并不是只有一种雕塑、一种绘画、一种数学、一种动物学,而是有许多种,每一种的清纯之处皆迥异于其他"②。所以说,同丹尼列夫斯基一样,斯宾格勒也抛弃了以欧洲为中心的历史观,主张以多元的眼光来看待世界上存在的各种文化。汤因比同样反对欧洲中心论。在这一问题上,他与丹尼列夫斯基、斯宾格勒的立场一致,但其论证的理由却有所不同。他像斯宾格勒那样把人类历史区分为原始社会和文明社会,认为原始社会已经出现30万年了,而文明社会却只有6000年的历史,它只占人类全部时间的2%,所以他得出结论:文明时代的21个社会是属于同一时代的,在哲学上是价值相等的。根据这种文明形态的同时代性理论,汤因比反对"欧洲中心主义"的观点。他曾说道:"统一文明论是一个错误的概念,它将西方社会认作唯一的文明社会。这种错误认识来自三方面的错觉:自我中心、东方不变、直线进步。"③

---

① [德] 斯宾格勒:《西方的没落》,陈晓林译,哈尔滨:黑龙江教育出版社1988年版,第14—15页。
② [德] 斯宾格勒:《西方的没落》,陈晓林译,哈尔滨:黑龙江教育出版社1988年版,第20页。
③ [英] 阿诺尔德·汤因比:《历史研究》,石础缩编,杭州:浙江人民出版社1989年版,第7页。

虽然身为欧洲文明的成员，但斯宾格勒和汤因比却并未从狭隘的欧洲中心论立场出发，而是清醒地认识到了这一思想误区的存在——这无疑是难能可贵的，也是他们的著作得以流芳百世的原因之一。

第四，三人都采用有机理论的观点，把文化的形成比作一种自然变化，认为世界上各种文化的发展是一个起伏不平的循环过程。丹尼列夫斯基把每一种文化历史类型都看作是自然界的有机体，遵循着自然界的普遍规律，由童年到少年，由少年期到成熟期，然后衰老和消亡。正如一个人的成长过程可以分成三个年龄段（未成年、成年、老年），或者四个年龄段（童年、少年、成年、老年），甚至是七个年龄段（幼年、少年、青年、成年、老年、耄耋）一样，他认为也可以将各种文化类型的历史生命划分成不同的发展阶段。斯宾格勒也认为文化是一个有生有灭的"有机体"，"它像植物一样，在一块有确定风景的土地上开花结果"①；每一种文化"就如同每一种植物，各有其独特的花蕊或果实，各有其独特生长与凋落的方式；每一个文化都要经过如同个人那样的生命阶段，每一个文化各有它的孩提、青年、成年与老年时期"②。在斯宾格勒的理论中，他"把世界历史视作一幅漫无终止的形成与转变的图像，一幅有机生物的奇妙的成长与萎缩的图像"③。汤因比也把文明的生命分为起源、生长、衰落、解体四个过程，认为每一种文化或文明的发展都要经历这四个阶段，这无疑与前两位学者的自然主义观点如出一辙。而且，汤因比对文明进步发展的这四个具体过程做了更为详细的分

---

① [德]斯宾格勒：《西方的没落》，陈晓林译，哈尔滨：黑龙江教育出版社1988年版，第96页。
② [德]斯宾格勒：《西方的没落》，陈晓林译，哈尔滨：黑龙江教育出版社1988年版，第97页。
③ [德]斯宾格勒：《西方的没落》，陈晓林译，哈尔滨：黑龙江教育出版社1988年版，第20页。

析和解释,他的《历史研究》前四卷正是以此为主题展开探讨的。例如,"文明的生长呈现周期性的节奏运动,其表现为挑战和应战的反复……'自然法则'在各个文明史中所呈现的节奏,往往是由力量不等的两个趋势之间的斗争所产生的……"①

由此可见,斯、汤二人的一系列基本观点的确都与半个多世纪前丹尼列夫斯基所阐述的理论惊人地吻合,说明三者之间存在着一定程度上的传承关系。

尽管在上述问题上观点接近,但这三位学者的文化思想却又各具特色,存在着许多相异之处,这主要表现在以下几个方面:

第一,三人在理论构建中使用的核心术语不同。丹尼列夫斯基在自己的理论中创造了"文化历史类型"(культурно-исторический тип)的概念。他所说的文化历史类型实际上是一个"历史机体",是由"掌握某一种语言或几种相近语言的任何部落或民族的大家庭"组成的,生来就独具特色、具有不同于他人的"风俗、习惯、服饰、生活方式、社会性娱乐和个人娱乐",是人的群体在"宗教、社会、风俗、工业、政治、科学、艺术"②等各个层面发展的结果,简而言之,就是历史发展的结果。斯宾格勒在自己的文化形态学理论中运用的术语是"高级文化"(высокие культуры)。他把文化区分为原始文化和高级文化,认为前者并非真正的文化,而只是后者出现的一种背景,高级文化就是在这种背景中产生的。他对这一术语的解释是:"高级文化乃是一个单独的巨大有机体的觉醒存在;它不但使习俗、神话、技术、艺术都从属于

---

① [英]阿诺尔德·汤因比:《历史研究》,石础缩编,杭州:浙江人民出版社1989年版,第124页。
② Данилевский Н. Я. Россия и Европа. Взгляд на культурные и политические отношения славянского мира к германо-романскому. М.: Известия, 2003. С. 108.

它，而且使附着于它本身的民族和属类，都成为一个单独的形式语言和单独的历史之容器。"① 而汤因比理论中的核心概念是"文明"（цивилизации），他在《历史研究》的绪论中便指出："作为历史研究对象的可以说明问题的单位，不是民族（国家），也不是时代，而应该是一个社会"，因为"发生作用的种种力量，并不是来自一个国家，而是来自更宽广的所在。这些力量对于每一个部分都发生影响，但是除非从它们对于整个社会的作用做全面的了解，否则便无法知晓它们的局部作用"②。而当纵观人类历史里出现过的一切社会时，他毫不犹豫地说道："用'社会'这个名称不如用'文明'"。③ 可见，在这一点上，他比丹尼列夫斯基和斯宾格勒又成熟了一步。但无论如何，这种语言用词上的差异并不影响丹、斯、汤三位思想家在文化理念上的相通性。

第二，在对待不同文化之间的相互关系上，三人有着不太相同的看法。斯宾格勒认为每一种文化都是封闭的、独立的，构成文化整体的各种要素，无论从横向上还是纵向上都不具有内在的联系，即使发生联系，也只是表面的交往。换句话说，斯宾格勒基本上否定各文化之间存在的内在联系。而丹尼列夫斯基在自己的文化历史类型理论中，并没有否认不同文化之间的交往和碰撞，虽然他也强调构成文化类型的根本要素是不可传达的（在这一点上他与斯宾格勒看法一致），但是他并不否认构成文明的其他文化要素可以在不同文明类型之间进行传达的可能性，以及作为整体的一种文明对其他文明产生影响的可能性。丹尼列夫

---

① [德]斯宾格勒：《西方的没落》，陈晓林译，哈尔滨：黑龙江教育出版社1988年版，第333页。
② [英]阿诺尔德·汤因比：《历史研究》，石础缩编，杭州：浙江人民出版社1989年版，第2—3页。
③ [英]阿诺尔德·汤因比：《历史研究》，石础缩编，杭州：浙江人民出版社1989年版，第4页。

斯基在自己的著作中非常详细地论述了人类历史上不同文明之间相互接触和传播的三种表现形态，并明确表示，异质文化之间的接触和交往对文明的发展和变迁具有重要的影响作用。不可否认，斯宾格勒的理论中有合理的成分，但他过分夸大了文化的差异性，丹尼列夫斯基在这方面的看法要比斯宾格勒更为合理一些。同丹尼列夫斯基一样，汤因比认为文明之间不是彼此孤立的，而是在时间上和空间上都有所接触。首先，他论述了子体社会与母体社会的关系以及文明在时间上的接触，接着又论述了文明在空间上的接触，认为文明之间存在着交流与碰撞，他用了很多具体事例来说明文明之间各种各样的交往及其后果。汤因比的独特之处在于，他既看到了不同文明生长中的差异，又看到了不同文明的共同点。他说："近代有些西方作者，尤其是斯宾格勒，把各种文明里的这种'个性'夸大到了难以理解的怪诞的程度。我的意见是说在某种程度上的差别是存在的，但是如果我们不看到同样确定的和更重要的地方，那么我们就要失去平衡，因为事实上在人类生活和制度上所表现的不同情况只是表面现象，在这表面现象的下面还有统一性的存在。"① 在这一点上，丹尼列夫斯基和汤因比都比斯宾格勒要更加贴近文化历史的真实。

第三，在预测人类文明前景的问题上，三人的态度也不相同。斯宾格勒具有典型的悲观主义情绪，在他的理论中，历史根本不存在进步或进化的可能性。他认为："人不但在文化诞生之前是无历史的，而且一旦当文化的活生生发展已经终结，文化的生命中最后潜力已经用尽，而文明已完全塑成了自身的最终形式的时候，人又再次回返于无历史的状

---

① 转引自李庆霞、姜华：《汤因比的文化形态学及其启示》，载《理论探讨》，2003年第2期，第41页。

态。"① 由此可见，斯宾格勒是反对历史进步观的。原因在于，"一战"的爆发极大地震动了斯宾格勒，受世界大战的影响，他对人类的命运感到悲观失望，认为文化的命运完全是由有机体自身决定的，等待着每种文化的只能是僵化、死亡，等待着西方文化的也只能是没落。而丹尼列夫斯基是相信历史不断进步的乐观主义者，他在文化历史类型理论中专门阐述了自己的进步观："进步并不是要所有民族走到一个方向（在这种情况下它很快就会停止），而是要走遍所有原野，走遍人类历史活动舞台的所有方向。"② 也就是说，进步的内涵就是各种不同的民族和文化类型沿着各个方向走遍人类历史活动的全部领域，走向人类历史发展的高级阶段，虽然一种文明可能灭亡，但人类共有的"宝库"将不断得以充实。在对待人类文明的前景问题上，汤因比是绝对的乐观主义者，这一点他表现得比丹尼列夫斯基更加明显。虽然他也论述了文明的停滞、衰落、解体，但他并不认为这是文明的必然结局，"避免死亡的可能性也同样存在……为此，必须研究文明史的各种证据"③。他指出，只要人们不丧失自决能力，不"坐下来休息"，不对凡人、制度、技能盲目崇拜，对各种挑战有应战的能力，那么文明会不断地生长，也就是说，文明的命运掌握在人类的手中。当然，他对西方文明的态度也是这样。而丹尼列夫斯基虽然在对待人类文明的前景上比较乐观，但是却认为欧洲文明已经在走下坡路了，在这一点上，他与斯宾格勒不谋而合。应该

---

① [德] 斯宾格勒：《西方的没落》，陈晓林译，哈尔滨：黑龙江教育出版社 1988 年版，第 347—348 页。

② Данилевский Н. Я. Россия и Европа. Взгляд на культурные и политические отношения славянского мира к германо-романскому. М.: Известия, 2003. С. 134.

③ [英] 阿诺尔德·汤因比：《历史研究》，石础缩编，杭州：浙江人民出版社 1989 年版，第 127 页。

说，汤因比的观点对人类社会的发展更有积极的推动作用。

第四，在文明的起源问题上，斯宾格勒的理论较丹尼列夫斯基和汤因比有所欠缺。在斯宾格勒看来，文化起源纯属神秘的东西，文化是在乡土中形成的，文化的产生是突然的。他认为任何一种文化都是因人们无法解释的原因突然涌现出来的，文化特征不是由那种文化的人们通过努力和行动所创造出来的，而是作为一种自然禀赋存在的。而丹尼列夫斯基对此的观点是：文明的形成是一个漫长的历史发展过程；当一个民族从漫长的无意识、纯民族性的状态中走出来以后，政治上获得了独立，并把长期积蓄的精神力量用于各个方面，最后便形成了一种独立的文化历史类型，即文明；在这个积蓄力量的阶段，聚集了形成该种文化历史类型所必需的各种因素，它们表现在语言、世界观、风俗习惯等诸多方面。然而，在文化历史类型理论中，丹尼列夫斯基对于文明的起源问题也没有过多的表述，反而是后来的汤因比对此做出了系统而明确的阐释。汤因比详细分析了每一个发展阶段的特点和决定因素：认为文明起源于环境（包括自然环境和人文环境）的挑战和人的应战；文明的生长在于人对一系列挑战的成功应战，在于人的自决能力，在于超人的退隐与复出；文明的衰落在于自决能力的丧失；文明的解体则表现为社会体和灵魂体的分裂。其中，汤因比提出的"挑战与应战"的观点非常具有现实意义，它启示人们不能向面临的挑战低头，而应正视它们并进行成功的应战，只有这样才能抓住发展的机遇。

第五，在对"文化"与"文明"的理解上，后人比前人更加成熟。《俄国与欧洲》一书中，丹尼列夫斯基并没有明确地区别这两个概念，他在自己的理论中运用的主要是"文化历史类型"和"文明"，而且他更加侧重对"类型"的强调。根据丹尼列夫斯基的观点，广义的"文明"就是"文化历史类型"，而狭义上的"文明"则指的是各种文化历史类型发展的最终阶段，是一个高级的历史单位。后来，斯宾格勒在自己的历史形态学里明确提出了"文化"与"文明"的概念,并表述了自己对二者关系的认识。他首先将文化分为原始文化和高级文化,认为世界历史上可以划分出八大高级文化。在此基础上,他指出"每一文化皆有它自己的文明。……文明是文化不可避免的最终命运……文明,即是文化的结论。文明到来时,已经生成的事物替代了生成变化的过程,死亡跟随着原来的生命,僵化替代了原来的扩张。……文明即是最终局,不可避免的终局,文化,由于其内在的必然,都将逐一会走到这一终局"①。可见,丹尼列夫斯基和斯宾格勒对"文明"的内涵有相似的看法,对"文化"的理解则各有深浅。而再后来的汤因比,在《历史研究》中明确使用"文明"作为自己理论中的核心概念,不再游离于"文化历史类型"与"文明""文化"与"文明"之间,显然比丹尼列夫斯基和斯宾格勒对"文明"的理解更加深刻了一些。这也是与文化学理论不断进步的历史发展过程相一致的。

通过以上的分析和研究可以发现,丹尼列夫斯基文化历史类型理论中的许多观点的确在后来斯宾格勒和汤因比的著作中有所体现。三人虽然生活在不同的时代,但是他们的文化和历史思想是一脉相承的,彼此之间有着延续性和继承性,这主要是指:用文明的方法对世界历史进行研究、反对欧洲中心论和推崇文化多元论的理念。这些思想在 21 世纪的今天依然备受关注并被发扬光大,从这个意义上来说,不可否认丹尼列夫斯基的鼻祖地位。更为重要的是,丹尼列夫斯基所提出的"文化历史类型"理论为文化形态学的形成和文明的比较研究提供了重要启示,奠定了理论基础。西方学术界早在 20 世纪中期就已发现了丹尼列夫斯基在这些重要思想上的奠基意义,因此,以索罗金为首的众多学者称之

---

① [德]斯宾格勒:《西方的没落》,陈晓林译,哈尔滨:黑龙江教育出版社 1988 年版,第 29 页。

为"斯宾格勒和汤因比的真正先驱"①。我们认为,对丹尼列夫斯基的这一定位是符合实际的,他当之无愧。

本章小结

《俄国与欧洲》一书自问世至今已经历了近一百五十年,跨越了三个世纪,其知名度和受关注度的变化也基本可以按照时间顺序划分为三个阶段:19 世纪末至 20 世纪初,其影响主要在俄罗斯国内,曾掀起阅读高潮,读者包括知识分子和普通民众,支持和赞赏的声音占上风,也不乏否定和批判声;20 世纪 20 年代至末期,其影响主要在境外,关注者是侨民知识分子和若干西方学者,出现了针对丹尼列夫斯基的研究者和作品,并有学者继承和发扬了其文化思想,而俄罗斯国内则因苏联意识形态将其全面否定直至遗忘;20 世纪末至 21 世纪,其影响主要在俄罗斯国内,重新兴起阅读高潮,大量研究者和作品层出不穷,并成为俄罗斯高校文化学教材普及内容,而境外的关注却趋于淡化,关注程度有待提高。

任何能经受住时间考验的作品都无法不视为经典。丹尼列夫斯基的这本《俄国与欧洲》历经波折,洗尽铅华,一个多世纪之后又重新回到人们案头,这足以证明它的价值。这位生活在一百五十年前的思想者对文明发展和历史进步提出了不同于时代大众的观点,并被后人不断吸收和借鉴,能有如此头脑和远见,也足以证明他的智慧。

---

① Sorokin P. A., *Social Philosophies of an Age of Crisis*, Boston, 1950, p. 9.

第五章　丹尼列夫斯基与索洛维约夫的中国形象之争

前面曾经说过，19世纪80—90年代俄罗斯思想界出现过一场意义深远的论战，争论的双方分别是历史哲学家、文化学家尼·雅·丹尼列夫斯基和宗教哲学家弗·谢·索洛维约夫。这场争论是由丹尼列夫斯基的成名作《俄国与欧洲》一书所引起的，而焦点亦围绕着"俄国与欧洲"——这个历来备受俄罗斯知识分子普遍关注的重要问题所展开。俄罗斯人讨论"俄国与欧洲"的根本目的在于思考和探讨俄罗斯民族的命运及其未来的发展道路。然而，在这场弥漫着"俄罗斯思想"的历史大讨论中，受到关注的并非只是命题本身所反映出来的这两方，还有一个暗藏在命题中的第三方，那就是东、西方论题中不可或缺的一极——以中国为代表的东方文明。作为19世纪俄国知识分子的精英代表，丹尼列夫斯基和索洛维约夫在就"俄国与欧洲"问题展开争论的同时，也涉及各自的东方文明观，更确切地说，就是中国观。他们对东西文明、对中国文明的历史和现状展开了深入的思考和研究，这场争论也演变成双方历史文化观的一次深层次的较量。

一　丹尼列夫斯基笔下的中国形象

（一）丹尼列夫斯基对中国文化的认识及其理论依据

尽管《俄国与欧洲》一书的主角并非中国，但丹尼列夫斯基却在书中多次提到这个庞大的东方近邻及其历史悠久的民族文化。因为在他看来，要想使自己的民族和国家明确未来的发展方向和发展道路，就要思考和借鉴其他民族的历史，吸取他们的经验和教训。而在当时来看，比较有参考价值的首先是欧洲，其次就是中国。他认为，俄国并不完全属于欧洲，欧洲也并不把俄国放在与自己平等的地位上，因此，东方近邻中国的影响和作用不能忽视。他学识渊博，在书中谈古论今，无论是科学、宗教，还是文学、艺术，抑或是战争、历史，都是他思考俄罗斯命运的重要方面。在这个过程中，他时刻把代表东方的中国文化拿来与欧洲相比较，指出它们的长处，也分析它们的不足。众所周知，丹尼列夫斯基在《俄国与欧洲》一书中提出了后来对斯宾格勒和汤因比产生了巨大影响的"文化历史类型"理论，将世界文明划分成了十几种主要类型，认为世界历史的研究应当以这些独具特色的文化类型为单位。而在他推举出的这些有代表性的文化类型中，中国文明排在第二位，这无疑体现了丹尼列夫斯基对中国文化的一种肯定。

纵观全书，丹尼列夫斯基心中的中国形象集中表现在下面这段话中："有4亿左右的公民生活在这个国度。假如真的有关于中国劳动生产力的确切数字，那么在它面前，英国和美国的工商业产值可能就会显得非常苍白，尽管中国的商业几乎都是国内的。中国工业的许多部门至今仍处在令欧洲工场手工业望尘莫及的水平，比如，颜料、纺织印染、瓷器、各种丝绸制品、漆具等等。中国的农业也毫无争议地占据着世界第一的位置。用李比希①的话说,这是唯一合理的一种农业,因为只有这种农业能把出自土地的一切再返还给土地,并且不用借助那些无疑应当被称为土壤强盗的国外化肥。中国的果木种植业在全球也几乎占首位。中国的果农们对待植物与英国农场主对待各种有角类牲畜的方法相似,也就是使它们保持一种最有利或符合一定目标的形态,迫使它们大量地开花结果,而不是一味地生长,等等。在栽培园林的过程中,中国人甚至在自己极不擅长的美学层面上都取得了明显的成绩。据旅行家们讲,中国的景观园林达到了美丽与多样化的融合。中国的社会思想形态中可能具有一些宝贵的物质,迄今为止,只有欧洲科学的那种高傲或漫不经心的态度还没有在他们身上发现。人工养鱼业早就为中国人所熟知,并且产量巨大。其他国家未必能像中国那样具有数量如此众多的河流。中国人的生活在很多方面都不逊于欧洲,尤其是如果不拿目前的状况做比较,而是就本世纪第一个 25 年中的双方情况进行比较的话。中国人早就掌握了火药、印刷术、指南针和造纸,或许,也正是他们将其传到欧洲的。中国拥有庞大的文献资料和独到的哲学,这种哲学赋予了这个异教民族一种健全和崇高的伦理体系,尽管从宇宙学的角度来说这种体系还不太完善。洪堡②说,当古代希腊人对彗星还深感恐惧的时候,中国的天文学家们就已经对天象进行过有根有据的研究了。科学和知识在世界上任何一个国家都没有像在中国那样受到高度的尊重并产生了深远的影响。难道这种在社会制度、工业甚至科学的一定层面都达到了高水平的发展,很大程度上已将古希腊和古罗马文明远远抛在身后,如今完全可以成为欧洲人典范的中国文明,就像古罗马神话中出自朱庇特头脑中的弥涅尔瓦一样,是从第一个中国人的头脑中跳出来的吗?难道它在剩余的四千到五千年的时间里仅仅重复着旧的一切而没有向前走吗?

---

① 德国著名化学家。
② 德国著名自然科学家、地球地理学的创始人。

在亚洲大陆最东边出现的这些靠一辈辈人独立而独特的脑力劳动和体力劳动所逐渐积累起来的种种成就，难道与位于其西部的欧洲半岛上的种种成就有什么不同吗？这不是进步是什么呢？没错，这种进步早就停止了，中国社会制度的一些优秀特点（比如对科学和知识的影响作用）已经变成了什么都不是的形式主义，人民生活的精神实质也早已消失殆尽，这个东方大国已经在几个世纪的重负下停止运转了。但怎能说这不是整个人类的共同命运呢？难道只有东方才会出现类似现象吗？难道古希腊人和古罗马人的文明不在西欧民族进步的行列之内吗？希腊的拜占庭帝国不就代表了中国吗？她在脱离自己的西方姐妹罗马之后存在了一千余年；古希腊民族完成了最后一项伟大事业——确立作为基督教分支的东正教教义——之后，她的生活又曾有过何种意义重大的进步呢？"①从上面的这段话中我们可以看出，丹尼列夫斯基对中国的情况是非常了解的，对中国文化的评价也是相当之高的，这在当时的历史背景下不能说不是一种难得之举。

在全世界几乎都把中国视为"停滞和落后"主要代表的那个时代，丹尼列夫斯基之所以会具有这种与众不同的中国观，归根结底是因为他反对当时备受推崇的"欧洲中心主义"思想，他基于自己的"文化历史类型"理论，从文明的视角出发，对"欧洲中心主义"这种错误的世界观进行了坚决而彻底的批判。

首先，丹尼列夫斯基认为，人们普遍对"西方"和"东方"这两个地域概念存在着偏见。他指出，当时存在着一种被许多人肯定的观点，甚至是一些非常有学问的人也认为是无可置疑的公理，即"西方和欧洲就是进步，它代表的是不断的发展和前进；而东方和亚洲就是停滞和落

---

① Данилевский Н. Я. Россия и Европа. Взгляд на культурные и политические отношения славянского мира к германо-романскому. М.: Известия, 2003. С. 94-96.

后，令同时代的人们所厌恶"①。有很多人都认为，如果没有欧洲，世界文明就不会获得进步。这种观点令丹尼列夫斯基感到愤怒，他认为"这完全是一派胡言"，只不过是一种"人为的划分方法"，并不是根据那些可以确定文化类型不同特征的标志来进行划分的。在古代历史的舞台上，正是以中国、印度、埃及等国家为代表的东方世界相对比较繁荣，更早地达到了文明的阶段，而西方世界却整个笼罩在野蛮之中，不具备与东方文明对立的条件。所以，丹尼列夫斯基认为，"文明和进步并不是西方或欧洲的专有特权，停滞和落后也不是东方或亚洲特有的烙印……属于东方和亚洲并不应该是受歧视的"②，因此也不能武断地把四大文明古国之一的中国视为"停滞和落后"的代名词。

其次，在丹尼列夫斯基看来，人们对"民族"和"全人类"这两个概念之间的关系理解不正确。他指出，根据当时的历史科学观点，凡是带有民族特色的东西都是偶然性的、有局限性的，作为历史进程中多余的元素应当予以克服。于是，文明的发展方向被视为"逐渐摆脱那些有偶然性和局限性的民族因素，达到全人类的普世境界"③；与此同时，历史进程也被简单化，被理解为一种单向上升的过程。欧洲中心论者对不同民族的评价完全抹杀了其民族特性，只看这些民族在多大程度上接近所谓的"全人类"境界，将民族性置于理想化的全人类性之下。而在丹

---

① Данилевский Н. Я. Россия и Европа. Взгляд на культурные и политические отношения славянского мира к германо-романскому. М.: Известия, 2003. С.93.

② Данилевский Н. Я. Россия и Европа. Взгляд на культурные и политические отношения славянского мира к германо-романскому. М.: Известия, 2003. С.97.

③ Данилевский Н. Я. Россия и Европа. Взгляд на культурные и политические отношения славянского мира к германо-романскому. М.: Известия, 2003. С.138.

尼列夫斯基看来，"民族"的概念高于"全人类"的概念，他并不否认一些普遍的道德和价值理念的存在，但他不认为这些是历史发展的根本因素。因此，从这个意义上来说，中国文化的民族特色不能被扼杀和忽视，历史上的中国文明之所以能够达到高度发展的水平与这种东方文化的民族特色是分不开的。

最后，丹尼列夫斯基强调，导致在19世纪社会思想中存在"欧洲中心主义"思潮的最重要因素是，人们对历史发展进程的根本原因理解不正确，于是对文明类型"进步"的概念就不清晰，因而否认在欧洲文明之外存在着其他的独立文明。丹尼列夫斯基批判了人们认为历史是由于某一个民族的发展而不断进步的错误观点，他指出，过去人类历史上产生的所有伟大发现和辉煌成就都不是一个民族或一种文化历史类型带来的，而是建立在不同道德和精神基础上的多个民族或多种文化历史类型共同努力的结果。于是，丹尼列夫斯基向黑格尔的线性历史观发出了挑战，他认为世界历史文化进程并不是一个直线上升的发展过程，历史的生命取决于不同民族文化历史行为的不断交替和变换。因此，中国文明作为众多文化历史类型中的一种，曾经在人类历史的发展过程中做出过自己的贡献，也必将在未来的历史进程中继续发挥自己的作用。

由此可见，丹尼列夫斯基并没有站在"欧洲中心主义"的立场上来看待中国文明。他了解中国的历史和现状，对中国和中国文化给予了相对公正的评价。斯特拉霍夫后来指出，丹尼列夫斯基在书中用中国文明的例子来强调每一种民族文化的自我价值，这体现了其文化思想的与众不同之处。因为在当时的大多数西方历史学家的眼中，"中国代表的是某种错误和空白，是一种毫不需要的无意义的东西。所以在当时的历史教科书上一般不会讲到中国，它被抛弃在历史的框架之外。但是根据丹尼列夫斯基的文化理论，中国是一种合理的、值得尊敬的现象，就像希腊—罗马世界或高傲的欧洲一样"①。虽然丹尼列夫斯基也同意当时占统治地位的一种观念——认为中国的发展停滞了，不过他并没有因为这种现状而全盘否定中国文化、抹杀它的特色。值得注意的是，丹尼列夫斯基也在书中对中国文化停止发展的状况做出了自己的解释。他认为之所以会出现这种情况，是因为中国这个东方大国向来非常孤僻、封闭、不与别人交往，这极其不利于文化的交流和互通有无，使"四亿中国人"只活在自己的国度里，而不知道其他国家早已学会了他们的伟大发明并已将其广泛应用于社会的各个领域。他指出，与邻近民族的接触及所受到的刺激，不仅是文明发展或变迁的契机，而且决定了它的发展方向和领域。一种文明如果没有同异质的文化或文明接触，那么它的发展或变迁将很难发生。不过，丹尼列夫斯基最终还是给予了中国文明肯定的评价。他认为，以中国为代表的一些文化类型虽然不喜欢与人交往，但它们"却发展了其他一些较为幸运的竞争者所不曾发展的那些方面，从而促成了人类精神表现的多面性，其实这也是发展"②。丹尼列夫斯基指出当时中国文明的停滞只是暂时的，它拥有巨大的发展潜力。他在后来的一篇文章中曾经写道："中国的封闭完全是出于外部的自然因素，而在精神层面上的封闭，印度和埃及丝毫不比它差。至于停滞，非常明显，这个创造了许多伟大发明的民族，不可能是静止不前的。"③ 也就是说，

---

① Страхов Н. Н. О книге Н. Я. Данилевского "Россия и Европа" // Известия Санкт－Петербургского Славянского благотворительного общества. №12, 1886.

② Данилевский Н. Я. Россия и Европа. Взгляд на культурные и политические отношения славянского мира к германо－романскому. М.: Известия, 2003. С. 112.

③ Данилевский Н. Я. Сборник политических и экономических статей. СПб., 1890. С. 275-276.

丹尼列夫斯基对中国文明的未来持乐观的态度，在这一点上他无疑是正确的。

（二）霍米亚科夫中国观对丹尼列夫斯基的影响

丹尼列夫斯基之所以对中国持有这样的看法，除了基于他自己构建的文化历史类型理论之外，还有一个原因是受到前人的熏陶。由于他的思想来源里有传统斯拉夫派的影子，所以其中国观无疑也深受斯拉夫主义者对中国看法的影响。纵观早期斯拉夫派的众多杰出思想家，对丹尼列夫斯基影响最大的当属阿·斯·霍米亚科夫（А. С. Хомяков，1804—1860）。在第四章中曾经说过，霍米亚科夫对丹尼列夫斯基的影响非常大。索科洛夫（Н. В. Соколов）① 曾经在《俄国通报》上发表《霍米亚科夫与丹尼列夫斯基》（《А. С. Хомяков и Н. Я. Данилевский》）一文，强调霍米亚科夫对丹尼列夫斯基思想的重要影响和奠基作用："如果没有霍米亚科夫，就没有丹尼列夫斯基；如果没有霍米亚科夫，丹尼列夫斯基就必须得自己去开垦一块新土地。"② 的确，丹尼列夫斯基非常欣赏霍米亚科夫的思想，在《俄国与欧洲》一书中，他有七处引用了霍米亚科夫作品中的原话，有五个章节的卷首题词都选用了这位斯拉夫主义者的四行诗，还有两次高度评价了他的作品《一个东正教徒对西方宗教信仰的几点看法》。所有这些都说明了，丹尼列夫斯基对霍米亚科夫的作品是极为关注的。而且，在霍米亚科夫的早期作品《外国人对俄国的看法》和《世界历史札记》（又名《塞米拉米达》）中，就已经提出了俄

---

① Николай Васильевич Соколов（1835—1889），俄国革命家、政论家。《俄罗斯言论》杂志的撰稿人，有关于经济问题的论文。1872年迁居国外，同巴枯宁主义者很接近。

② Соколов Н. В. А. С. Хомяков и Н. Я. Данилевский // Русский вестник. №7, 1904. С. 147.

国与西欧在精神与社会发展各方面的根本区别，确切地说，就是日尔曼和斯拉夫两个精神分支的本质区别。尤其是在倾注了近20年心血的历史巨著《塞米拉米达》(《Семирамида》)中，霍米亚科夫运用哲学的眼光审视世界历史走过的道路，把以中国为首的四大文明古国作为参照物，从科学、语言、神话、文学、宗教等多个角度出发，考察了不同民族在历史发展进程中的得与失，努力地想为斯拉夫民族的历史选择做出指向。在这部作品中，霍米亚科夫通篇都在讲述着中国，他凭借自己对中国的广泛了解，对这个拥有"四千多年发展史"的国家做出了高度的评价。下面我们就来看看霍米亚科夫对中国的认识，以及他对丹尼列夫斯基产生了哪些影响。

纵观世界历史，霍米亚科夫认为，"罗马、中国和现在的英国无疑都树立了榜样，是值得学习的典范"①，但是，"从宗教意义上讲，希腊和罗马都不如中国"②，因为中国保证了"佛教在严格传承中的全面和自由发展……在这里佛教没有遇到另外一种实力相当的宗教力量，也没有湿婆教的干扰"③。在霍米亚科夫看来，推崇佛教的古代中国在世界历史的发展进程中无疑走在了前列："穆罕默德的波斯和土耳其远不如中华帝国那样值得深入研究。它辽阔的疆域、雄伟壮丽的大自然、丰富的物产、大量的人口、坚实的国家机关、安居乐业的百姓、数量庞大的和平作品、非凡的独特思想不仅应当吸引欧洲人的关注，而且能令公正的旁观者肃然起敬。"④

中国文化在霍米亚科夫眼中足以堪称世界一流："中国的科学可以同腓尼基的航海、埃及的建筑相提并论。翻开中国历史，你会发现中国

---

① Хомяков А. С. Сочинения в двух томах. Т. 1. М.: Медиум, 1994. С. 239.
② Хомяков А. С. Сочинения в двух томах. Т. 1. М.: Медиум, 1994. С. 214.
③ Хомяков А. С. Сочинения в двух томах. Т. 1. М.: Медиум, 1994. С. 239.
④ Хомяков А. С. Сочинения в двух томах. Т. 1. М.: Медиум, 1994. С. 30-31.

古代众多哲学家的精神实质和中国文学的典型特色,然后你就会明白这个帝国为何能在三十多个世纪的时间里矗立不倒。洞悉历史需要诗歌;需要艺术的灵感,即人类的纯粹真理,从而去识别那种使几百万人精神振奋的强大能量。"① 不仅如此,"中国的神话故事、智者老子在几百年的时间里走访众多西方国家的传说、古代亚述人在中国留下的明显痕迹——所有这些都把我们引向未来的道路,使我们能够想象自己远古时代教育发展和理性(在某种程度上是政治)生活的最早面貌"②。

然而,霍米亚科夫也解释道,自己所处的那个时代的许多人并不了解和熟悉中国文化的状况,他们仅仅被一些表面现象所蒙蔽,产生了对这个伟大国家的片面看法。"在我们看来,中国人有些可笑。你只要一想到他,眼前立刻就会出现一顶带着帽缨的帽子、像疯子一样的宽大衣袖、奇怪的马褂、窄窄的眼睛、高耸的颧骨等等等等。可是如果我们把目光投向整个帝国,心里就会产生另外一种感受。这里有世界上最高、最美丽的山脉——白雪覆盖的雄伟天堑喜马拉雅山,流淌着令我们的伏尔加河自愧不如的众多河流,囊括了各种气候不同产物的自然风光,这里有比我们的河流还要多的人工运河,比伦敦还要大的各类城市,大大超过我们全欧洲的人口,令所有大国为之汗颜的悠久历史:中国人有值得他们自豪的地方,也有欧洲人值得深思的地方。无论我们自认为比这个东南方的邻居高明多少,我们都应当承认,他们的政治体系和与其他各种政治体系比起来更加严谨和有延续性,而中国人对人的智慧及教育的尊重程度比世界上其他任何地方都要高。"③

霍米亚科夫对中国文明的力量之所在有着自己独特的理解。他指出,中国拥有强大的国家制度和政治体系,这使它可以在外敌入侵时捍

---

① Хомяков Л. С. Сочинения в двух томах. Т. 1. М.: Медиум, 1994. С. 69.
② Хомяков А. С. Сочинения в двух томах. Т. 1. М.: Медиум, 1994. С. 125–126.
③ Хомяков А. С. Сочинения в двух томах. Т. 1. М.: Медиум, 1994. С. 31.

卫自己的人民和文化，并最终战胜和征服入侵者。"成吉思汗统治的强大国家横扫整个亚洲，并很快将其瓜分殆尽；而以农耕为主的中国，拥有高度发达的国家制度和独特的治国理念，它改造了自己的征服者，赋予野蛮的蒙古人以精神和纯中国式的方向。……拥有强大政治体系和四千年历史的中国留给蒙古人、满洲人及所有侵略者的印象，与深入到中国古老寺院进行考察的欧洲旅行家心中的印象是相同的。奇怪的建筑线条，丑陋的装饰，掌管寺庙的荒诞神像；情不自禁的恐惧使来访者不知所措，并使他感觉到自己的苍白和渺小。这就是一个原始民族在某一方面影响的魔力。这就是中国及其对超亚洲的游牧民族所产生的影响。教育已经成为一种和谐的国家制度，而且它的教育是发达的：它能消除任何善战国家的不和谐行为。严格的国家机构就是一种荣誉，是一种无愧于'人类本性之意义'的荣誉：它要在精神较量的过程中赋予战败者一种坚定的信念，并使他感受到胜利的最终喜悦。……我们在中国和超亚洲民族较量的过程中看到了中国国家制度的全部力量；这种力量征服了新的政权形式，但是好战习性的执著对抗保持了蒙古人和满洲人的那种不可侵犯的个性。蒙古人最终被赶走了，被征服了。满洲人也将被赶走或者被消灭……"①

此外，儒家学说及万物统一、和谐的思想也是霍米亚科夫眼中中国文化的精华之所在。"天生的向善和对佛教无比的垂青产生了一种和谐的思想，与整个世界及合理国家体制的严格程序相协调。所有这些阶段中国都确确实实经历过了。法律所许可的对一切的正面冷漠，我们已经习惯称之为宗教感，这是高尚原则的精神概念；希望在国家实现一个可见世界和理智世界的全面和谐的形象；最后，严格的程序、疏而不漏的法律、对专横独断和任何自由的敌视——所有这些我们都可以在崇尚无

---

① Хомяков А. С. Сочинения в двух томах. Т. 1. М.: Медиум, 1994. С. 107–108.

神论的孔夫子学说中找到，在那种认为人应当集天地之和谐于一身的法则中，在那种法律为应当塑造一切的国家提前拟好的目标中，在中国的全部理性、家庭和政治生活中。这一切都归功于它的物质生活方式和对公民正当权益的不变追求，因为它们使人类心灵的圣地得到解救。这也得归功于对所有自由激情的压迫……对人类心灵的摧残和对社会生活的赞扬，最后，要归功于中国的所有伟绩和荣誉……其面部表情的与众不同之处无疑不会取决于宗教的单方面影响，而是取决于这个东亚民族的智慧和思维。"①

不仅如此，霍米亚科夫在《塞米拉米达》中还就中国文化的一些具体表象进行了探讨。比如，他对中国人崇拜龙的原因做出了自己的解释："在东亚地区宗教发展的过程中，蛇或龙的形象应该引起我们的注意。不巧的是，我们目前没有关于中国西南部地区居住的少数民族的任何资料；但是至少，我们已经非常明确，中国人心目中的龙就是最高智慧和力量的一种象征。他们神话中的人物经常是有着人头、蛇尾、蛇身的半神半人形象，显然，这并非佛教带来的奇怪幻想。龙的形象在中国比佛教理论要古老得多，然而试想一下，后面这种观点也是非常可能的，即在中国和印度出现的佛教只不过是对古老的、已经遗忘的学说理论的改革和复苏。无论如何，对龙的尊敬与古老传说中对蛇的崇拜是有联系的……"②；又如，他对中国的象形文字有着这样的理解："所有外在的、可以看见的东西都被象形文字生动、准确地表现出来，所有内在的、精神的和抽象的东西，它们却无能为力。不管是可见的世界，还是无形的世界，都可以通过思想、语言和文字来达到了解。中国的作家们用毛笔所写出来的那些符号表达了一些最抽象的概念。应该指出的是，把话语用笔记录下来可以使语言得以延续。思想的符号给了语言变化的

---

① Хомяков А. С. Сочинения в двух томах. Т. 1. М.: Медиум, 1994. С. 194–195.
② Хомяков А. С. Сочинения в двух томах. Т. 1. М.: Медиум, 1994. С. 191.

绝对自由，但是却保持了思想的完整性。不管人类的智慧因为新知识和新发明而如何丰富，文字将成为其所有思想财富的全部表达。……这就是中国经久不衰的神秘原因之一。"①

读罢《塞米拉米达》，我们不能否认霍米亚科夫的确在许多观点上对丹尼列夫斯基起到了一定程度的影响作用。例如他开篇就指出："罗马、希腊、锡兰、中国、以色列是远古时代所有民族、国家和整个大地空间的自然代表者。"② 这种看法很可能影响了丹尼列夫斯基后来对世界文化的类型划分。另外，他对中国的语言、艺术、自然状况等各方面的介绍也不无启发丹尼列夫斯基的可能。但是，如果从更深层的角度进行对比就会发现，二者在有一点上是截然不同的，那就是丹尼列夫斯基在分析中国文明的特色时并没有提到中国的佛教，而霍米亚科夫则把佛教视为中国文明内在力量的一个重要方面。导致这种差别的原因是，丹尼列夫斯基是一名优秀的自然科学家，对他来说，实证主义和自然主义远比传统斯拉夫主义者身上的那种神秘主义和浪漫主义要来得可靠。虽然他也重视宗教的作用，认为"宗教与文明是不可分割的"③，但其理论建构则更侧重于文化或文明观。他曾经在《俄国与欧洲》一书中这样阐述文明与宗教的关系："文明是一个比科学、艺术、宗教、政治、公民、经济和社会都更宽泛的概念，因为文明包括所有这些。"④

---

① Хомяков А. С. Сочинения в двух томах. Т. 1. М.: Медиум, 1994. С. 307.
② Хомяков А. С. Сочинения в двух томах. Т. 1. М.: Медиум, 1994. С. 36.
③ Данилевский Н. Я. Россия и Европа. Взгляд на культурные и политические отношения славянского мира к германо-романскому. М.: Известия, 2003. С. 153.
④ Данилевский Н. Я. Россия и Европа. Взгляд на культурные и политические отношения славянского мира к германо-романскому. М.: Известия, 2003. С. 153.

诚然，霍米亚科夫在描写中国形象上所花费的篇幅远远大于丹尼列夫斯基，但是不难发现，《塞米拉米达》中的中国形象是零散的，有时甚至是矛盾的，可见霍米亚科夫的中国观尚且停留在认识的层面上；而丹尼列夫斯基在《俄国与欧洲》中对中国文化的分析和定位则是建立在系统的理论基础上的，这个坚强的后盾就是他在书中所提出的"文化历史类型"思想。

二 索洛维约夫眼中的中国形象

丹尼列夫斯基笔下的中国形象在他与弗·谢·索洛维约夫（В. С. Соловьев）论战的过程中遭到了后者的强烈抨击，而且成为后者批判丹尼列夫斯基文化历史类型理论的一个主要理由。这位著名的宗教哲学家为何如此否定中国和中国文明？究竟有何深层原因呢？这还得从19世纪70年代说起。

1871年，当丹尼列夫斯基的《俄国与欧洲》在彼得堡正式出版的时候，这位未来的哲学家只有18岁，还是莫斯科大学的一名学生。此时的他，刚刚经历了一场宗教危机，不久前他还曾经把圣像丢进花园，成为唯物主义者毕丰和虚无主义者皮萨列夫的一名热情的追随者。但是后来，随着年龄的增长，以及对斯宾诺莎、叔本华、哈特曼、谢林、黑格尔著作的阅读和研究，他逐渐克服了少年时的虚无主义，自觉地回到了"祖先们的信仰"，创立了自己特有的哲学体系。1874年索洛维约夫通过了硕士论文答辩，成为莫斯科大学哲学教研室副教授；1878年他开始举办关于神人类的系列讲座，引起了很大的社会反响，首都文化界许多知名人士（包括托尔斯泰和陀思妥耶夫斯基）纷纷前来听讲；1880年，索洛维约夫在圣彼得堡大学以《抽象原理批判》为题完成了博士论文的答辩，获得了哲学博士学位。随后，他逐渐在俄国国内声名鹊起，曾在许多重要刊物上发表文章，并陆续推出了《生命的宗教基础》（1884）、《神权政治的历史与未来》（1886）等哲学著作。

1885年底丹尼列夫斯基去世以后，为了悼念这位杰出的科学家和思想家，斯特拉霍夫开始搜集和整理丹尼列夫斯基在不同时期、不同刊物上发表的文章；而对于《俄国与欧洲》一书，他则专门发表文章予以高度评价，并为其后来的再版作序。然而，完全出乎他意料的是，自己的忘年之交索洛维约夫却成为对立阵营的主要代表人物。后者于1888年刊出同名文章《俄国与欧洲》，从中对丹尼列夫斯基的思想和理论进行了猛烈地抨击。事实上，斯特拉霍夫与索洛维约夫在此之前一直保持着长期的友好关系。早在索洛维约夫进行硕士论文答辩的时候，斯特拉霍夫就曾在杂志上对其做出过高度评价。后来，索洛维约夫的博士论文在1881年得以出版成书，他又专门在杂志上撰文称赞。可以说，索洛维约夫早期的几乎所有作品，在还没有表现出亲西方和亲基督教立场时，都曾得到过斯特拉霍夫的积极肯定。同样，索洛维约夫在早期支持斯拉夫派观点的时候，也非常尊敬这位比自己年长许多的学者，他经常与斯特拉霍夫通信、见面，一起讨论相互感兴趣的问题。只是到了80年代末，两人因为丹尼列夫斯基的思想展开公开辩论以后，索洛维约夫才开始对自己这位年长的好友表现出令人遗憾的不真诚和两面性，直至最后发展成了敌对的情绪。

（一）索洛维约夫对中国的看法

在1888年的文章《俄国与欧洲》中，索洛维约夫几乎通篇表述出自己与丹尼列夫斯基相对立的观点。首先应该明确的是，他对文化历史类型思想的抨击存在一定的合理性。例如，他认为丹尼列夫斯基以语言为基础将各种历史类型进行自然划分的做法是没有科学性的，很容易产生误解，比如还有一种文化类型没有被包括进去，那就是日本；不仅如此，希腊和罗马属于同一种文化类型，不应该被划分开来。另外，他还指出丹尼列夫斯基对斯拉夫文明的评价和定位过高了，后者所推崇的"村社和农民的份地"不能作为新的社会经济发展的基础，而恰恰说明了俄国社会的落后；而且，丹尼列夫斯基对斯拉夫文明的过分强调，在某种程度上是鼓吹民族特殊，容易导致极端的民族主义倾向。

然而，令人遗憾的是，索洛维约夫对丹尼列夫斯基在书中充分肯定中国文化和中国文明的地位也持反对态度。虽然他不否认古代中国人民的发明创造，却武断地指出："尽管丹尼列夫斯基对之颇为同情，广大的中华帝国没有赋予、也许也不会赋予世界以任何高尚思想和任何伟大成绩；它没有也不会给人类精神的共同财富做出任何永恒的贡献……丹尼列夫斯基带着深深的敬意，历数了中国人的全部发明……这些发明究竟是不是从中国带到欧洲的——我们不知道，但中国人自己并没有由这些发明而得出任何重要的东西——这想必是众所周知的。从根本上说，中国的独特性呈现出一种消极的或有缺陷的状态。正如独特的中国画不同于欧洲画的特点是没有透视法一样，中国印刷术不同于欧洲的独特性只表现在没有活字。而且，这种不完善的印刷术也许是多余的，因为除了老子神秘的形而上学箴言之外，这也许还是由印度的神智学所引起的，中国智慧没有带来任何称得上是永久性的东西。丹尼列夫斯基所说的'大量文献'，只是在数量上巨大而已。指南针这项令人怀疑的中国人的发明，无论从哪个方面来说，对他们都是无益的，因为他们没有走向开放的海洋，也没有发现新的国家。同样，在没有像样军队的情况下，发明了不好的火药对他们也是无利的；众所周知，甚至借助于另外一种独特的发明——用画在城堡上的怪物来吓唬欧洲人——也没能成功地弥补其军事缺陷。从彼得大帝时代起，俄国在中国面前都具有无疑的优势，因为我们的军队和堡垒是用现代欧洲武器来装备的，而用来吓唬欧洲人的玩具炮和幻想的巨龙，其作用只能是爱国性报纸的谈资。另一方面，即便我们没有像中国人那样发明不好的火药和不好的印刷术，在我们所具有的各种与欧洲的差别中也没有缺点。"① 这番话不禁令人想起黑格尔在《历史哲学》中对于中国文明的界定，后者显然对索洛维约夫的中国观产生了极大影响。毫无疑问，索洛维约夫对于中国和中国文化的评价带有鲜明的欧洲中心主义色彩和个人主观倾向，是不能令人信服的。然而，大名鼎鼎的宗教哲学家索洛维约夫为何对中华民族和中国文化持有如此偏激的态度和看法？为何会与丹尼列夫斯基的中国观如此对立呢？这首先是由索洛维约夫的思想立场决定的。

（二）索洛维约夫中国观的理论依据

索洛维约夫的同名文章《俄国与欧洲》写于19世纪80年代末。此时的他已经彻底抛弃了青年时曾追寻的斯拉夫派理念，完全加入了西方派的阵营，认为世界文明的发展是以欧洲文明为中心的，世界历史的进步也必将遵循着欧洲历史前进的道路。作为西方派阵营的一员，索洛维约夫的中国观自然与整个西方派对中国的看法是一致的。"19世纪俄国的西方派往往把中国和被视为俄国的社会和精神理想的发达西欧完全对立起来。各种推崇西欧的思想流派都认为中国象征着众多的'恶'：不信上帝、不信教、凝固而不运动的，或者是暴政和专制。即便在他们中的某些人（例如赫尔岑）对西方的弊病有所揭露，中国在他们眼中仍旧是一个反面的例子，不过，这一次是作为一个僵化的社会，如果西方不认真进行改革的话，它也会变成像中国这样的社会。"② 其实，从19世

---

① Соловьев В. С. Россия и Европа // Филосовская публицистика. М.: Правда, 1989. С. 353-354.

② [俄] 亚·弗·卢金：《俄国熊看中国龙——17—20世纪中国在俄罗斯的形象》，刘卓星、赵永穆、孙凌齐、刘燕明译，重庆：重庆出版集团、重庆出版社2007年版，第37页。

纪上半叶开始，崇尚黑格尔历史哲学和欧洲至上的西方派就把中国当成世界文明进程中的反面形象的象征。最早的代表人物彼·雅·恰达耶夫（П.Я.Чаадаев，1794—1856）认为中国是远古文明的残余，由于缺乏基督教的推动力，所以在前基督教时代就停止了发展。他曾在著名的《哲学通讯》中这样评价中国："中国似乎从记不清的远古时代起，就拥有了三件伟大的工具，它们正如人们常说的那样，最大限度地加快了人类智慧的前进步伐，这就是：指南针、印刷术和火药。可是又怎么样呢？它们对中国起了什么作用呢？中国人完成环球航行了吗？他们发现新大陆了吗？他们是否拥有比在印刷术发明之前我们所拥有的更为广泛的文献呢？在残酷的战争艺术里，他们是否拥有像我们的腓特烈和波拿巴一样的人物呢？"① 西方派中杰出的文学评论家维·格·别林斯基（В.Г.Белинский，1811—1848）对中国和中国文化也持否定态度。他从自己的欧洲中心论观念出发，曾多次对著名汉学家比丘林关于中国的著作进行批评。他认为汉学家笔下的中国形象是虚假的、不够真实，因为汉学家美化了中国，只描写了它的正面，而对主宰这个国家真实状况的阴暗面却轻描淡写。在他看来，真实的中国就是僵化而落后的文明，就是停滞不前、虚情假意、道德沦丧、缺乏进取精神的代表。同其他西方派一样，他经常用中国的例子来衡量俄国，希望俄国不会滑落到中国的水平。至于大思想家亚·伊·赫尔岑（А.И.Герцен，1812—1870），则把中国作为西欧社会不思进取、不求发展的反面教材。他认为当时的西欧社会已经达到了自身发展的极限，正在经历"中国式的衰颓和腐化"，如果这种趋势继续下去，如果不及时吸收新鲜的空气，那么欧洲就会变成静止不前的中国。所以他幻想用人民革命的方式来拯救欧洲，而在他看来，能够推动欧洲复活的主角将是作为西方世界"外省"的俄国。后

---

① Полное собрание сочинений и избранные письма П. Я. Чаадаева. Т. 1. Издательство：Наука，М.，1991. С.404.

来的宗教哲学家索洛维约夫正是继承并发展了这些西方派先驱的中国观,才毫不犹豫地把中国归入封闭、落后、暴力和停滞的行列;加之19世纪80年代满清王朝统治中国所呈现出来的种种丑态和软弱,便使索洛维约夫更加坚定地把中国当成了一部失败的活教材。

其次,要想弄清索洛维约夫为什么在中国形象的问题上与丹尼列夫斯基产生分歧,就要从他的宗教哲学观入手。尽管同为西方主义者,但与西方派其他代表人物所不同的是,索洛维约夫的世界观带有鲜明的宗教哲学色彩。他比此前任何一位西方主义者都更加相信基督教的思想和力量,也就是说,他的哲学观是以基督教的理念和原则为核心的。因此,索洛维约夫一生的主要事业就是创立基督教的东正教哲学,他不仅揭示了基督教基本教义的丰富性和生命力,而且希望以此来拯救和完善上帝统治下的整个人类世界。一般情况下,我们把索洛维约夫的思想和创作大致分为三个时期。19世纪70年代后半期至80年代初是第一个时期,此时他的兴趣主要集中在神智学(即基督教学说)身上。在这一时期,索洛维约夫的思想倾向于斯拉夫主义,形成了自己系统的宗教哲学观念。也就是在这个时候,他经常在斯拉夫派的主要刊物《彼得堡慈善协会消息报》和伊·阿克萨科夫(И. С. Аксаков, 1823—1886)主办的《罗斯报》上发表文章,并与斯特拉霍夫、伊·阿克萨科夫等人成为好友。19世纪80年代之后,尤其是80年代中后期,索洛维约夫的思想兴趣转向社会政治和教会宗教生活方面,追求一种东西方教会联合的神权政治理想。他寄希望于借助神权政治,即通过建立能够实现基督教观念的正义国家和正义社会秩序来改造人类。正是在这一时期,他公开发表了一系列关于神权政治、普世教会和民族、社会问题的文章,才有了1885与丹尼列夫斯基的那次正面接触,以及后来与斯特拉霍夫长达六年的激烈争论。此后,从19世纪90年代开始,索洛维约夫的思想发展进入第三个时期,他重新回到哲学创作上,并在其生命的最后几年里沉醉于悲观的末世论。

不难发现，撰写《俄国与欧洲》一文时的索洛维约夫正处于其思想发展的第二个阶段。进入19世纪80年代以后，索洛维约夫的思想立场逐渐脱离了斯拉夫主义。起初，他的这种转变并没有引起伊·阿克萨科夫等人的注意，因为在当时发表的《伟大的争论和基督教的真理》等一系列文章中，索洛维约夫着重强调的只是东正教教会与天主教教会的和解，以及俄罗斯民族作为第三罗马的弥赛亚使命，这些与斯拉夫派的思想理念并无冲突。可是后来，他开始越来越多地谴责东正教同西方教会的分离，极力赞扬天主教并试图证明其在基督教中的首要地位。这不仅引起了伊·阿克萨科夫等人的不满，而且最终导致了《罗斯报》与索洛维约夫的决裂。殊不知，索洛维约夫的这种转变是丹尼列夫斯基首先发现的。正是他在第一时间敏锐地注意到了索洛维约夫对于东西方教会相互关系的曲解，及其对于世界历史的错误看法，并于1885年撰写了《弗拉基米尔·索洛维约夫论东正教和基督教》一文，与这位年轻的宗教哲学家展开了讨论。丹尼列夫斯基承认索洛维约夫的确拥有非常罕见和宝贵的天赋，但却认为其宗教哲学理论的构建存在一些不合理的地方，比如：总是喜欢得出一种对称、均衡的结论，希望世界上所有的现象都遵循一定的逻辑规律，呈现出公式化、系统化的联系。索洛维约夫在之前的一系列文章中将世界平均分成东、西方两个部分，认为西方的基督教徒比东方的更虔诚，而且从人类历史开始的那一刻起东、西方就是对立的，这种观点丹尼列夫斯基不能苟同。他指出，在古代历史的舞台上，所谓的东方世界（东亚、西亚、南亚国家和埃及）相对比较繁荣，正是它们担任了文明的领袖，而整个西方世界却停留在野蛮的阶段，还不具备与东方文明对立的条件。他认为，那些宣扬人类历史起源于截然不同的东西两个世界的神话故事是毫无根据的，那只不过是为了与后来的理论图景保持逻辑上的和谐一致而杜撰出来的。尽管丹尼列夫斯基赞成索洛维约夫允许不同教会之间有充分自由进行辩论的看法，与索洛维约夫一样认为这是非常有必要的，但是两人从中得出的理解却不尽相同。丹尼列夫斯基非常详细地分析了东、西方基督教徒在信仰上的差异，他坚持认为，使这些基督教徒在精神上达到全世界的统一是不可能的。因为双方在具体的信仰、教义、教规、教会的管理机制上都存在着不可逾越的矛盾和对立，所以要使他们完全统一只是一种美好的愿望，是不可实现的乌托邦。然而，索洛维约夫却执着地追求这种乌托邦的神权政治理想。为了避开当时沙皇政府的报刊检查，他决定把关于神权政治的三本主要著作都放到国外出版。于是，《神权政治的历史与未来》第一卷于1887年在克罗地亚首都萨格勒布问世，《俄罗斯与普世教会》和《俄罗斯思想》两部文集于第二年在法国巴黎出版。

1888年的索洛维约夫已经完全形成了自己的"全世界神权政治"（вселенная теократия）理念，即基督教的全人类普世化思想。在索洛维约夫看来，基督教的神权政治就是上帝对于整个人类的统治，而这一理想只能通过教会来得以实现。他认为，基督教教会曾经是统一的，上帝起初创建一个统一教会的目的是为了帮助人们与"地狱的敌人"进行斗争，但后来教会分裂了，这样会使"恶"以双倍的速度得以传播。索洛维约夫否定了斯拉夫派认为东正教是基督教的唯一真正信仰和整个西方世界处于真正的基督教之外的观点，指出天主教与东正教在信仰上的差别并不是实质性的，并非像东正教教会所说的那样是异端和邪说。索洛维约夫批判的不仅是基督教教会的东、西分裂，还有任何依据民族性原则的教会独立。在他看来，如果没有统一的精神中心，教会就会变成自主的宗教组织，反基督教的专制独裁就会占领统治地位，无神论就会广泛传播。因此他一再强调，以罗马教皇为首的天主教教会对全人类行使高于任何民族的权利，是"全世界神权政治"的最理想形式。于是，他向信奉东正教的俄国国民提出了这样的任务："首先我们应该意识到自己的真实身份：是伟大的基督教躯体的一部分，所以我们应该与那些西方弟兄紧密地团结起来，他们在中心机构的领导下，而我们却还没有……这种精神的活动，公正和爱的行为，对我们来说本身就是向前挪动了一大步，同时也是继续进步的必要条件。"①

索洛维约夫曾在自己的神人类理论中指出，基督耶稣拥有以下三种身份：第一神父（基督教的最高神职人员）、沙皇（世俗权力的首领）和先知（未来的预言家）。而他在阐述神权政治的体系时则强调，为了实现上帝对人类世界的统治，这三种形式应该一直被保持下去：神职人员的作用应当通过罗马教皇统治下的基督教教会来实现，事实上，第一神父就是天主教的教皇。全世界神权政治中的首领权力则应当属于俄国沙皇，作为教会的儿子，沙皇在精神上应当从属于罗马教皇。索洛维约夫试图用这种方式来消除两种政权之间的矛盾，也就是用基督教的训诫来对二者进行调节，在他的理念中，沙皇应当在精神上达到与罗马教皇的宗教团结。此外，他还赋予那些在任何时期存在于任何社会中的先知们以预知未来的能力。索洛维约夫把自己的神权政治体系称作"自由的神权政治"，因为在这一体系中，第一神父与沙皇之间的关系是自由的，对于教会的从属是自由的，对于未来的预见也是自由的。社会功能的三统一体现了基督通过神圣的三位一体对人类进行统治的权力。传统意义上的国家及其暴力、强制的手段在索洛维约夫的神权政治理念中是不存在的，普世的相互之爱使阶级斗争和"毁灭性"的竞争划上句号，并逐渐使整个人类融入到伟大基督的圣体之内。与丹尼列夫斯基推崇民族特色的观点相反，索洛维约夫所希望的是统一的、全世界的基督教国家。为了实现这一目标，他建议俄国做出自我牺牲，即为教会的统一而服务，为上帝牺牲民族的私利，从而承担起建立基督教国家的主要角色。

---

① Соловьев В. С. Россия и вселенская Церковь. М., 1991. С. 169.

索洛维约夫在俄国的这一所谓的"使命"中看到了"俄罗斯思想",他对这种思想的阐释是极其直白和坚定的。他用古罗斯人邀请外族王公统治自己土地的史实来使俄罗斯读者们相信,俄国的出现正是为了弃绝民族的私利。同时,他还一再强调,这种牺牲并不很大,"唯一需要我们为真理而做出的牺牲是那些建立在奴颜婢膝和物质兴趣基础上,通过欺骗和暴力来行使权利的伪教会组织"①。当然,索洛维约夫也预感到自己提出的这种"民族自我牺牲"理论可能会遭到周围人的不理解甚至反对,于是他在自己的宣传布道中略带威胁地警示:"那些不愿意为了普世真理而牺牲民族私利的人不能也不应当被称为基督徒。"②

在这种神权政治思想的基础上,索洛维约夫眼中的各种人类文化同样被赋予了鲜明的基督教色彩。他提出了一种具有普世性、超民族性的基督教文化理念。这种理念的主旨是,人类历史上从古罗马时期开始就存在着各种文化不断融合的过程,最先出现的是全欧洲的统一文化,以后必将出现全人类的统一文化,这种统一的超民族文化在本质上就是基督教文化。索洛维约夫的这种观点实际上是在否定民族文化的存在,主张全世界的基督教普世化。他坚持认为没有什么文化历史类型之别,而只有基督教文化的统一发展进程。按照他的理论,人类历史上所有的民族都会慢慢地进入到基督教的光芒普照之下。因此,索洛维约夫希望在丹尼列夫斯基的书中找到使各种独立的文化历史类型顺应统一的基督教文化的方法,然而他却没有发现一处这方面的暗示,这引起了他的极大不满。斯特拉霍夫曾一针见血地指出,在"全世界神权政治"理念的指导下,最令索洛维约夫感到头疼的就是,是否有一种文化能够存在于基督教的普世统治之外。而丹尼列夫斯基在论证文化理论的过程中恰恰使用了中国文明的例子证实了这一点,所以,索洛维约夫并不希望看到任

---

① Соловьев В. С. Русская идея. М., 1911. С. 30–31.
② Соловьев В. С. Русская идея. М., 1911. С. 33.

何形式的中国文化历史类型。虽然丹尼列夫斯基也是一个东正教徒，像索洛维约夫一样相信基督教"应该随着时间的推移渐渐地拥抱整个人类"①，但他并不是以宗教原则为基础来划分各种文化历史类型的，也并不排除拥有同一种信仰的许多民族可以分属各种不同的文化历史类型。所以，丹尼列夫斯基提倡的文化多样性原则与索洛维约夫在全世界实现统一的基督教文化的理念是格格不入的。这就是两人产生分歧的焦点所在。

然而，索洛维约夫对上帝的理解和对基督教生活的诠释，特别是对教会的态度，很难为官方的教会所接受，也很难为保守的东正教教徒所接受。这种以神权政治为中心的"俄罗斯思想"几乎是遭到了来自东正教神职人员和俄国社会各阶层的一致谴责，其阐述神权政治思想的一系列著作也在当时的期刊杂志上受到猛烈的抨击。不仅仅是索洛维约夫的对立者，就连那些关心他的人、高度评价其宗教哲学作品的拥护者和研究者们都一致认为，他的神权政治思想完全是矛盾的、站不住脚的，是一种不切实际的乌托邦。令许多批评者所惊讶的是，索洛维约夫仿佛对世界上除基督教之外拥有众多信徒的其他宗教视而不见，在他的神权政治理想中，无论是佛教、犹太教，还是伊斯兰教，都未能获得自己应有的位置。而根据他的一系列作品大家很容易便可以推断出，他是在试图推崇整个世界的基督化。当时的罗马教皇得知索洛维约夫的这个想法后表示，这是个好的思想，但只能靠奇迹来实现。事实证明，这种乌托邦思想的宣传并未在整个俄国社会引起大的反响，这一点并不奇怪。正如著名学者阿·费·洛谢夫（А. Ф. Лосев）所说的那样："那种历史哲学和对于神权政治的历史进程的信仰显然没有使任何人满意。可以说，在

---

① Данилевский Н. Я. Россия и Европа. Взгляд на культурные и политические отношения славянского мира к германо-романскому. М.: Известия, 2003. C. 103.

索洛维约夫的所有学说中,从未有过这样一种远离俄国社会现实的理论。大家只不过是把索洛维约夫的神权政治当作一件滑稽可笑的事情来看罢了。"① 不仅如此,这一理论的宣传还给索洛维约夫带来了源于宗教界和世俗界书刊检查的阻力,后者还得到了沙皇本人的亲自支持。尽管神权政治的思想中包含着对于独裁和专制的赞扬,但使皇权从属于教权的理想不可能博得国家首领的欢心,因此,索洛维约夫在1890年11月14日请求亚历山大三世批准自己的文章发表时遭到了彻底的回绝:"他的文章具有煽动性,对于俄国人来说是有损尊严和深感屈辱的"②。可见,奇迹最终未能出现,索洛维约夫在这方面所做的实际努力最终均归于失败,不论是在西方还是在自己的祖国,他都没有得到支持。

因此,多年之后,甚至是那些极其赞赏索洛维约夫、高度评价其精神遗产的人都认为他的"自由的神权政治"体系显然是不成功的。比如,别尔嘉耶夫在1925年就曾写道:"索洛维约夫的全世界神权政治思想是一种纯粹的乌托邦"③;杰出的侨民哲学家瓦·瓦·津科夫斯基(В. В. Зеньковский,1881—1962)也认为:"索洛维约夫对天主教的厚爱和他的乌托邦计划,将他与整个俄国社会完全隔离开来,至今他的这些愿望也没有激起任何人的兴趣"④。就连索洛维约夫自己,也在19世纪90年代以后对自己的神权政治理想趋于失望,更准确的说,他是对人类的未来丧失了希望。于是,这位杰出哲学家的政论时代到此结

---

① Лосев А. Ф. Владимир Соловьев и его время. М.,1990. С. 629.
② 转引自 Балуев Б. П. Споры о судьбах России:Н. Я. Данилевский и его книга《Россия и Европа》. Тверь,2001. С. 79。
③ Бердяев Н. А. Типы религиозной мысли в России. Собр. соч. Т. 3. Париж,1989. С. 211.
④ Зеньковский В. В. Русские мыслители и Европа (Мыслители XX века). М.:Республика,2005. С. 130.

束，其思想焦点重新回到了哲学的主题上。他彻底投身于降神术，即依照神的真理创造新生活的神秘技巧。

索洛维约夫将一生中最主要的时光都奉献给了"全世界神权政治"的思想，正是这种美好的愿望使他针对丹尼列夫斯基的"文化历史类型"论展开了猛烈的攻击和批判，因为他的神权政治理念在每一个细节上都是丹尼列夫斯基文化历史类型思想的对立面，尤其是在对中国文明的定位和态度上。他的侄子谢·米·索洛维约夫（С. М. Соловьев）就曾在一本叫做《弗·索洛维约夫的生活和创作历程》的书中承认："他反对斯拉夫派'古兰经'① 的主要原因是，如果是那样来理解历史的话，教会的统一在原则上就成为不可能的事了。"② 甚至是索洛维约夫本人也曾经表达过自己批判丹尼列夫斯基的这种动机。他在1887年11月10日写给斯特拉霍夫的信中坦言道："丹尼列夫斯基在我的道路上设置了一座拙劣的建筑物……只有弄清楚这本书，才有可能继续宣传全世界的教会及其与罗马教皇的和谐。"③

（三）从《中国与欧洲》再看索洛维约夫的中国观

事实上，仅凭《俄国与欧洲》一文来判断索洛维约夫的中国观是不全面的。由于1888年的这篇文章主要还是以驳斥丹尼列夫斯基"文化历史类型"理论为目的的，所以索洛维约夫从中对中国形象的问题着墨不多。当代俄罗斯学者亚·弗·卢金（А. В. Лукин）曾说过，索洛维约夫相比而言是所有西方派代表中最关注中国的一个。的确，尽管索洛维

---

① 指丹尼列夫斯基的《俄国与欧洲》一书。
② 转引自 Балуев Б. П. Споры о судьбах России: Н. Я. Данилевский и его книга《Россия и Европа》. Тверь, 2001. С. 80.
③ 转引自 Балуев Б. П. Споры о судьбах России: Н. Я. Данилевский и его книга《Россия и Европа》. Тверь, 2001. С. 80.

约夫在《俄国与欧洲》一文中并没有就中国文明展开详细的论述，但他却在两年后，即 1890 年的一篇题为《中国与欧洲》(《Китай и Европа》) 的文章中，对中国文化进行了深入的分析和考察，也更加具体、更加客观地表达了自己对于中国形象的看法。因此，研究索洛维约夫的中国观，就不能不关注他的这篇文章。尽管题为《中国与欧洲》，但这篇文章的主角实际上是中国文化，其中描写中国的篇幅远远大于欧洲。从祖先崇拜到父权制，从"天子"到"百神"，从秦始皇到嘉庆皇帝，从老子到孔孟，从佛教到道教，从道教到儒家思想……索洛维约夫通过研读中国古代文献和汉学家们的著作，将中国文化的内外特色呈现在读者的面前。

索洛维约夫撰写《中国与欧洲》一文的根本目的并不是为了介绍中国的特色和文化，他开篇便明确地指出："我的任务并不在于描述中国人过去和现在的生活，而是为了解释他们以一种什么样的方式生活，他们的精神寄托何在，也就是说，是为了解释中国人的理想。"[①] 索洛维约夫为何要研究中国人的理想呢？

19 世纪末期，欧洲正在被"中国化"的观点在俄国传播得很广。当时有一位法国宗教史学家阿·拉维尔 (Альбер Ревилль, 1826—1906) 曾经写过一本关于中国文化的书，叫《中国的宗教》(1889)。他在这本书中宣扬，世界上最有代表性的两种文明就是西方文明和中国文明，其他各种文明都是源于这两种文明并依附于它们的。与西方文明相比，历史悠久的中国文明充满活力，中国人的性格和中国文化的特点决定其最终将会战胜西方人，并将其纳入自己的统治范围内。然而，索洛维约夫却不赞同欧洲的"中国化"。他认为中国既不信仰天主教，也不信仰东正教，是置身于世界文明之外的一个国家。在他的眼中，世界的进步并

---

① Соловьев В.С. Китай и Европа // Соловьев В.С. - Избранные произведения. Серия 《Выдающиеся мыслители》. Ростов-на-Дону, 《Феникс》, 1998. С.278.

不需要中国文化,西方的基督教文明才是历史进步的中心,而俄国的未来正是要在天主教和东正教的统一中寻找出路,所以俄罗斯民族应当在中西文明的冲突中克服中国文化的影响和扩张,投入基督教欧洲的怀抱。由此可见,索洛维约夫继承了西方派早期代表人物,尤其是赫尔岑对于中国形象的看法。他之所以费尽心思地研究中国文化,思考中国人的理想,归根结底还是为了否定中国文明,把中国作为历史进步的反面教材。只不过"赫尔岑使用的是基督教关于亚洲将统治欧洲的旧思想,而赋予它世俗的和社会的含意",而索洛维约夫则是"把亚洲统治的主题和恰达耶夫视欧洲的基督教为真正文明的基础的看法结合起来了"①。他的根本目的是站在俄罗斯民族的立场上,从维护基督教文化传统的角度出发,为俄国乃至整个基督教的欧洲明确未来的发展方向,找到未来的发展道路。

如果说两年前索洛维约夫否定中国文化更多地是为了反驳丹尼列夫斯基的文化历史类型理论的话,那么两年后索洛维约夫则是把中国文明视为一个重要的参照物,把中国文化的发展史作为摆在俄国人面前的两条道路之一,作为俄罗斯民族面临的两大选择之一。当然,他希望自己的祖国选择信奉基督教的欧洲,而不是非基督教的中国。于是,他在《中国与欧洲》一文中全方位地考察中国文化,探究中国人的理想,试图厘清中西文化的差异,思考俄罗斯民族的命运。因为在他看来,"西方文化对于中国文明的外在胜利,只有在西方从内部克服了中国文化的根,也就是克服使中国那种没有远见的罕见生活制度建立于其上的历史因素时,才是持久的,才是合乎愿望的。而要想达到这种内在克服,首先必须深刻地了解中国,不仅仅是知道其过去历史上和现代生活方式的

---

① [俄] 亚·弗·卢金:《俄国熊看中国龙——17—20世纪中国在俄罗斯的形象》,刘卓星、赵永穆、孙凌齐、刘燕明译,重庆:重庆出版集团、重庆出版社2007年版,第48页。

一些细节,而是要弄清使它具有实力和局限性的那种永久性的社会道德基础"①。

索洛维约夫首先从中国的传统理念"父权制"和"祖先崇拜"入手。他认为,家庭因素,或者更准确地说是"绝对的父权制",是中国人全部生活体系的决定因素,也是中国作为一个国家形成和出现的最初根由。起源于黄河流域的无数个小家庭,经过漫长的发展,组合成一个统一的大家庭,随后建立了早期的国家政权,这就是中华民族最初的基本构成。从那时起,绝对的父权制就成为中国人生活制度的基础。在所有的中国家庭中,父亲都处于最高权威人的地位。"现如今中国全部复杂的政治体系,不过是父权制的同心圆式的扩展:村长是一村之父,区长是整个地区之父,省长是全省之父,皇帝就是中华帝国之父,是无数'百姓'子孙之父"。②索洛维约夫指出,在每一个中国家庭中,父亲的绝对权威不仅表现在他是所有家庭成员的生活指导者,而且还体现在他是该家庭举行祖先祭祀仪式的主持人。后一种身份使父亲成了家庭的已故祖先与现有成员之间的中间人,其使命就是把先人的精神遗产保留下来,传给现有的成员,并使他们将来再传给后辈子孙。而在这一过程中,每一个家庭中的父亲都发挥着重要的作用,一个家庭中的父亲去世后,其长子便继承父业并延续他在家庭发展中的上述作用。

而祖先崇拜与父权制则是相辅相成的,它在中国有着特殊的意义,是"中国全部制度的基础"。这种崇拜不仅体现在每一个家庭中,而且还体现在国家的层面上。从国家的角度来看,皇帝,即"天子",扮演的是父亲的角色。他是祭天仪式的主持人,是"天"与"地"的中间

---

① Соловьев В. С. Китай и Европа // Соловьев В. С. - Избранные произведения. Серия 《Выдающиеся мыслители》. Ростов-на-Дону, 《Феникс》, 1998. С. 278.

② Соловьев В. С. Китай и Европа // Соловьев В. С. - Избранные произведения. Серия 《Выдающиеся мыслители》. Ростов-на-Дону, 《Феникс》, 1998. С. 279.

人，也是"百神"与"民"的中间人。"百神"也就是"天"，它在中国百姓心目中的位置相当于每一个家庭的祖先在该家庭现有成员心目中的位置，但"百神"并不是所有家庭已逝祖先的总和，它是所有神的总和，是整个神的世界。所以，中国的祭天仪式是在国家民族整体的层面上进行的，与治国有着密切的联系。国家的最高统治者通过主持这一重大活动，充分显示出自己是"天"与"民"之间的唯一联系人，也是代表"天"对"民"实行统治的唯一代表。这样一来，国家最高祭祀的主持人和政治统治者的身份集于皇帝一身，而在他之下的各级政权机构便也仿效了这种大权独揽的特点。索洛维约夫把这种现象称为中国政治制度的"绝对父权制原则"。索洛维约夫还注意到，中国的祖先崇拜和祭祀活动，无论是在家庭的祭祖仪式还是在国家的祭天仪式中，都有主祭祀人向先人或"天"进行汇报和请示的过程。前者是向祖先汇报其遗志的履行情况，后者是就下一步的决定和活动予以请示，以求得他们的支持和教导。因此，中国的皇帝及其各级官员，还有每一个家庭中的父亲，实际上不仅仅是祭祀的主持者，他们还承担了教导者的身份；那些来自于上天和先人的传统和教导，则是皇帝和父亲用以教育百姓和家庭成员的基本内容。于是，索洛维约夫由此而认定，中国的各种大大小小的学说均源自于先人和古代圣贤的传统智慧，中国人的目光总是停留在过去、而不是未来身上；即便是孔子这样的改革派思想家，其目的也是要尽可能地恢复到原有的秩序上去。而这种祖先至上、传统至上的思想理念，正是典型的中国式的保守主义，是具有独特性质的中国式抽象思维发展的支点。

随后，索洛维约夫针对中国古代的两大思想家——老子和孔子进行了考察。首先，他对"黄种人唯一的思辨哲学家"老子及其道家学说进行了分析。尽管索洛维约夫将老子视为一位伟大的学者，但却对老子的学说提出了否定的看法，因为在他看来，正是老子将中国式的保守主义思想引向了荒谬的地步。在对老子的主要思想进行研究之后，索洛维约夫将这一学说定义为"原则上的蒙昧主义"，认为其缺乏实际的生活内容，将所有的人类关系都融合成一种原始的冷漠，将纯粹的无知当作真正的社会理想。他认为，"这种对于原始状态的简单和朴素的追求，与全体中国人对于过去的崇拜是相联系的，正是这种崇拜为老子的原始虚无的思想奠定了基础"①，使其将所有目光都投向过去，而对人类的现在和将来进行了根本上的否定。因此，索洛维约夫指出，把绝对的虚无和冷漠作为抽象的思辨原则，把对生命、知识和进步的否定作为必然的实际出路，这就是建立在保守主义基础上的道家学说的实质。

与此同时，索洛维约夫对另一位中国古代圣贤孔子给予了较高的评价，认为他是"中国智慧和中国理想的真正代表"，而孔子创建的儒家学说则是中国古代思想的抽象原则和民族生活的实际需求之间的一种妥协，是与道家思想相对立的。在索洛维约夫看来，儒家思想的任务在于以一种更加宽泛、和谐和文明的新形式来恢复中华民族的传统习俗。他把古代的宗教和新时期的国家生活、社会生活纳入到一个实用的道德体系之中，他赋予祖先崇拜以更加理性的道德特征，并使这种道德原则成为中华帝国全部社会和政治体制的基石。当然，索洛维约夫并没有忘记，孔子本人首先也是一位古风崇拜者，这既表现在他的治学态度和方法上，也体现在他对已逝祖先和长辈的敬重上。通过对许多儒家名言的理解，索洛维约夫认识到，在孔子的学说中社会生活的基本形式是家庭，而子孙对祖先和长辈的"孝"则是家庭的基础。所以，"孝"成为儒家思想的本质内容。遵从古人的遗训，孔子要求儿孙之孝不能仅限于对在世父母的孝顺，而要扩大到对已故先辈的孝敬上。但是相比而言，在孔子的道德观中，祖先的地位并不是高于一切的，他更重视的是子孙

---

① Соловьев В. С. Китай и Европа // Соловьев В. С. – Избранные произведения. Серия《Выдающиеся мыслители》. Ростов-на-Дону,《Феникс》, 1998. C. 291.

们对生身父母的孝。孔子不信奉基督教，不相信任何神秘主义元素，儒家思想对人的要求不是精神的复活，也不是全部情绪的内在变化，而是对已有的那个决定一个人所有社会关系的道德系统的服从。当每个家庭中对长辈的孝扩展到全国范围内百姓对帝王的孝时，这一道德要求便成为所有中国人的普遍品质，而这种品质在"礼"的统一体系中得以实现。索洛维约夫认为，这是孔子思想对中国道德观念产生重大影响的一个主要方面。尽管对礼仪的过度重视使中国人的道德体系具有机械和刻板的一面，但无论如何，它为中国成为礼仪之邦奠定了必要的道德基础。

通过对老子学说和孔子思想的分析和考察，索洛维约夫得出如下结论：中国人把遥远的过去想象为美好的黄金时代，想方设法地使它延续下去，使自己完全受制于过去，拒绝任何创造性的思想，压制所有对美好未来的憧憬，原封不动地保持从祖先那里继承下来的生活制度，并毫不改变地把它传给下一代，这就是以保守主义和传统主义为特色的中国智慧的实质。中国人承认的完美仅仅在于古已有之的东西，宗教和道德融合于对已有秩序的崇拜之中。已逝的先人是个人及公众宗教的真正对象，对在世长者的尊敬是个人和社会道德的基础。在这种不可动摇的基础上自古以来便建立起一种严谨的等级制度，这种制度占据了中国人所有的生活关系，并由"礼"的体系而得以巩固。承认这种等级制度，严格地遵守这些道德礼仪，这是中国人为了实现个人和国家的富足而对自己提出的全部要求。

对中国文化进行全面考察之后，索洛维约夫着手对中国人的理想进行分析和评价，他认为中国人墨守成规的理想本身就包含了所有真理和所有道德品质的基础。他把中国人信奉上述社会道德理想所造成的历史结果归结为三种主要事实："第一种事实对中国人的理想是有益的，第二种事实则正好相反，而第三种，尽管对于中国人的理想不很有利，但同时也使我们对中国人有了一些正面的了解,从而不把他们看成是被传统礼仪变得彻底无动于衷的人。"① 索洛维约夫眼中的第一种事实就是——中国的国家民族躯体自古以来都是坚实而牢固的。他从世界历史发展的角度来看,尽管其他一些类似于中国的独立民族,或早就失去主权成为他人的附属,比如印度;或完全丧失了自己的民族思想,比如古代墨西哥人和秘鲁人;而中国在三四千年的时间里不仅毫无损失地保持了自己的民族特色和政治特色,而且还扩展了自己对临近民族的影响,并将它们纳入自己的国家机体之内。"现如今,那些不太欣赏中华帝国的人们不得不将中国文化与欧洲文化相提并论,二者即便不完全等价,也是实力相当的。中国的爱慕者们正确地指出了其持久性,并将这一点作为中国的一大优势;他们的正确性还在于,这个优势不是偶然的,而的确是中国人当之无愧的。中国人把戒律作为民族生命的基础,他们尊崇自己的父辈,最终果真获得了所期望的奖励:生活幸福并且长期拥有土地。中国人最尊敬死去的人,他们是生命力最强的民族;通过完成最基本的使命,中国人保障了自己最基本的幸福——永恒的生命;在承认自己取决于过去的同时,中国人巩固了自己现在的民族独立性。"②

在肯定中国拥有第一种正面形象的基础上,索洛维约夫紧接着指出了中国文化的局限性。"无疑,土地富足和长命百岁的恩赐从事实上证明了第一个事实对中国人的生活准则是有利的。但与此同时,还有另外一个无可争议的事实,那就是在国家稳固和物质丰富的条件下,中国文化在精神方面是毫无成就的,对其余的人类也毫无裨益。它仅仅对于中国人自己才是好的,但是没有给世界带来任何伟大的思想,也不曾在任

---

① Соловьев В. С. Китай и Европа // Соловьев В. С. - Избранные произведения. Серия 《Выдающиеся мыслители》. Ростов-на-Дону, 《Феникс》, 1998. С. 299.
② Соловьев В. С. Китай и Европа // Соловьев В. С. - Избранные произведения. Серия 《Выдающиеся мыслители》. Ростов-на-Дону, 《Феникс》, 1998. С. 300.

何领域做出过任何永恒的、绝对重要的创造。中国是一个很大的民族，但不是一个伟大的民族。这个民族也没有出现过什么伟大的人物。唯一的例外是——老子。可尽管其思想的大胆和独特令人惊讶，我们也不应忘记，这一思想中的所有实质内容都没有什么大胆性，而是透露出更多印度神秘学的逻辑性和丰富性……中国文学数量庞大，但是关于它的特点和长处可以通过那些被翻译成欧洲语言的作品来评判：除了一些真正富有诗意的歌曲和童话，这些文学作品每个民族都有，甚至是一些完全不开化的民族，此外的所有作品都毫无美学意义，只是具有历史和民族意义。中国的戏剧属于'自然—讽刺剧体裁'……中国的长篇小说中也很少有极具艺术表现力的创作；那些被设想出来的文学翻译上的不足之处只是降低了，而没有改变对中国文学的真正评价。而且，这种降低的情况不存在于那些语言问题不起任何作用的精神活动领域。所以毫无争议，在音乐、美术和实用科学中，中国人始终停留在较低的、初级的水平上，尽管在某些方面他们也呈现出从事细致工艺的较强能力。至于中国自身的哲学——儒家思想，它只是包含了一些实用的处世秘诀，其实也就是教人做事情要遵循中庸之道和恪守认真的原则……"① 不难发现，这些言论与两年前索洛维约夫在《俄国与欧洲》一文中对中国文化的评价是完全一致的，他始终对中国文化持否定的态度。

索洛维约夫对第三种历史事实做出了这样的阐释："其实，我们没有必要从欧洲和基督教的观点出发来揭示中国人生活和思想的局限性，并指出人类精神无法彻底使中庸和理智的界限得以满足的事实，而这两者正是中国理想形象的所在之处。这些界限的不合理性最好由中国人自己来揭示，他们所有人都在努力地挣脱，至少是在个人的存在方面，力图从思想的理性规范和中国式生活的稳定状态中挣脱出来。一些人从生

---

① Соловьев В. С. Китай и Европа // Соловьев В. С. - Избранные произведения. Серия 《Выдающиеся мыслители》. Ростов-на-Дону, 《Феникс》, 1998. С. 300.

理上来达到这个目的,他们用鸦片麻痹自己,用一种极度不切实际的生活来替代清醒状态下注定要面对的那种简单而适度的现实。另一些人则寻求精神上的方法,这些精神方法是由两种不同于纯中国式儒家思想典范的神秘宗教人士——道教和佛教——提供给他们的。这是中国人对不同于正统的、国家民族宗教的其他生活道路的探寻,也就是第三种违背中国的理想形象但同时对中国人自己有利的事实。"① 在索洛维约夫看来,一些中国人试图在儒家思想之外寻找某种精神支柱,如道教或佛教的信奉者,这种探寻可视为与以上两种事实并列的第三种事实。然而,索洛维约夫指出,中国人的宗教生活是远远不够的。虽然中国人希望在道教中获得某种神奇的帮助,在佛教中寻求某种精神上的安慰,但这只是一些个人行为,只不过是个别人为了满足自己的一些宗教需求而采取的做法。作为中华民族的一员和这个政治宗教整体的一部分,每一个中国人仍然信奉正统的官方儒学并忠贞不渝地履行着自己的义务。任何一个中国人,无论他的个人信仰如何,都从属于同一个伟大的社会并只承认集神权和政权于一身的"天子"的统治。而中国的统治者意识到单一的儒教不能满足臣民们的宗教需求,因此容许道教和佛教的合法存在,并给予它们最高的认可,即由"天子"亲自主持道教和佛教的祭祀活动。于是,在中国出现了这三种宗教彼此之间相互接近的局面,并且它们在很多方面是相互渗透的。然而,索洛维约夫同时也强调,儒家思想在中国的核心地位仍然是不可动摇的。尽管道教和佛教在中国的发展证明中国人具有一种尚未达到正规宗教水平的宗教情感,但是这种发展对于全中国的生活制度来说并没有产生任何进步,而这种制度试图包含所有可能的个人信仰,只要它们不触及其内部的基本原则,只要它们不蓄

---

① Соловьев В. С. Китай и Европа // Соловьев В. С. - Избранные произведения. Серия 《Выдающиеся мыслители》. Ростов-на-Дону, 《Феникс》, 1998. С. 300-301.

意将传统的中国人的理想变成那种像过去一样停滞不前的、毫无变化的宗法制的神权政治，而这种过去只有中国人自己才会相信。

通过以上几个方面的系统考察，索洛维约夫发现，中国人理想的"真谛就在它的发源处，也就是在于承认过去（或者具体地说是祖先）对现在（即我们）的权利，在于承认应当为祖先服务的义务，在于确信和增强自己对祖先的依恋"①。但是，索洛维约夫同时也强调："真实的生活既不在过去，又不在眼前，它对我们来说就是未来，就是我们应该努力完成的任务。因为这个未来不可能自行到来……它应当在人类本身的积极努力下得以实现。"②

在完成了对于中国文化的全面审视和系统分析之后，索洛维约夫转入了对东西方文化异同的比较研究。正如他在文章标题中所点明的那样，中国和欧洲是东西方文化的两个载体，代表了这截然不同的两种文化。哲学家认为，两种文化的对立实际上是两种普遍思想的对立：一个是"秩序"，另一个是"进步"。从"秩序"的角度来说，社会关系的稳定是最重要的，而"进步"的思想则要求这种关系达到理想的完善境界。稳定的秩序是一种状态，它是靠传统的力量来支持的；进步的完善则是一种活动，它是由对未来的理想所决定的。也就是说，中国文化与欧洲文化之间的矛盾，从根本上可以归结为"秩序"思想与"进步"思想之间的矛盾。索洛维约夫认为，中国已经建立了稳固的秩序——这是毋庸置疑的；欧洲的进步将会在多大程度上实现社会的完善——却还是个问题。所以，他又对欧洲的"进步"观念展开了深入的分析。这不禁令我们想起，丹尼列夫斯基也曾在自己的《俄国与欧洲》中对"进步"

---

① Соловьев В. С. Китай и Европа // Соловьев В. С. - Избранные произведения. Серия《Выдающиеся мыслители》. Ростов-на-Дону,《Феникс》, 1998. С. 303.

② Соловьев В. С. Китай и Европа // Соловьев В. С. - Избранные произведения. Серия《Выдающиеся мыслители》. Ростов-на-Дону,《Феникс》, 1998. С. 304.

问题提出过自己的观点，但是，值得注意的是，索洛维约夫思考这一问题的着眼点和动机与他是不同的。

身为宗教哲学家的索洛维约夫，是从哲学的角度出发，以辩证的眼光来看待"进步"问题的。他认为："真正的进步不能只是具有批判的、破坏的性质，不能只是与秩序相对；真正的进步应当是秩序的进步。"①他注意到，自从18世纪以来，欧洲的进步观念就是以对过去、对传统秩序的绝对否定为前提的。这种观念不仅远离真理，是虚假的，而且失去了逐渐发展，即进步的真正内涵。这种思想是以发展或进步主体的实质性和有意识的统一为前提的，也就是说，首先，追求进步的人类中所有的新老两代人要达到真正的内部团结。如果新的真理没有深深地扎根于过去，如果今天的工作应当从对已存在事物的简单破坏开始，那么，新的真理将会像旧的一样很快被抛弃，今天的工作也将在明天被当作毫无用处的东西而毁灭。与过去断绝关系，放弃与祖先们的全部联系，就给了子孙后代与自己断绝关系、与自己失去联系的理由。在这种情况下，人类臆想中的进步不仅失去了在现实生活中的真实基础，而且会完全失去对未来的各种明确理想。如果历史进步的出发点是虚假的和不存在的，那么进步的目的也就同样是虚假和不存在的。也就是说，在索洛维约夫看来，西方的进步观念同样也不具备真理性。

哲学家强调，进步的虚假思想并不是由他推翻并导致荒谬地步的，这一荒谬观点是由大声宣布真理相对性的思想代表者自己直接确定下来的，正因为如此，那些今天被认为是真理的东西，明天就会变成谎言和本身就是谎言的新的臆想真理，以及没完没了的其他东西。他认为，从哲学的角度来看，这种进步的虚假思想在理论上的不合理性是很明显的。它在法国大革命中所产生的实际后果及其所衍生出来的激进主义，

---

① Соловьев В. С. Китай и Европа // Соловьев В. С. – Избранные произведения. Серия 《Выдающиеся мыслители》. Ростов-на-Дону, 《Феникс》, 1998. С. 305.

使欧洲社会的一部分人惊慌失措。但是那些欧洲的"反动势力",本应该将这种没有秩序、没有思想的虚假进步观念与包含明显秩序原则的真正的基督教进步思想对立起来,与那种"在历史土壤中具有深刻的现实根基以及可达天空的理想高度的生活体制"的思想对立起来,也就是说,本应该是求助于宽广博大的基督教真理的,可他们却开始在中国的原则中为欧洲寻找出路,开始在绝对的祖先崇拜,在对那种已经失去内部力量、只剩下维持形式的传统秩序的格外关心中为欧洲寻找出路。换句话说,他们开始宣扬欧洲的中国化。索洛维约夫明确地指出,"无论是有意识的还是无意识的欧洲中国化都不可能成功,而且它可能是存在极大危害的。它的致命后果已经开始表现出来了。为了那种纯中国式的主张,即只爱自己的一切,只珍惜自己的一切,全世界基督教的理想已经开始被当作一种空洞的乌托邦而否定。为了那种纯中国式的具体唯物主义和实际力量的崇拜,基督教的公正和博爱思想遭到拒绝和抛弃。无论是从理论的虚伪来看,还是从实际的危险来看,这两个极端都是互相存在的。二者都可以在即将来临的两种文化——欧洲与中国——的冲突中夺走我们的内部力量。"[①]

可见,索洛维约夫是坚决反对欧洲中国化的,他的理由是:"即使在我们这里中国的理想占了上风,情况也不会更好。第一,它不可能圆满成功,我们从精神上来说仍旧不能变成中国人,只能给已经存在的纷争增添新的枝节。第二,如果这一切可能的话,那么情况会变得更糟。中国人的理想对中国人来说是力量的原则,但是对欧洲人来说却是衰落和毁灭的开始。接受这一理想对我们来说就是自我否定的代名词,也就是背弃自己好的一面——背弃基督教。但是这种背弃等于完全失去我们

[①] Соловьев В.С. Китай и Европа // Соловьев В.С. — Избранные произведения. Серия 《Выдающиеся мыслители》. Ростов-на-Дону, 《Феникс》, 1998. С. 305-306.

在历史上存在的自我根源。因为在基督教里不仅有我们对未来的理想，还有我们过去一切的精神根基——基督教里有我们对祖先的信仰。接受多神教的理想，抛弃全世界基督教，我们在自己祖先面前首先会成为罪人，也就是说，即使背叛了全部基督教真理，我们也保留不住令中国的多神教变得强大的那部分真理。我们虚假的保守主义也会由于内部矛盾而瓦解，虚假的进步主义同样如此。无论在哪一方面中国人都比我们更强大、更正确。他们相信自己。如果我们，欧洲的基督教世界，也相信自己，即相信全世界的基督教，那么我们就不会惧怕中国了，我们就能够征服远东，不是通过武力，而是通过精神引力的力量，这种力量是信仰真理所固有存在的，这种力量会影响到人类的心灵，无论他们属于哪一个民族。"①

与此同时，索洛维约夫建议中国人也依靠西方的基督教思想来实现未来的理想生活。"如果对过去的依恋和对祖先的奉献构成了中国人世界观的真谛，那么这一真谛的实现只能靠旨在全世界进步的欧洲的基督教思想而达到，这种思想把全世界的进步看成是实现真实生活的道路。假如我们真的留恋过去，假如我们深深地爱着自己的祖先，我们就不应该努力地保留那些旧的生活形式，因为许多珍贵的东西在这些生活形式中被抛弃；相反，我们应该总是向好的方面转变和完善自己的生活，直到我们达到那种存在的完整性，它能够兼容一切，为了永恒的和真正不变的生活而恢复以往的过去。我们欧洲人应该建议中国人执行自己的生活准则，而不是建议他们否定它。把永不停息的进步作为真正向祖先服务的一种方式，把不断向着理想中的未来努力作为恢复过去的一条真正

---

① Соловьев В. С. Китай и Европа // Соловьев В. С. - Избранные произведения. Серия 《Выдающиеся мыслители》. Ростов-на-Дону, 《Феникс》, 1998. С. 306.

道路——这就是两种对立文化的真正调和、内在调和。"①

至此,我们便非常明确,索洛维约夫对于东、西方(即中国与欧洲)未来发展道路提出的建议可以归结为一点——坚持基督教可以拯救世界的思想。因为在他看来,彼此对立的这两种文明都不是完美无缺的,都存在着虚假和不合理的地方。而要想实现真正的理想,达到真正的进步,就必须找到一条更加完善、更有发展前途的道路。虽然索洛维约夫对于中国人坚持信仰的精神不乏钦佩之情,虽然索洛维约夫认为西方的进步引领了世界文明前进的步伐,但是他仍然建议把中国的传统理念与欧洲的进步思想合而为一,实现两种对立文化的"真正调和与内在调和"。而这种"调和"的实质就是他所敬奉的基督教普世化理念,也就是在全世界推行"自由的神权政治"。无疑,这种"调和"是必须要在基督教原则的基础上得以实现的。因为在他的心目中,基督教拥有最宽广的胸怀和最深邃的力量,它揭示了全部真理,相信基督教的思想是获得真正生活的唯一道路,也是在全世界建立起神权政治社会的唯一道路。由此可见,索洛维约夫的确是一个虔诚的基督教信徒,是一个不折不扣的宗教哲学家。他完全是从维护基督教文化传统的角度出发,来评说中国与欧洲的思想、关心中国与欧洲的命运的。而这种评说与关心归根结底并不是为了中国与欧洲的利益,而是为了俄罗斯民族的未来,是为了给他自己的国家寻找前进的参照。这无疑体现了索洛维约夫的思想局限性和历史局限性。然而,无论如何,他"对中国古代文化的研究,对中国文化与欧洲文化的比较考察,还是给了我们多方面的启示……他经由对老子学说和孔子学说的探讨,揭示了中国的全部社会生活制度形成的基础,发现了中国人的

---

① Соловьев В. С. Китай и Европа // Соловьев В. С. - Избранные произведения. Серия 《Выдающиеся мыслители》. Ростов-на-Дону, 《Феникс》, 1998. С. 305.

道德观念和行为准则的内在依据,是否在一定程度上触及了中国在漫长的历史行程中既稳固又虚弱、既庞大又落后的原因?直到今天,我们在自己的思维习惯、人生态度、情感表现方式乃至'终极追求'之中,是否还可以找到为索洛维约夫所概括的老子思想和儒家学说的根深蒂固的影响?索洛维约夫所指出的中国文化和欧洲文化调和融合的前景,如果忽略它的具体框定,是否可以作为我们的一种参照?回答也许应当是肯定的"①。

本章小结

在这场持续了六年的公开论战中,我们很难说丹尼列夫斯基和索洛维约夫二人孰胜孰负,但可以肯定的是,他们代表了两种对立的思想倾向,其针锋相对的根本原因还是由于双方历史文化观的不同。一方是文化的多元和多样化,另一方则是基督教文化的普世化;一方鼓励的是民族文化和民族特色,另一方则推崇高度统一的基督教神权政治;一方认为进步要通过各种文明类型向不同的方向努力而实现,另一方则坚信人类的进步必须要靠基督教的统一和信仰才能达到。很明显,在这样的历史文化观基础之上,争论便成为必然。然而,不可否认,争论本身对于认识和理解丹尼列夫斯基和索洛维约夫的中国观是很有意义的,前者是建立在崇尚文化多样性的"文化历史类型"理论的基础上,而后者则依据的是普世化的"基督教神权政治"思想,这两种背道而驰的基本理念使两位思想家从不同的视角出发来看待传统的中国和中国文化,自然也就产生了相互对立的态度和观点。因此,

---

① 汪介之:《寻找参照:弗·索洛维约夫对中西文化的比较考察》,载《江苏社会科学》,2002年第6期,第170页。

索洛维约夫在丹尼列夫斯基的文化理论中看到了宣传"基督教神权政治"的最大思想障碍,而这一障碍的焦点恰恰集中在中国文化的身上。正像斯特拉霍夫所说的那样,这种拥有悠久历史传统的文明能否在基督教的普世光芒之外成功地存在和发展,能否在发扬民族特色的基础上实现未来的进步,将决定着人们对丹、索二人及其两种文化观的评价。历史是最公正的法官。既然索洛维约夫的"基督教神权政治"理念本身就是一种不切实际的乌托邦,那么由此而产生的中国观也自然就经不起推敲;相反,丹尼列夫斯基的"文化历史类型"理论得到了众多学者的一致赞同,并且被后人继承和发扬,其中国观的份量自然也便不言而喻。况且,放眼一百多年之后的今天,中国的发展现状正是中国文明优劣与否的最好证明,在客观实际面前,谁的理论更完善、谁的眼光更长远自然也便成为不争的事实。

但必须明确的是,无论是丹尼列夫斯基还是索洛维约夫,无论是赞扬还是批判,无论是肯定还是否定,对于中国形象的认识和看法只不过是站在俄罗斯民族立场上的"他者"参照,他们归根结底还是为了俄罗斯本民族的"自我"利益。这场表面上讨论文化问题的历史争论实际上是"俄罗斯思想"成长和发展过程中的一次历练,是俄罗斯民族自我意识和自我认同进程中的一次深化。在这场历史文化观的博弈和碰撞中,中国扮演的完全是一个"俄罗斯思想"背景下的他者形象,探讨中国、思考中国只不过是俄罗斯知识分子关心祖国命运、寻觅本民族未来发展之路的一种方式和手段。正如当代学者周宁所说的那样:"中国形象是西方现代性的他者镜像……不管中国形象如何变化,构筑中国形象的、存在于西方现代性内在逻辑中的、具有历史连续性活力的话语构成原则没有变。……西方现代性想象需要一个新的真理基点、一种新的他者形象。中国形象的多义性表现出西方现代性自我本身的困惑。……中国形象的断裂与转型，停滞与进步，都是西方现代性建构与重建主体性的方式。"① 通过他人看自己的做法是聪明的，而通过近邻中国的历史与现实来提醒并警示自身的俄罗斯知识分子也不能不说是智慧的。

---

① 周宁：《天朝遥远——西方的中国形象研究》，北京：北京大学出版社2006年版，第531页。

结　语

　　丹尼列夫斯基是一位了不起的学者，他的身上体现出俄罗斯学术界独有的一种特色，那就是集自然科学和人文科学的卓越成就于一身。尽管丹尼列夫斯基主修的专业是植物学，但他却凭着自己的兴趣和深入的思考写出了影响后世一百多年的历史哲学著作《俄国与欧洲》，被当代俄罗斯学术界尊称为杰出的文化学家和思想家。

　　我们基于《俄国与欧洲》一书的主要内容和大量相关材料，以历史的发展轨迹为线索，结合俄罗斯与西方学术界的众多成果，对丹尼列夫斯基的文化思想进行了全面、深入的研究。通过系统的考察我们发现：

　　丹尼列夫斯基的思想基本可以界定为两个层面：一个是政治层面的，包括丹尼列夫斯基对俄国与欧洲的对立、泛斯拉夫世界的联合等实际问题的看法；另一个是历史文化层面的，也就是他所构建的"文化历史类型"理论，即把世界历史进程看作是多种文化类型共同发展的结果，其中包括对于进步观念、民族与全人类、文化的传播与互动等许多问题的阐述。从这两个层面的关系来看，政治层面是丹尼列夫斯基文化思想的起点和终点，他由一些时政问题切入，逐步展开对"文化历史类型"理论的论述和阐释，最后又将自己的理论运用到这些实际问题的解答中去。从历史文化层面体现出来的"文化历史类型"理论是丹尼列夫斯基文化思想的核心部分，他凭借自己对人类历史文化的深入了解，通过大量的例证和透彻的分析，构建出一个有理有据的理论体系，为20—

21世纪文化形态学的形成和文明的比较研究奠定了基础。

其中，丹尼列夫斯基文化思想的核心部分蕴含着两个重要的理念：一个是文化的多样性，也就是提倡保存和发展多元文化，强调进步的真正内涵是各种文化类型向着各自不同的方向共同发展的结果；另一个是文化的民族性，也就是提倡弘扬民族文化，强调各民族的传统互不相同、各有特色，不能要求统一。这两个理念是相辅相成，不可分割的。这不仅是丹尼列夫斯基文化思想的精华之所在，也是当代俄罗斯重新兴起关注丹尼列夫斯基热潮的重要原因。

时至今日，历史已经对丹尼列夫斯基的思想体系做出了客观和公正的评价，那些带有历史局限性和充满政治色彩的观点早已被过滤、淘汰，而独具特色的"文化历史类型"理论却经受住了岁月的考验，流传到今天，得到当代文化学界的充分肯定。如今，俄罗斯国家图书馆里数量众多的学位论文和专著，各种学术会议上主题明确、角度不同的报告和发言，无疑就是最好的例证。因此，我们在评价丹尼列夫斯基的文化思想时，要始终把握一分为二的辩证原则，将他的政治观点与"文化历史类型"理论区别对待，也就是将其思想的两个层面分离开来，不能由于赞赏他对比较文明论所做出的贡献而认同他的地缘政治观点，也不能因批判他那些业已过时的政治主张而对他的文化思想予以抹杀和否定。

在21世纪文化发展的时代背景下，通过对丹尼列夫斯基文化思想的梳理和研究，我们可以得到不少启示。首先，从文化学理论的角度来看，丹尼列夫斯基的思想观点可以加深我们对以下几个问题的思考：

第一，文化多元性与全球化问题。由于丹尼列夫斯基文化思想的核心是强调文化的多样性，确切地说，就是珍视世界文化呈现多元化的发展态势、提倡文化的发展遵循多样性的原则。他的这一理念无疑在21世纪世界文化发展的背景下具有不可忽视的现实意义。如今，提倡各国文化携手发展、共同繁荣的思想变得越来越迫切，论证多种文化和文明

结　语

应该共同存在、平等发展的观点也逐渐成为当代文化学研究的关键问题之一。从这种意义上讲，反对文化全球化运动可以说是捍卫文化个性的呼声。丹尼列夫斯基在《俄国与欧洲》一书中早已深刻地指出："不管是一种全世界的君主制，还是一种全世界的共和制，抑或是一个国家体系、一个文化历史类型的全世界统治，对于历史的进步都是非常有害和危险的；因为危险并不在于某一个国家的政治统治，而在于一种文化历史类型的文化统治，不管这个国家的政治制度如何"①；"必须反对一种文明或文化统治世界，否则，人类社会就会失去达到成功和完善最重要的一个条件——多样化"②。这几句精辟的话语点明了丹尼列夫斯基文化思想的核心，使我们更清楚地认识到少数发达资本主义国家企图建立单极世界所带来的危害，也为我们反对文化霸权提供了有力的论据。

第二，文化的民族性问题。丹尼列夫斯基的文化理论对于多样化原则的强调也伴随着对民族文化的重视。在他看来，与"人类""世界"等共相概念相比，"民族"的概念显得更加重要，提倡世界文化的多样性，也就是提倡各种民族文化相互平等、共同繁荣。当时的丹尼列夫斯基就已经正确认识到民族性是文化的本质，提出了应该重视发展民族文化的观点。一百多年过去了，在民族文化和区域文明积极发展的 21 世纪，语言、宗教、文化等传统习俗上的差异已经逐渐成为国际关系中起决定作用的因素。如今，西方的价值观已再也不能被当作普遍标准了，五彩缤纷的多极世界已经取代了以前的黑白两色世界。某些发达文明企

---

① Данилевский Н. Я. Россия и Европа. Взгляд на культурные и политические отношения славянского мира к германо-романскому. М.: Известия, 2003. С. 459.

② Данилевский Н. Я. Россия и Европа. Взгляд на культурные и политические отношения славянского мира к германо-романскому. М.: Известия, 2003. С. 460.

图消除各国之间的差别,把自己的价值观强加给其他民族,以达到统一人类文化的目的是不可取的,也绝不可能做到。新的世界秩序的建立只能以保持不同民族文化特色为先决条件。所以,丹尼列夫斯基所倡导的各种民族文化共同发展的多文明模式为我们弘扬民族文化和进一步理解当今人类社会的发展趋势提供了清晰的理论依据。

第三,欧洲中心论的问题。丹尼列夫斯基对于19世纪大行其道、至今仍未完全消亡的"欧洲中心主义"的批判是其文化思想体系中的又一个亮点,为我们今天抵制文化全球化提前敲响了警钟。反对文化全球化,事实上也就是反对一种文化(文明)统治世界,反对以一种文化历史类型为中心的思想主导人类。丹尼列夫斯基揭露了欧洲中心论的片面性,论证了世界上并非只有欧洲文明这一种类型存在,强烈反对将一种文明的价值观和精神取向移植到其他文明模式,并指出了这种做法所带来的致命后果。现实已经明确地告诉我们,"21世纪不可能是哪一个民族或国家的世纪,那种一族称霸或一种文明称霸的时代,已经一去不复返了"[①]。但与此同时,崇尚西方文化、欧美文化的观点却依然存在,对"西方中心主义"或"欧洲中心主义"的批判还在继续,因此,丹尼列夫斯基的有关思想是值得我们思考和借鉴的。

第四,文化交流和互动的问题。丹尼列夫斯基的文化思想对当代文化学理论发展的又一个贡献是对跨文化交流和文化互动问题的初步探索。无论是历史还是现实都告诉我们,多极化世界模式不能建立在矛盾和冲突的基础上,它所需要的是各种文明之间的对话和合作,这就是建立多元化世界文明的重要前提条件。关于这一点,"文化历史类型"理论早有涉及,丹尼列夫斯基对文明之间的交流和相互影响给予了很大的关注,对世界历史上不同文化历史类型之间的接触和碰撞,以及异质文

---

① 庞朴:《文化一隅》,郑州:中州古籍出版社2005年版,第298页。

化之间的相互传播问题进行了详细的分析和论述，总结出了文化传播和相互影响的三种方式。不仅如此，他还早就指出，与外部世界的接触和碰撞不仅是文明发展或变迁的契机，而且决定了它的发展方向和领域。一种文明如果没有同异质的文化或文明的接触，它的发展或变迁将很难发生。从这个角度来看，丹尼列夫斯基的思想已经涉及了后来的跨文化交流、文化传播和文化动力学理论。一个多世纪后的今天，我们清楚地看到，世界的和平和发展只有在各种区域文明交流和互动、公平竞争和互利合作的多极化基础上才能实现，决定这一过程的根本因素并不是经济和军事实力，而是民族文化的独特性和民族精神的历史遗产，因此，只有在促进文化交流和对话的多元化模式的基础上才能解决21世纪的各种全球性问题。

其次，从文化学研究的角度来看，丹尼列夫斯基的思想为我们当代的文化研究工作提供了两种方法论上的启示。

第一，比较研究法。主张文化间交流和互动的思想体现在文化学研究的方法论上就是要求在不同文化之间进行比较。丹尼列夫斯基在自己的理论中曾经明确表示，应该用比较的方法进行科学研究，主要是社会科学研究。他说："社会科学中的所有现象本质上都是民族现象，可以、也应该对其进行相互比较，也只有这样，才能够分析和研究这些现象。"[1] 事实上，丹尼列夫斯基的书中已有多处使用了比较研究方法，对欧洲文明与斯拉夫文明、西方文明与东方文明，以及欧洲内部的几种文明进行了对比研究。当然，丹尼列夫斯基提出这一观点的初衷主要是强调历史学的研究方法，也就是说，他主张在历史研究中运用比较的方法。具体地说，就是以文化历史类型为单位对各个民族的历史进行相互

---

[1] Данилевский Н. Я. Россия и Европа. Взгляд на культурные и политические отношения славянского мира к германо-романскому. М.: Известия, 2003. С. 186.

比较，从而找出历史发展的规律。他认为这种研究方法适用于整个社会科学的观点后来得以验证。进入20世纪之后，社会科学的许多领域都开始采用比较研究的方法，并由此形成了多门比较学科，其中包括主张对各种不同的民族文化进行对比研究的比较文化学。毋庸置疑，文化的特色只有在不同民族间的相互比较中才能被发现和认知。当代俄国思想家巴赫金的对话思想之所以会在全世界引起广泛关注，也正是因为有越来越多的人认识到，"不同文化的相互沟通，全在文化异同的鉴别和推敲之中"①。所以，丹尼列夫斯基的思想理念在一定程度上为后来的跨文化交流学以及文化的比较研究提供了理论上的支持和方法论上的例证。

第二，类型研究法（或分类研究法）。丹尼列夫斯基在《俄国与欧洲》一书中提出了"文化历史类型"的概念，他根据自己阐述的五个法则将世界文化划分成多种类型，然后在这些类型的基础上展开进一步的考察，发掘它们之间的异同，揭示其发展变化的规律，及其相互之间的关系。丹尼列夫斯基所运用的这种类型研究法是对文化或文明进行比较研究的基础，它与前面所说的比较研究法均属于文化学研究中最常见的基本方法，二者结合起来使用就是类型比较法。不仅如此，这种类型研究法也为人文科学领域其他学科的研究工作开辟了一种新的途径。迄今为止，类型学已经作为一种独立的学科研究理论形成，并且，它的思考方式和研究方法已经应用在许多领域的科研工作中，比如历史类型学、语言类型学、心理类型学、考古类型学、艺术类型学等等，当然，还包括覆盖面最广的文化类型学。因此可以说，丹尼列夫斯基是运用类型研究法较早的学者之一，他的"文化历史类型"理论为20世纪类型学的正式形成奠定了基础。

以上论述的是丹尼列夫斯基的文化思想对于当代文化学理论研究的

---

① 白春仁：《融通之旅——白春仁文集》，哈尔滨：黑龙江人民出版社2007年版，第4页。

普遍价值，这些思想不仅适用于俄罗斯的文化学，也同样适用于中国的文化学。因为两国的文化学界在抵制文化全球化、反对"欧洲中心主义"、强调文化的民族性、提倡文化交流和对话等方面有着共同的语言和相似的任务。

除此之外，从中国文明自身的角度来看，丹尼列夫斯基的文化思想又有何特殊的价值和意义呢？

首先，丹尼列夫斯基的文化理论把中国文明作为一个重要的文化历史类型来看待，充分肯定了中国文化的特点和长处，列举了古代中国在各方面所取得的辉煌成就，并把中国文明的特色及其在世界文化史上的重要地位作为驳斥欧洲中心论的一个有力论据。他在书中强调："当欧洲尚处在早期的发展阶段时，中国人就已经学会了使用火药、印刷术、指南针和纸，而且欧洲人正是从他们身上学会了这些技术。中国拥有独特的哲学和伟大的文学、农业、天文学。当古代希腊人对彗星还深感恐惧时，中国的天文学家们就已对天象进行过有根有据的研究了。科学和知识在世界上任何国家都没有像在中国那样受到高度的尊重和产生深远的影响。"① 在当时的国外学术界提出这样的论点是非常难能可贵的，因为19世纪欧洲各国，包括俄国在内，对中国都存有很大的偏见和蔑视，中国几乎成为"落后"的代名词。很多欧洲历史教科书根本不把中国作为一个独立的国家和文明进行讲述，更有许多著名学者（以黑格尔为代表）公开贬低或蔑视中国文明的伟大历史和成就。在当时的俄国也有这类学者存在，如：鼎鼎大名的宗教哲学家索洛维约夫。我们在前面曾经提过，索洛维约夫偏激地指出："庞大的中国并没有赋予、也不会赋予人类世界任何伟大的思想和功绩；这个国家在人类精神的领域里没有

---

① Данилевский Н. Я. Россия и Европа. Взгляд на культурные и политические отношения славянского мира к германо-романскому. М.: Известия, 2003. С. 95.

过、也不会做出什么伟大的贡献。"① 其实，当时存在这种观点的人并不在少数，还有很多人也对中国文明存有片面认识和主观评价。在这种大背景下，丹尼列夫斯基能够把中国文化作为东方文明的典型代表，把中国视为"实现不同于欧洲的文明和进步的象征之一"②，并多处以中国的成就和发展史作为自己论点的主要论据，这不能不说是一种远见，体现了一个智者的思想和眼光。

其次，丹尼列夫斯基所阐释的"文化历史类型"思想不仅对斯拉夫文明的文化自觉和文明认同有重要的指导作用，对世界上其他文化历史类型也同样适用。华夏文明作为世界上历史最为悠久的文明类型之一，无疑能够从中得到有益的启示。丹尼列夫斯基在激励俄罗斯民族的同时，也告诫我们：不要盲目地崇拜西方，要充分认识自身的民族特色，大力发扬历史悠久的民族文化，坚定地执行"百花齐放、百家争鸣"的文化政策，努力在多极化的世界舞台上站稳自己的一席之地。这就是丹尼列夫斯基文化思想对中国文化发展最有价值的地方。中国文化是东方文明的典型代表，与西方文明（包括斯拉夫文明）迥然不同。无论是丹尼列夫斯基，还是斯宾格勒、汤因比，都在自己的文化类型划分中将中国文明单独列为一类。历史上也有不少西方的著名学者都曾精辟地指出过中国文明的特色，并对中国文化表现出无比敬仰之情，承认中华民族几千年来的文明成果充分体现了中国人的聪明才智和创造力。在多极化世界发展的今天，作为华夏子孙的我们应该坚定地认识到自己文明的优势和特点，在吸收和借鉴西方文明长处的同时，将我国的民族文化和价值理念发扬光大。因此，探索和讨论丹尼列夫斯基的文化思想无疑有益

---

① Соловьев В. С. Сочинения в 2-х томах. Т. 1. М., Правда. 1989. С. 353.
② [俄] 亚·弗·卢金：《俄国熊看中国龙——17—20世纪中国在俄罗斯的形象》，刘卓星、赵永穆、孙凌齐、刘燕明译，重庆：重庆出版集团、重庆出版社2007年版，第70页。

于我国社会文化的发展和文化自觉。在倡导对话、交流和创建和谐社会的新形势下，研究丹尼列夫斯基的文化理论不仅能够推动我国人文科学的进步，而且也能够促进中俄两国在文化学方面的学术交流。

再者，从中俄两国文化交流的角度来看，丹尼列夫斯基的文化思想具有以下几方面的意义：第一，在我国学术界，尽管致力于研究斯宾格勒和汤因比的学者大有人在，研究成果也层出不穷，但却很少有人真正了解他们的这位俄国先驱。所以，了解丹尼列夫斯基的文化思想，对于研究斯宾格勒、汤因比以及文化形态学的学者来说，无疑是宝贵的资料和崭新的视角。第二，丹尼列夫斯基的文化思想在许多观点上与我国传统的文化理念存在着不谋而合的地方。比如：他在"文化历史类型"理论中提出的多样性（разнообразие）原则和各种民族文化共同实现进步的理念，与儒家思想中的"和而不同"①彼此相通，所以，完全可以将二者进行相互对比，并做深入的研究。第三，丹尼列夫斯基的文化理论与我国著名现代思想家、教育家和社会活动家梁漱溟先生②（1893—1988）的文化思想有着异曲同工之处，尤其是两人对多元文化观的理解与阐释更是英雄所见略同。由于他们二人在各自国家的文化学史上都处于奠基人的地位，丹尼列夫斯基对于俄罗斯文化学之意义就犹如梁漱溟对于中国国学之意义，所以，其代表思想对后世的影响尤为深远，不容忽视。如果能将二人的文化思想进行对比，将会是极有价值的学术研究。值得一提的是，当代俄罗斯学者中已经有人注意到这个问题，俄罗斯国立人文大学的谢尔比年科（В. В. Сербиненко）就在自己的《俄罗斯哲学》一书中写道："丹尼列夫斯基指出的历史进程的循环模式比后

---

① 出自《论语·子路》："君子和而不同，小人同而不和。"
② 中国现代思想家，现代新儒家的早期代表人物之一，有"中国最后一位儒家"之称。著有《中国文化要义》《东西文化及其哲学》《人心与人生》等作品。

来此领域的各种不同尝试都早，无论是西方（奥·斯宾格勒，阿·汤因比），还是东方（文化循环主义最鲜明的代表人——中国思想家梁漱溟）"①。由此可见，研究丹尼列夫斯基的文化思想对我国的文化学发展有着不容忽视的意义。

丹尼列夫斯基的文化思想体系是一个涉及诸多学科和学术领域的复杂课题。与目前俄罗斯和西方学术界的已有成果相比，我们的研究还只是沧海一粟，但希望这一初步成果可以抛砖引玉，推动我国文化学理论的发展。由于主客观条件所限，书中定有不少疏漏和不妥之处，竭诚盼望各位专家、学者批评指正。

---

① Сербиненко В. В. Русская философия: Курс лекций. М.: Омега-Л, 2005. С. 118.

附录：丹尼列夫斯基发表的作品清单[①]

1. Литературные заметки. Письма в редакцию Отечественных Записок, о том, что помещенная в библиотеке для чтения 1842 года, ч. 52, за подписью Б. Б., повесть 《Падение Ширванского царства》, кроме первых 36 страниц, не сочинение О. И. Сенковского, а перевод повести Мориера // Отечественные записки. 1843. т. 26.

2. Дютроше. Две статьи // Отечественные записки. 1848. т. 1, 8.

3. Космос Ал. Гумбольдта. Перевод Н. Фролова. Ч. 1. Три критические статьи // Там же. т. 58 и 59. Без подписи.

4. Статистические исследования о распределении и движении народонаселения в России за 1846 год. Шесть статей // Журнал Министерства Внутренних Дел. 1851. Чч. 34 и 35.

5. Отрывок из статистического описания Вологодской губернии // Вологодские губернские ведомости. 1851. №№ 1, 2, 11, 12.

6. О времени и количестве теплоты, нужных для созревания ячменя в Усть-Сысольске // Там же. № 14.

7. Высота городов Вологды и Тотьмы над уровнем океана // Там

[①] 依据俄罗斯研究者 К. В. 苏尔丹诺夫在专著《Социальная философия Н. Я. Данилевского: конфликт интерпретаций》中所列的《Библиографический список сочинений и переводов Н. Я. Данилевского》。

же. №19

8. Практические замечания о весенней температуре в Вологде // Там же. №45.

9. Гидрография Вологодской губернии // Там же. 1852. №45-49.

10. Климат Вологодской губернии // Записки Русского Географического общества. 1853. т. 9.

11. О Каспийском рыболовстве. Извлечение из отчета Высочайше учрежденной экспедиции для исследования о Каспийском рыболовстве за 1853 г. Перевод статьи К. М. Бэра // Журнал Министерства Государственных Имуществ (далее - ЖМГИ). 1854. Ч. 1.

12. О Каспийском рыболовстве. Извлечение из отчета за 1854 г. Перевод двух статей К. М. Бэра // ЖМГИ. 1855. Чч 55 и 57.

13. О Каспийском рыболовстве. Перевод статьи К. М. Бэра // Там же. 1856. Ч. 57.

14. Ученые заметки о Каспийском море и его окрестностях. Перевод статьи К. М. Бэра // Записки Русского Географического общества. 1856. кн. 11.

15. Краткий очерк уральского рыбного хозяйства // Вестник Русского Географического общества. 1856. Т. 22.

16. Ответ Экономическому указателю // Там же. 1858. т. 22.

17. О климате России. Сочинение К. С. Веселовского. Критическая статья // Там же. 1859. т. 25.

18. Известия о собрании черепов разных народов в Санкт - Петербургской Академии Наук. Перевод статьи К. М. Бэра // Русский вестник. 1859. №9.

19. Отчет Экспедиции для исследования Каспийского рыболовства

за 1858 год. Перевод статьи К. М. Бэра // ЖМГИ. 1859. Чч 70 и 71.

20. О Каспийском рыболовстве. Перевод сочинения К. М. Бэра // Исследования о состоянии рыболовства в России. 1860. Т. 2. (Первоначально напечатано в ЖМГИ за 1854–1856 и 1859 гг.)

21. Описание Уральского рыболовства // Там же. 1860. Т. 3.

22. Отчет Высочайше учрежденной Экспедиции для исследования рыбного и звериного промыслов в Белом и Ледовитом морях за 1859 г. // ЖМГИ. 1860. Т. 74.

23. Отчет Высочайше учрежденной Экспедиции для исследования рыбного и звериного промыслов в Белом и Ледовитом морях за 1860 г. // ЖМГИ. 1861. Т. 77. (Особое приложение)

24. Исследования (той же) Экспедиции в Норвегии в течении зимы и весны 1861 г. // Там же. 1861. Т. 78. (Особое приложение)

25. Дополнительный отчет (той же) Экспедиции // Там же. 1862. Т. 80.

26. Рыбные и звериные промыслы в Белом и Ледовитом морях // Исследования о состоянии рыболовства в России. 1862. Т. 6.

27. Разбор проекта Каразина об устройстве рыболовства в Каспийском море и изложение начал, которые должны быть положены в основание. Астрахань, 1862.

28. Статистика Каспийского рыболовства // Исследования о состоянии рыболовства в России. 1863. Т. 5.

29. Теория Ледникового периода (Читано на общем собрании Русского Географического Общества 9 января 1863 г., напечатано не было). Изложение в Журнале этого собрания // Записки Императорского Русского Географического Общества. 1863. Кн. 1.

30. Кредитный вопрос. Современное дело // Семенов Н. П. Освобождение крестьян в царствование императора Александра II. Т. 2. СПб., 1890. Написана совместно с Н. П. Семеновым.

31. О рыбоводном заведении Врасского // Земледельческая газета. 1863. №6.

32. Краткий отчет о поездке на Азовское море в 1864 г. (Изложение в отчете Русского Географического Общества за 1864 г., составленное В. П. Безобразовым). 1866.

33. Взгляд на рыболовство в России. Подробное извлечение из записки, представленной департаменту сельского хозяйства, по поводу правил о рыбной ловле на Псковском и Чудском озерах // Сельское хозяйство и лесоводство. 1865. ч. 1. (Перевод этой статьи сделан для Парижской всемирной выставки 1867 г.).

34. Несколько мыслей по поводу упадка ценности кредитного рубля, торгового баланса и покровительства промышленности // Торговый сборник. 1867. №№4, 5, 11, 13, 18, 20, 22. Без подписи.

35. О мерах к обеспечению народного продовольствия на крайнем севере России // Правительственный вестник. 1868. №№90, 93.

36. Исследования о Кубанской дельте // Записки Русского Географического Общества по общей географии. 1869. Ч. 2.

37. Извлечение из письма Н. Я. Данилевского о результатах поездки его на Маныч // Там же.

38. Несколько мыслей о русской географической терминологии по поводу слов: лиман и ильмень // Там же.

39. Дополнение к Опыту областного великорусского словаря // Сборник отделения русского языка и словесности императорской

Академии Наук. 1869. Т. 7.

40. Россия и Европа // Заря. 1869. №1-6, 8-10.

41. Россия и франко - германская война (дополнение к предшествующему сочинению) // Заря. 1871. №1.

42. Россия и Европа. Взгляд на культурные и политические отношение славянского мира к германо-романскому. Изд. 2-е. СПБ., 1871.

43. Описание рыболовства в Черном и Азовском морях // Исследования о состоянии рыболовства в России. 1871. Т. 8.

44. Возможное влияние пароходства на рыболовство в реке Куре// Сборник сведений о Кавказе. Т. 2. Тифлис. 1872.

45. Описание рыболовства в северно - западных озерах // Исследования о состоянии рыболовства в России. 1877. Т. 9.

46. О настоящей войне. Очерк // Русский мир. 1877. №207.

47. Как отнеслась Европа к Русско-турецкой распре // Там же. 1879. №209.

48. Проливы // Там же. 1879. №289, 290.

49. Константинополь // Там же. 1879. №№308, 309.

50. Конференция или даже конгресс // Там же. 1878. №№74, 75, 92, 99, 101.

51. Россия и восточный вопрос // Русская речь. 1879. №1 и 2.

52. Филлоксера на южном берегу Крыма-средства борьбы с ней. Феодосия. 1880.

53. Отчет о результатах поездки за границу председателя филлоксерной комиссии. Симферополь, 5 февраля 1881 г. // Сельское хозяйство и лесоводство, февраль.

54. Сравнение методов борьбы с филлоксерой. Симферополь, 1881.

55. По поводу о филлоксере в Крыму. Ответ на корреспонденцию из Крыма в №50 《Московских ведомостей》 // Московские ведомости. 1881. №102.

56. О способах борьбы с филлоксерой. Доклад председателя филлоксерной комиссии // Сельское хозяйство и лесоводство. 1882. №5.

57. Несколько слов по поводу конституционных вожделений нашей либеральной прессы // Московские ведомости. 1882. №138.

58. Отчет председателя филлоксерной комиссии // Отчет о деятельности по уничтожению филлоксеры в Крыму барона А. Н. Корфа. 1882.

59. Несколько мыслей по поводу низкого курса наших бумажных денег и некоторых других экономических явлений и вопросов // Русский вестник. 1882. №№8 и 9.

60. О пути Мадьяр с Урала в Лебедию // Известия Императорского Русского Географического Общества. 1883. т. 19.

61. Происхождение нашего нигилизма. По поводу статьи: Этюды господствующего мировоззрения // 1881. Русь. №№22 и 23.

62. Г. Владимир Соловьев о православии и католицизме // Известия Санкт - Петербургского Славянского Благотворительного Общества. 1885. №2, 3.

63. Дарвинизм. Критическое исследование. Т. 1. Ч. 1, 2. Изд. М. Е. Комарова. СПб., 1885.

64. Дарвинизм. Т. 2. СПб., 1889.

65. О низком курсе наших денег и новых источников государственных доходов. Изд. М. Е. Комарова. СПб., 1886.

66. Экспрессия или выражение чувства у человека и животных // Русский вестник. 1887. №№5 и 6.

67. Россия и Европа. Изд. 3 - е с портретом и посмертными примечаниями. СПб., 1888.

68. Россия и Европа. Издание 4-е. СПб., 1889.

69. Сборник политических и экономических статей. СПб., 1890.

70. Россия и Европа. Издание 5-е. СПб., 1895.

71. Россия и Европа. М., 1991-издано с сокращениями.

72. Россия и Европа. Издание 6-е. СПб., 1995.

参考文献

俄文部分：

［1］Авдеева Л. Р. Русские мыслители：А. А. Григорьев, Н. Я. Данилевский, Н. Н. Страхов. Философская культурология второй половины XIX в. М., 1992.

［2］Авдеева Л. Р. Проблема 《Россия и Европа》 в воззрениях Н. Я. Данилевского и К. Н. Леонтьева // Вестник МГУ. Серия 7 (Философия). №3. 1982.

［3］Бажов С. И. Философия истории Н. Я. Данилевского. М., 1997.

［4］Балуев Б. П. Споры о судьбах России：Н. Я. Данилевский и его книга 《Россия и Европа》. Тверь, 2001.

［5］Белошапко А. В. Социокультурная концепция русского евразийства：зарождение и эволюция доктрины. Дис. канд. филос. наук. Москва, 2005.

［6］Бердяев Н. А. Типы религиозной мысли в России. Собр. соч. Т. 3. Париж, 1989.

［7］Бердяев Н. А. Смысл истории. М., 1990.

［8］Бердяев Н. А. Русская идея (Основные проблемы русской мысли XIX века и начала XX века)·Судьба России. М., 2000.

［9］Бестужев-Рюмин К. Н. Николай Яковлевич Данилевский //

Известия Санкт - Петербургского Славянского благотворительного общества. №10. 1885.

[10]Бестужев-Рюмин К. Н. Теория культурно-исторических типов // Русский вестник. №5, 1888.

[11] В поисках своего пути: Россия между Европой и Азией. Хрестоматия по истории российской общественной мысли XIX-XX вв. М., 1994.

[12] Вайгачев С. А. Послесловие // Данилевский Н. Я. Россия и Европа. Взгляд на культурные и политические отношения Славянского мира к Германо-Романскому. М., 1991.

[13]Волошина А. С. Теория культурно-исторических типов Н. Я. Данилевского: история и современность. Дис. канд. филос. наук. Ростов-на-Дону, 2004.

[14] Гидиринский В. И. Введение в русскую философию: типологический аспект. М.: Русское слово, 2003.

[15]Гуревич П. С. Культурология: Учебник. М.: Гардарики, 1999.

[16]Данилевский Н. Я. Горе победителям. Политические статьи. - М: 1998.

[17]Данилевский Н. Я. Россия и Европа. Взгляд на культурные и политические отношения славянского мира к германо-романскому. М.: Известия, 2003.

[18]Данильченко-Данилевская В. Я. Об авторе // Данилевский Н. Я. Россия и Европа. М., 2003.

[19] Дашкевич О. В. Судьба книги Н. Я. Данилевского 《Россия и Европа》 // Дни славянской письменности и культуры. Вып. 4. Тверь, 1998.

[20] Достоевский Ф. М. Полн. собр. соч. в 30-и томах. Т. XXIX. Кн. 1. Л., 1986.

[21] Драч Г. В. Культурология. Учебное пособие для студентов высших учебных заведений. Ростов-на-Дону: Феникс, 1998.

[22] Дубина В. С. Самобытные идеи Н. Я. Данилевского и западная историография // Карамзинский сборник. Ч. 2. Ульяновск, 1998.

[23] Евтушенко Л. П. Социальная эволюция: гносеологические аспекты исследования А. Тойнби и Н. Я. Данилевского // Логика, методология, философия науки. Обниск, 1995.

[24] Есюков А. И. К оценке культурно-исторической типологии Н. Я. Данилевского // Проблемы культуры, языка, воспитания. Архангельск, 1994.

[25] Захаров А. А. Теоретическое наследие Н. Я. Данилевского в свете современной исторической науки // Историческая наука на рубеже веков: Материалы Всероссийской научной конференции (27-28 мая, 1998 г.). Томск, 1999.

[26] Зеньковский В. В. История русской философии. В 2 томах. Ленинград: ЭГО, 1991.

[27] Зеньковский В. В. Русские мыслители и Европа (Мыслители XX века). М.: Республика, 2005.

[28] Камкин А. К. Сравнительный анализ культурологических концепций Н. Я. Данилевского и О. Шпенглера и их значение для современности. Автореф. дис. канд. филос. наук. М., 2005.

[29] Кареев Н. И. Теория культурно-исторических типов // Философия истории в русской литературе. Т. 2. СПб., 1912.

[30] Киселев С. Г., Маслин М. А. Н. Я. Данилевский о будущем

российской цивилизации // Данилевский Н. Я. Россия и Европа. М. , 2003.

[31] Культурология. XX век. Словарь. Санкт－Петербург. － Университетская книга, 1997.

[32] Леонтьев К. Н. О Владимире Соловьеве и эстетике его жизни (По двум письмам). М. , 1912.

[33] Леонтьев К. Н. Восток, Россия и Славянство. М. , 1996.

[34] Лосев А. Ф. Владимир Соловьев и его время. М. , 1990.

[35] Милюков П. Н. Очерки по истории русской культуры. Т. 1. М. , 1993.

[36] Михеев В. М. А. И. Герцен и Н. Я. Данилевский: поиск истины // Отечественная философия: опыт, проблемы, ориентиры исследования. Вып. 2. М. , 1993.

[37] Михеев В. М. Н. Я. Данилевский о национальной проблематике // Социальная теория и современность. Вып. 12. М. , 1993.

[38] Михеев В. М. Своеобразие философских воззрений Н. Я. Данилевского // Философия и кризис современной цивилизации. М. , 1993.

[39] Михеев В. М. Истина силы или сила истины? (В. С. Соловьев и Н. Я. Данилевский) // Отечественная философия: опыт, проблемы, ориентиры исследования. Вып. 19. М. , 1996.

[40] Новикова Л. И. , Сиземская И. Н. Русская философия истории. М. , 1999.

[41] Нугманова Н. А. Н. Я. Данилевский о всемирно－историческом процессе: основные понятия и категории // Вестник МГУ. Серия 8 (История). №2, 1997.

［42］Павленко А. Н. Прошлое и настоящее теории Данилевского // Россия и Европа: опыт соборного анализа. М., 1992.

［43］Пивоваров Ю. С. Два века русской мысли. М., 2006.

［44］Пивоваров Ю. С. Николай Данилевский: в русской культуре и в мировой науке // Мир России, т. 1. №1, 1992.

［45］Пичугин В. И. В. В. Розанов: 《около Данилевского》// Вестник МГУ. Серия 8 (История). №2, 2000.

［46］Полное собрание сочинений и избранные письма П. Я. Чаадаева. Т. 1. Издательство: Наука, М., 1991.

［47］Птицин А. Н. Дискуссия в отечественной общественно-политической мысли конца XIX века вокруг цивилизационной теории исторического процесса Н. Я. Данилевского // Вестник Ставроп. ун-та. Вып. 13. 1998.

［48］Розанов В. В. Литературные изгнанники. Н. Н. Страхов. К. Н. Леонтьев. М.: Республика, 2001.

［49］Русская идея. М.: Республика, 1992.

［50］Семенов-Тян-Шанский П. П. Мемуары. Т. 1. П-гд, 1917.

［51］Сербенко Н. И., Соколов А. Э. Кризис культуры как исторический феномен (в концепциях Н. Данилевского, О. Шпенглера, П. Сорокина) // Философские науки. №7. 1990.

［52］Сербиненко В. В. Русская философия: Курс лекций. М.: Омега-Л, 2005.

［53］Сербиненко В. В. Место Китая в концепции культурно-исторических типов Н. Я. Данилевского // Общество и государство в Китае. Научная конференция, 14-я. Ч. 2. М., 1983.

［54］Скворцова Е. М. Теория и история культуры. М.:

Юнити, 2000.

[55] Соколов Н. В. А. С. Хомяков и Н. Я. Данилевский // Русский вестник. №7, 1904.

[56] Соколов Э. В.《Россия и Европа》Н. Я. Данилевского: феномен взаимовлияния культур // Россия и Европа: Опыт соборного анализа. М., 1992.

[57] Соловьев В. С. Сочинения в 2-х томах. Т. 1. М., Правда. 1989.

[58] Соловьев В. С. Собр. соч. Т. 5. СПб., 1911-13. 6. г.

[59] Соловьев В. С. Россия и вселенская Церковь. М., 1991.

[60] Соловьев В. С. Немецкий подлинник и русский список // Вестник Европы. №12. 1890.

[61] Соловьев В. С. Статьи из энциклопедического словаря. Данилевский // Соловьев В. С. Сочинения. В 2-х т. Т. 2. М., Мысль, 1990.

[62] Соловьев В. С. Россия и Европа // Филосовская публицистика. М.: Правда, 1989.

[63] Соловьев В. С. Россия и Европа // Русская идея. М.: Республика, 1992.

[64] Соловьев В. С. Русская идея. М., 1911.

[65] Соловьев В. С. Китай и Европа // Соловьев В. С. -Избранные произведения. Серия《Выдающиеся мыслители》. Ростов - на - Дону,《Феникс》, 1998.

[66] Страхов Н. Н. Борьба с Западом в нашей литературе. Кн. 3. Киев, 1897.

[67] Страхов Н. Н. Жизнь и труды Н. Я. Данилевского // Данилевский Н. Я. Россия и Европа. М., 1883.

[68] Страхов Н. Н. О книге Н. Я. Данилевского "Россия и Европа" // Известия Санкт-Петербургского Славянского благотворительного общества. №12, 1886.

[69] Страхов Н. Н. Наша культура и всемирное единство // Русский вестник. №6, 1888.

[70] Страхов Н. Н. Последний ответ г. Вл. Соловьеву // Русский вестник. №2, 1889.

[71] Султанов К. В. Социальная философия Н. Я. Данилевского: конфликт интерпретаций. СПб., 2001.

[72] Султанов К. В. Концепция "культурно-исторических типов" Н. Я. Данилевского и современная западная философия истории // Философские и социологические исследования. Л., 1972.

[73] Султанов К. В. П. Сорокин о культурологических идеях Н. Данилевского // Искусство и духовные ценности. Методологические и методические вопросы. СПб., 1998.

[74] Хачатурян В. М. Н. Я. Данилевский и В. С. Соловьев о всемирно-историческом процессе и локальной цивилизации // Цивилизации. Вып. 2. М., 1993.

[75] Хомяков А. С. Сочинения в двух томах. Т. 1. М.: Медиум, 1994.

[76] Цимбаев Н. И. Славянофильство. Из истории русской общественной мысли XIX в. М., 1986.

[77] Шаповалов В. Ф. Россиеведение: Учебное пособие для вузов. М.: ФАИР-Пресс, 2001.

英文部分:

[78] MacMaster R. E. Danilevsky, *A Russian Totalitarian Philosopher*,

Cambridge, Massachusetts, Harvard university press, 1967.

[79] Sorokin P.A., *Social Philosophies of an Age of Crisis*, Boston, 1950.

中文部分：

[80] 白春仁：《融通之旅——白春仁文集》，哈尔滨：黑龙江人民出版社 2007 年版。

[81] 白文昌：《俄国欧亚主义学说浅析》，载《解放军外国语学院学报》，2002 年 5 月第 25 卷第 3 期，第 104—107 页。

[82] 白晓红：《俄国斯拉夫主义》，北京：商务印书馆 2006 年版。

[83] 白晓红：《俄国斯拉夫派思想探源》，载《求是学刊》，1998 年第 2 期，第 101—105 页。

[84] 白晓红：《俄国与西方：俄罗斯观念的历史考察》，载《东欧中亚研究》，1999 年第 4 期，第 46—52 页。

[85] 白晓红：《"俄罗斯思想"的演变》，载《俄罗斯中亚东欧研究》，2005 年第 1 期，第 58—65 页。

[86] [俄] 尼·亚·别尔嘉耶夫：《俄罗斯思想的宗教阐释》，邱运华、吴学金译，北京：东方出版社 1998 年版。

[87] [俄] 尼·亚·别尔嘉耶夫：《俄罗斯思想》，雷永生、邱守娟等译，北京：生活·读书·新知三联书店 2004 年版。

[88] 曹跃明：《论梁漱溟的多元文化观》，载《中国哲学史》，1997 年第 1 期，第 94—100 页。

[89] 陈界：《19 世纪泛斯拉夫主义与俄土战争》，载《史学集刊》，2003 年第 3 期，第 56—60 页。

[90] 陈立柱：《西方中心主义的初步反省》，载《史学理论研究》，2005 年第 2 期，第 54—67 页。

[91] 陈新：《论西方近代的"世界历史"观念》，载《学海》，2001 年第 4 期，第 44—51 页。

[92] 陈训明：《俄罗斯的欧亚主义》，载《东欧中亚研究》，2000年第3期，第29—32页。

[93] 陈玉霞：《西方文明的危机与出路——汤因比文明形态史观研究》，黑龙江大学博士学位论文，2005。

[94] [俄] 盖·弗·德拉奇：《世界文化百题》，王亚民等译，兰州：敦煌文艺出版社2004年版。

[95] 方世南：《全球化与人类文明的多样性、独特性与交融性》，载《南京工业大学学报（社会科学版）》，2002年第3期，第12—16页。

[96] 冯玮：《〈俄国和欧洲〉及"文化·历史类型"——比较文明论的先驱尼古拉·达尼莱夫斯基述评》，载《史学理论研究》，1999年第4期，第124—135页。

[97] 高慧群：《亨廷顿的文明冲突论与俄罗斯的文明研究热》，载《东欧中亚研究》，1998年第2期，第44—50页。

[98] 高暖、闵选寿：《克里木战争与欧洲格局的变迁》，载《洛阳师范学院学报》，2001年第6期，第84—87页。

[99] 巩君慧：《俄罗斯现代化道路的"西方化"情结》，载《唐山师范学院学报》，2006年1月第28卷第1期，第72—75页。

[100] 辜庆志：《18世纪末到19世纪末欧洲均势结构的演变》，载《安庆师范学院院报（社会科学版）》，1999年6月第18卷第3期，第59—62页。

[101] 何平：《历史进步观与18、19世纪西方史学》，载《学术研究》，2002年第1期，第82—86页。

[102] 何志平：《俄罗斯历史文化解读》，载《哲学研究》，社会科学家1999年增刊，第19—21页。

[103] 胡继华：《斯宾格勒、汤因比、亨廷顿合论》，载《安庆师

院社会科学学报》，1996年第4期，第72—76页。

[104] 江华：《文化形态史学析论》，载《史学史研究》，2001年第3期，第73—80页。

[105] 金尚理：《梁漱溟：从文化学的角度研究中国问题及哲学》，载《科学·经济·社会》，1999年第4期，第45—49页。

[106] 雷丽平：《关于俄罗斯文化"转型"几个问题的再认识》，载《东北亚论坛》，2003年9月第5期，第82—85页。

[107] 雷永生：《俄罗斯民族意识的觉醒——西方派与斯拉夫派的辩论》，载《中国青年政治学院学报》，2004年第3期，第57—63页。

[108] 李静杰：《俄罗斯关于"文明选择"的争论》，载《太平洋学报》，1997年第2期，第13—19页。

[109] 李鹏程主编：《当代西方文化研究新词典》，长春：吉林人民出版社2003年版。

[110] 李庆霞、姜华：《汤因比的文化形态学及其启示》，载《理论探讨》，2003年第2期，第41—42页。

[111] 李小兵：《从"文明的冲突"看"西方的没落"》，载《哲学研究》，1995年第9期，第29—36页。

[112] 李英男主编：《俄罗斯思想与俄罗斯道路》，北京：外文出版社2004年版。

[113] 李英男：《转型时期的俄罗斯民族意识》，载《俄罗斯研究》，2002年第1期，第59—62页。

[114] 梁宗华：《汤因比的历史哲学与中国文化观》，载《东岳论丛》，2003年9月第24卷第5期，第111—114页。

[115] 林精华：《民族国家价值观的重建——关于当代俄国民族主义思潮的研究》，载《民族研究》，2003年第1期，第19—30页。

[116] 林精华：《民族性、民族国家与民族认同——关于俄罗斯文

明史问题的研究》，载《世界文明研究》，2003年第6期，第145—151页。

[117] 刘德斌：《"全球历史观"的困局与机遇》，载《史学理论研究》，2005年第1期，第14—16页。

[118] 刘祖熙：《试论俄罗斯文明》，载《俄罗斯中亚东欧研究》，2005年第4期，第69—76页。

[119] [俄] 尼·奥·洛斯基：《俄国哲学史》，贾泽林等译，杭州：浙江人民出版社1999年版。

[120] [俄] 亚·弗·卢金：《俄国熊看中国龙——17—20世纪中国在俄罗斯的形象》，刘卓星、赵永穆、孙凌齐、刘燕明译，重庆：重庆出版集团、重庆出版社2007年版。

[121] 马寅卯：《霍米亚科夫和俄罗斯的斯拉夫主义》，载《哲学动态》，2004年第10期，第42—44页。

[122] 欧阳庆云：《斯宾格勒与汤因比的文化形态学之比较》，载《淮北煤炭师范学院学报（哲学社会科学版）》，2003年12月第24卷第6期，第77—79页。

[123] 庞朴：《文化一隅》，郑州：中州古籍出版社2005年版。

[124] 任东波：《"欧洲中心论"与世界史研究》，载《史学理论研究》，2006年第1期，第41—53页。

[125] 邵鹏：《从斯宾格勒到汤因比——思辨历史哲学的终结》，载《齐齐哈尔大学学报（哲学社会科学版）》，2002年11月，第1—4页。

[126] 石太林：《"世界历史"进程与全球化》，载《马克思主义与现实》，2003年第3期：第81—88页。

[127] [德] 斯宾格勒：《西方的没落》，陈晓林译，哈尔滨：黑龙江教育出版社1988年版。

[128] [俄] 叶·米·斯科瓦尔佐娃：《文化理论与俄罗斯文化

史》,王亚民等译,兰州:敦煌文艺出版社 2004 年版。

[129] [俄] A.B.斯米尔诺夫:《全球化与民族文化——在当代丹尼列夫斯基教给了我们什么》,载《苏州大学学报(哲学社会科学版)》,2007 年 9 月第 5 期,第 1—4 页。

[130] 宋德星、许智琴:《大俄罗斯主义思想体系及其当代政治表现》,载《太平洋学报》,2003 年第 4 期,第 79—88 页。

[131] 宋云伟:《试较斯宾格勒和汤因比的历史哲学观》,载《山东教育学院学报》,1999 年第 1 期,第 58—60 页。

[132]《苏联百科词典》,北京:中国大百科全书出版社 1986 年版。

[133] 孙成木、刘祖熙、李建主编:《俄国通史简编》(上、下),北京:人民出版社 1986 年版。

[134] 孙关龙:《达尔文进化论的局限性》,载《科技文章》,2000 年第 3 期,第 54—56 页。

[135] 孙慕天:《文明的理论和对现代文明的反思》,载《北方论丛》,2001 年第 3 期,第 26—32 页。

[136] [俄] 弗·索洛维约夫等:《俄罗斯思想》,南泽林、李树柏译,杭州:浙江人民出版社 2000 年版。

[137] [俄] 弗·索洛维约夫:《俄罗斯与欧洲》,徐风林译,石家庄:河北教育出版社 2002 年版。

[138] [英] 阿诺尔德·汤因比:《历史研究》,石础缩编,杭州:浙江人民出版社 1989 年版。

[139] 王晴佳:《文明比较、区域研究和全球化》,载《山东社会科学》,2006 年第 1 期,第 27—38 页。

[140] 王文:《俄罗斯民族的"地缘情结"———种欧洲的意识和非欧洲的无意识》,载《中国青年政治学院学报》,2005 年第 5 期,第 40—45 页。

［141］汪介之：《寻找参照：弗·索洛维约夫对中西文化的比较考察》，载《江苏社会科学》，2002年第6期，第167—171页。

［142］吴克礼：《文化学教程》，上海：上海外语教育出版社2002年版。

［143］吴兴华：《世界历史理论与全球化》，载《安徽教育学院学报》，2002年7月第20卷第4期，第10—12页。

［144］伍宇星：《俄国欧亚主义思潮及其思想先驱与后继者》，载《中共济南市委党校、济南市行政学院、济南市社会主义学院学报》，2002年第2期，第44—48页。

［145］萧平汉：《从三种模式看西方中心主义的狭隘性》，载《衡阳师范学院学报》，2006年2月第27卷第1期，第102—106页。

［146］辛华编：《俄语姓名译名手册》，北京：商务印书馆1997年版。

［147］熊吕茂：《近十年来梁漱溟研究综述》，载《湖南师范大学社会科学学报》，1997年第5期，第68—73页。

［148］许苏民：《文化哲学》，上海：上海人民出版社1990年版。

［149］严鸿：《西方世界历史研究中的文明形态论：斯宾格勒—汤因比—亨廷顿》，载《成都教育学院学报》，2001年2月第15卷第2期，第6—8页。

［150］姚登权：《西方文化扩张与文化的"泛西方化"》，载《上海财经大学学报》，2005年10月第7卷第5期，第65—73页。

［151］姚海：《俄罗斯文化之路》，杭州：浙江人民出版社1994年版。

［152］姚勤华等：《俄国泛斯拉夫主义研究》，载《上海社会科学院学术季刊》，2000年第2期，第172—180页。

[153] 姚勤华:《19世纪俄国斯拉夫主义思想和运动研究》,载《东欧中亚研究》,2002年第6期,第69—74页。

[154] 俞吾金:《突破"欧洲中心论"的思维框架》,载《学术月刊》,1998年第5期,第17—19页。

[155] 乐黛云:《比较文学与比较文化》,上海:复旦大学出版社2004年版。

[156] 张百春:《当代东正教神学思想》,上海:上海三联书店2000年版。

[157] 张百春:《斯拉夫派与俄罗斯民族哲学》,载《哈尔滨师专学报》,1996年第4期,第31—38页。

[158] 张百春:《文化学研究在俄罗斯》,载《国外社会科学》,1998年第6期,第14—19页。

[159] 张岱年:《文化与哲学》,北京:教育科学出版社1988年版。

[160] 张建华等:《红色风暴之谜——破解从俄国到苏联的神话》,北京:中国城市出版社2003年版。

[161] 张建华:《俄国知识分子思想史导论》,北京:商务印书馆2008年版。

[162] 张建华、唐艳:《近10年来我国学术界关于欧亚主义问题研究综述》,载《俄罗斯中亚东欧研究》,2005年第6期,第77—82页。

[163] 张建华:《从文化史到文化学:文明史观的复兴抑或重建?——对俄罗斯学术热点现象的评析》,载《学术与探索》,2007年第2期,第219—227页。

[164] 张牛:《梁漱溟的文化哲学观及其现代价值》,载《重庆邮电学院学报(社科版)》,2000年(第1卷)第1期,第21—24页。

[165] 赵爱伦:《俄国与"东方问题"的形成》,载《西伯利亚研究》,2001年10月第28卷第5期,第43—46页。

[166] 赵兴明:《大俄罗斯主义论述》,载《黑龙江教育学院学报》,2005年11月第24卷第6期,第101—102页。

[167] 周春生:《文明史概论》,上海:上海教育出版社2006年版。

[168] 周宁:《天朝遥远——西方的中国形象研究》,北京:北京大学出版社2006年版。

[169] 朱达秋、周力:《俄罗斯文化论》,重庆:重庆出版社2004年版。

[170] 庄国雄、马拥军、孙承叔:《历史哲学》,上海:复旦大学出版社2004年版。